往年紀事

勞倫特編年史譯注

POVEST VREMENNYKH LET

by Nestor

聶斯特◎著　**陳仁姮**◎譯

目　次

導 讀

一、《往年紀事》的由來

中國史上的歷史編著可追溯至紀元前，文體上有編年體，即依時序記載事件的文獻，如《春秋》。自從司馬遷作《史記》，則開啟以記載人物為主的紀傳體例，人物逐漸取代事件，成為史籍要角，官修史書也以紀傳體為多。西方世界則不同，羅馬帝國瓦解後的中世紀歷史著作多樣，有普遍史（universal history）、地方史（local history）、編年史（chronicle）、王朝史、傳記……等，[1]其中編年史為相當常見的一種，屬紀事體，且多由神職人員代筆。以本書的羅斯國為例，[2]整理文獻和撰寫編年史的工作即根植於教會，為古俄[3]重要文獻。可想而知，中世紀東歐的學術和宗

---

1 有關西方中世紀史學文類，詳見：*Historiography in The Middle Ages,* ed. By Deborah Mauskopf Deliyannis, Leiden: Brill, 2003. 其中的單元再細分中世紀前期、後期，除文體變化，還可深入了解著作的時代意義。

2 羅斯（Русь）是中世紀時期斯拉夫民族的其中一個國家，介於波羅地海至黑海間。羅斯九世紀為東斯拉夫民族所建，十一世紀進入全盛時期，十三世紀遇蒙古西征，成為欽察汗國之附庸國。其後由莫斯科公國驅逐蒙古人，再度統一。

3 這裡稱的古俄（Древняя Русь），意指俄羅斯帝國之前的時期，這是習慣上的區分方式，俄國史以十八世紀初的西化改革為界，粗略分為古代和近代。所以古俄並非單指年代古老之意，還意味著生活形態尚未

教之間有很深的淵源。羅斯為東斯拉夫人所建，[4]原為多神信仰（信奉自然神靈）的「異教」民族，基督教在大約十世紀傳入，新的文字也相應出現。羅斯接受的基督教為來自拜占庭的正教，新字母的出現、字型、書寫技術、創作出版等，其中當然包括編寫史籍，均深受拜占庭影響。

　　拜占庭在九至十世紀的文化水準已至全盛時期，居四方之冠。除繼承羅馬帝國珍貴遺產，當地原有文化也是重要原因，尤其是古希臘文化的深厚基礎。拜占庭使用希臘文，相對於羅馬教區使用拉丁文，此為雙方文化最根本差異。其國內學術已發展出文學、戲劇、哲學、史學、法律、醫學、科學等；書寫形式與文類多元，有印刻、信件、文章創作、經典名著抄寫、書籍出版⋯⋯等。[5]為達到普及閱讀與教育，複製書籍的工作落在民間

近代化。俄國史的歷史分期無絕對定論，如二十世紀部分蘇聯歷史學家認為，俄國歷史的發展和西方同步，將古俄初期九至十二世紀所採行的政治與社會制度稱為封建制，一如西方的中世紀。另有些歷史學家將八至十七世紀的古俄，分為遠古至中世紀；也有的按政權轉移情況，分為基輔羅斯、蒙古、莫斯科時期。

4 斯拉夫人原聚集黑海北方的多瑙河到得涅伯河流域之間，大約五世紀時向四處擴散，以所居位置可分為東、西、南斯拉夫人。後各自建立王國，在得涅伯河流域的斯拉夫人建的國家稱羅斯。現今屬斯拉夫民族的國家有：俄羅斯、白俄羅斯、烏克蘭，波蘭、捷克、斯洛伐克，保加利亞、馬其頓、前南斯拉夫國家等。關於斯拉夫民族詳細起源和分裂經過，參見：Л. Нидерле, *Славянские древности,* М.: Алетейя, 2001.

5 拜占庭的教育與學術文化，參閱：Marcus Rautman, *Daily Life in the Byzantine Empire,* Westport, CT: Greenwood Press, 2006, pp. 281-289.

特定的抄寫人士。而對於受損的重要經典，也發展出精良修復技術，以利延長壽命。此外，圖書館林立，保存大量書籍文獻，當然也是一大貢獻。當時領導拜占庭信仰和學術的是教會，可說是重要文化機構，於是繕寫、藏書等工作也成為修道院的一項職責。[6]這些文化活動隨著傳教足跡，帶往文字創作較不發達的斯拉夫地區。

　　就在大約九世紀間，拜占庭的傳教士前往斯拉夫部落宣教。為利於翻譯經典、寫作禮拜詩歌，教士為當地語言特地另創文字，此新的文字稱為教會斯拉夫文（церковно-славянский язык, Church Slavonic）。[7]此舉在當時極為罕見，因為當時的教會僅容許使用官方語言，即拉丁文及希臘文；在西歐國家，晚至文藝復興時期才出現民族語言的「方言」寫作。[8]後來東斯拉夫人建羅斯國，直到統治者正式宣布改信正教，立即大規模引進拜占庭文化，廣設教堂、修道院、圖書館……等，教會斯拉夫文使用機會也大大增加。在缺乏書籍的羅斯國內，靠傳入的抄寫和複製技術

---

6 同上，pp. 253-254。

7 傳教士基里爾（Cirill, 827-869）和哥哥梅法帝（Methodius, 815-885）新造一套字母（Cyrillic alphabet），由東斯拉夫和南斯拉夫民族用作標示自己的語言，形成專門用於教會的語文。羅斯早期文字使用和書寫情形，見下文。亦可參見：*Simon Franklin, Writing, Society and Culture in Early Rus, c. 950-1300,* Cambridge: Cambridge University Press, 2002,pp. 83-87, 93-100.

8 傳教士在外地為其他民族造字，在近代則較為普遍。以台灣為例，十七世紀荷蘭人來台，在台南為土著民族造了一套羅馬拼音的文字，稱「新港語」，參閱：周婉窈，《圖說台灣歷史》，台北：聯經，2009，頁58-61。

所生產的多為「再版」拜占庭書籍，或是編輯本，另也有釋義或補充寫作等，原創的出版品仍少見。[9]而撰寫當地歷史事件或人物傳記，為少數的原創作品。

　　以上所述林林總總文教工作，無不仰賴遠從拜占庭前來的傳教士。若說到編年史初始地，並非拜占庭，按年紀事的文獻可追溯至羅馬。早在四世紀，羅馬的基督教學者優西比烏（Eusebius, 260-339）曾編寫一部《編年史》（Chronicle），為兼具歷史與宗教性質的學術著作。[10]其特別之處就是在「創世」以來的時間軸線上，依年代先後記載發生於人類世界的各個事件，「普遍史」（universal history）概念由此產生，這也是中世紀編年史的基本架構。到了五世紀，開始以民族為單位的歷史書寫，甚至縮小地域，如小地方或城市為範圍的歷史編著。若以拜占庭來說，早期編年史即以小地區為範圍，且選擇大城市為主角。之後其國內文化逐步提升，民間書寫風氣普遍，修道院常常就不是唯一撰寫編年史的地方了。[11]而歐洲其他地區，修史步調並未一致，各地發起時間前後有別。到十二世紀初，幾乎是「民族史」獨領風騷

9　參見：Simon Franklin, *Writing, Society and Culture in Early Rus,* pp. 26-27.

10　優西比烏（Eusebius, ca. 260-339）的《編年史》為西方最早以基督教史觀撰寫的編年體歷史著作。參閱：Michael I. Allen, "Universal History 300-1000: Origins and Western Developments," *Historiography in The Middle Ages,* pp. 17-22.

11　關於拜占庭編年史的發展，詳閱：Cyril Mango, "The Tradition of Byzantine Chronography," Harvard Ukrainian Studies, Vol. 12/13, 1988-1989, pp. 360-372.

（《往年紀事》也於此時誕生），歐洲國家多有民族史編著，也等於為日後的國家史鋪路。[12]此時的拜占庭雖已受到回教徒威脅，卻能靠文化傳播的潛在力量，使得在戰亂，甚至是滅國之後，讓編年史成為鄰近國家的文化珍寶。

　　正教士初來到羅斯，依循家鄉拜占庭傳統，收集各類地方上的口傳或文字資料，撰寫歷年事件，稱為年表或年鑑（летопись）。到了十世紀，進而將大量零碎的年鑑資料整合，編成「歷年彙編」（летописный свод），就是「編年史」，如《往年紀事》。[13]在此需強調，文獻整理與編寫的動機並非研究歷史，從內容可輕易看出其目的在於宣揚基督教義，是一種宗教文化的職志。《往年紀事》十二世紀初完成於羅斯國首都基輔的彼修拉修道院，[14]以教會斯拉夫文撰寫。《往》並非古俄的第一部編年史，但其內容係以最初極少數的幾篇編年史為依據增修而成，[15]且

12　中世紀早期至晚期的歷史書寫變化，詳閱：Joaqín Martínez Pizarro, "Ethnic and National History ca. 500-1000," *Historiography in The Middle Ages,* pp.43-87; Norbert Kersken, "High and Late Medieval National Historiography," *Historiography In The Middle Ages,* pp. 181-215.

13　В. К. Зиборов, *Русское летописание XI-XVIII веков,* СПб.: Филологический факультет СПбГУ, 2002, c. 13-15.

14　「彼修拉」為俄文пещера的音譯，意為「洞窟」。彼修拉修道院是羅斯少數最早成立的一個。其由來見譯本1051年條。

15　往年紀事》的資料來源除了口傳軼聞，主要參考文獻是十一世紀下半葉的另一編年史，沙赫馬妥夫（А. А. Шахматов）命名為《開端史冊》（Начальный свод）。參閱：А. А. Шахматов, (1)"Хронология древнейших русских летописных сводов," его же, *История русского*

是目前所得最早的古俄編年史，因此公認為俄國史學的源頭。[16]
今日所見的《往》文本並非原稿，謄寫在羊皮卷上的初稿早已遺
失，幸好古俄時期各地方城鎮維持抄錄編年史傳統，該書經由歷
代轉手抄錄，保存於後來的編年史中，編排於開頭部分。[17]其中

летописания, СПб.: Наука, 2003, Т. 1, Книга 2, с. 5-8; (2) *"Повесть
временных лет" и ее источники*, ТОДРЛ, Т. 4, 1940, с. 5-150. 沙赫
馬妥夫的意見也得到後輩歷史學家支持，參見：М. Д. Приселков,
История русского летописания XI-XV вв., СПб.: Дмитрий Буланин,
1996, с. 54-56; Я. С. Лурье, Россия Древняя и *Россия Новая:
Избранные*, СПб.: Дмитрий Буланин, 1997, с. 56-58.

16 (1)關於《往年紀事》之前的古俄編年史，以及編年史出現的最早時
機，參見：М. Н. Тихомиров, "Начало русской историографии,"
Вопросы истории, 1960 № 5, с. 41-56. Тихомиров認為古俄編年史出
現比沙赫馬妥夫所指的十一世紀更早，可能在九至十世紀。

(2)筆者所謂「俄國史學源頭」是以史學著作形式而言。古俄編年史出
現之前已存在許多文字資料，《往年紀事》的史料來源即可證明，
並非涉及歷史性質（如具年份、地區或部族發展系統之記載與解
釋）的文獻，為世俗的寫作。《往年紀事》雖背負宗教目的，以形
式來看，符合史學文體，為歷史類著作。

17 《往年紀事》保留於多篇編年史抄本，如十四世紀的Лаврентьевская,
十五世紀的Ипатьевская, 十六世紀的Хлебниковская, 十七世紀的
Погодинская, 以及Радзивиловская, Московско-Академическая,
Краковская, Ермолаевская летописи。以上各編年史切確年代詳
見：А. А. Шахматов, *История русского летописания*, Т. 1, Книга 1,
с. 23, Книга 2, с. 561-563; Donald Ostrowski, "Introduction," *Povest'
Vremennykh Let: An Interlinear Collation and Paradosis*, edited by
Donald Ostrowski, David Birnbaum, Horace G. Lunt, Cambridge: Harvard
University Press, 2004, p. XX.

又以十四世紀的《勞倫特編年史》（Лаврентьевская летопись）和十五世紀的《依帕提編年史》（Ипатьевская летопись）保存的篇幅最多，多位歷史學家認為兩者內容應最忠於原典。而其中《勞倫特編年史》的年代和《往年紀事》比較接近，保存篇幅也較多，所以近代出版的作法大多是採用《勞倫特編年史》版本，再補充《依帕提編年史》沒有重複的部分，成為如今的「往年紀事」。[18]

標題「往年紀事」並非編著者命名，而是取自文中第一句話。在古俄版本，如《勞倫特編年史》、《依帕提編年史》，或是其他編年史，也都沒有添上任何標題，晚近付梓出版時才定下書名。但「往年紀事」也不是唯一的名稱，1846年俄羅斯帝國首度出版《俄羅斯編年史全集》，才特別將「往年紀事」文本獨立出來，並提名為「聶斯特編年史」，而1871年出版的編年史全集則稱為「依帕提編年史抄本的編年史」。[19]蘇聯於1950年推出李哈裘夫（Д. С. Лихачева, 1906-1999）院士校訂的古俄編年史，名為「往年紀事」，才廣為採用。[20]「往年紀事」俄文為Повесть

---

18 如此的編輯版本，見於現代俄文譯本，如：*Лаврентьевская летопись,* Вып. 1 Повесть временных лет (Издание второе), ПСРЛ Т. 1, Ленинград: АН СССР, 1926; Поветсь временных лет, под редакцией Д. С. Лихачева, М.-Л.: АН СССР, 1950; Повесть временных лет, Перевод Д. С. Лихачева, Вступ. ст. и примеч. О. В. Творогова, Петрозаводск: Карелия, 1991.

19 *Полное собрание русских летописей. Летопись по ипатьевскому списку,* под. ред. С. Н. Палаузова, т. 2, СПб, 1871.

20 「往年紀事」名稱之產生，詳見：Donald Ostrowski, "Introduction,"

временных лет，意指「許多年代的事件記述」。英文譯名有The Russian Primary Chronicle、Narrative of Bygone years、Nestor's Chronicle、Book of Annul等。中文翻譯也有多種，如中國大陸的簡體著作中有譯為「往年紀事」、「古史紀年」、「古編年紀」等。國內的稱呼也未統一：如李邁先教授稱「古編年紀」，賀允宜教授譯為「俄羅斯編年要錄」，歐茵西教授稱「涅絲特年鑑」，周雪舫教授採用「往年紀事」。[21]筆者使用《往年紀事》為譯名，一方面符合原文標題意思；另一方面，此譯名行之有年，運用相對普遍，為避免讀者混淆，故不另造譯名。

二、編年史作者與寫作

《往年紀事》編著的所在地基輔為羅斯國首都，龐大資源集中，最大的教堂、修道院、圖書館均座落於此，人力、文獻蘊藏量最豐，因此擁有得天獨厚之利，在十三世紀上半葉蒙古西征之前，一直是撰寫編年史的重鎮。[22]其他大城市，或是有修道院進駐

Povest' Vremennykh Let, pp. XXV-XXVI.

21 分別參見：李邁先，《俄國史》，台北：國立編譯館出版，民58，頁39；賀允宜，《俄國史》，台北：三民書局，2004，頁4；歐茵西，《俄羅斯文學風貌》，台北：書林，2007頁，10；周雪舫，《俄羅斯史》，台北：三民書局，2010，頁7。

22 從十世紀到十三世紀中的蒙古入侵前，首都基輔城內的教堂共計有44間，另有27座修道院，其中又以十一世紀興建的數量最多，各種文獻、藏書最多（以宗教類為主），為文化能量最充沛的地方，所以是編年史重鎮。關於羅斯時期的藏書情況，詳見：Б. В. Сапунов,

的地區，如諾夫哥羅得、普茲科夫等，雖然也興起撰寫編年史，但基輔城的編年史影響尤其深遠，無論是內容，或是文體形式上。從十二世紀至十五世紀各大城鎮陸續著手撰寫編年史，地域遍布廣大，如南方的弗拉吉米爾、佩瑞雅斯拉芙、斯摩連斯克，東北方的弗拉吉米爾、羅斯托夫、梁贊、莫斯科……等。蒙古統治時期，編年史發展並未受破壞，甚至可以說，拜占庭遭回教徒攻擊之後，東正教傳統能夠在羅斯國延續，得感謝蒙古不干涉羅斯的宗教與文化生活，編年史也未落得中斷命運。然而，就在蒙古統治期間，首都北移，南方基輔隨之失去早先的優越地位。從收錄《往》的後代編年史便可得知史料轉移方向。《勞倫特編年史》以僧侶勞倫特為名，1377年完成於蘇茲達爾公國；《依帕提編年史》則是以其所在位置依帕提修道院為名，位於普茲科夫城。[23]這兩個地點均遠離基輔，顯示編年史工作遠傳至羅斯北方與東北方，之後基輔的編修盛況也不復見。俄國編年史撰寫時間持續到十八世紀，佈及至西伯利亞。但這中間演變經過複雜，後來的編寫工作不再限於教會，繼之或有地方政治貴族指派，或有商賈出資贊助，編年史撰寫水準自然參差不齊。

　　《往年紀事》的原作者為何人，曾引發長期爭議，經過許多學者考證，在俄國史上成就了多個學術世代的對話。《往》的

Книга в России в XI-XIII вв. Ленинград: Наука, 1978, с. 42-43, 81-86; Л. В. Сталярова, "Начальный период в истории книги Древней Руси (XI-XIV вв.) ," *Люди и тексты. Исторический альманах.* М.: Институт всеобщей истории РАН, 2014, с. 281-282.

23　А. А. Шахматов, "Повесть временных лет," его же, *История русского летописания,* Т. 1, Книга 2, с. 561, 562.

1110年條末段有一段看似作者自白的文句，自稱「聖米海爾修道院長席威斯特（Сильвестр，？-1123）」。由此緣故，曾有研究者誤以為席威斯特即是原作者。但很明顯的，如此巨著不可能僅一人承擔，推測席威斯特應該只是其中一位抄錄者，在此機緣順手補上的一句自稱。經過近代學者多反覆考證，原編作者實為聶斯特（Нестор，？－1114）。雖然十七世紀的教會典籍，如《僧人錄》（Патерик）、《大歷史》（Синопсис）等，已指聶斯特為《往》原作者，但事實上能夠找到的證據非常有限。如此的結論來自教會內部神職人員相互間探訪，再透過少數基輔僧侶的手稿資料推測而來。而至近代，十九世紀歷史學家沙赫馬妥夫（А. А. Шахматов, 1864-1920）和之後的學者接受上述觀點，除了引用教會論點，還加強了史料蒐證。主要根據基輔修道院的零星記錄，曾有幾位修士提到「聶斯特寫了編年史」；另還有來自《往年紀事》和〈費歐多西傳〉（Житие Феодосия）、〈包里斯與格列伯傳〉（Житие Бориса и Глеба）等著作相互參照印證。從〈費歐多西傳〉得知，聶斯特在基輔彼修拉修道院結識費歐多西院長，還在這位前輩去世後為他立傳。以聶斯特與費歐多西熟識的程度，才能夠在《往》以第一人敘述費歐多西的詳細故事（見1051、1074年條），並有資格在日後為費歐多西遷葬（見1091年條）。[24]

　　從以上資料可整理出聶斯特的簡略生平。他十七歲來到基輔彼修拉修道院，當時院長為費歐多西，可惜在此之前的來歷無從

---

24 關於《往年紀事》作者考證，參閱：В. К. Зиборов, *Русское летописание XI-XVIII веков*, с. 54-61.

查起。幾年之後，於史提芳院長時剃度為僧，成為助祭（дьякон，最初級的神職人員），以修道院為家，致力於傳教和修行。聶斯特擅長寫作，他除了寫編年史，也為知名人物立傳。1091年協助費歐多西的遷葬，此為修道院的大事。1113年以後辭世。《往年紀事》初稿記載至西元1113年，聶斯特應該也在同年完成第一版。之後另有兩次他人著手增修，分別增補至1116年及1118年。[25]

雖然學界一致公認聶斯特為原作者，但《往年紀事》能夠成書，能夠流傳至今，功勞不可能由他獨得。讀者手上的任何一份文本，多少經過原作者之外的人修改或潤飾。現代學者在研究這些古文獻的完成、保存、流傳史，透過非常繁瑣的技術，將文本區分成多種不同類別。簡單來說，聶斯特所完成的《往》稱為「作者手稿」，而1116年席威斯特的增修為一個重要步驟，讓這部文獻成為一份可繼續廣為轉手抄錄的「原型」文本。[26]後代成百成千的抄錄者也都和聶斯特或席威斯特一樣，經歷了相當辛苦的文書工作。印刷技術之前的年代，文字資料保存在各種材質物品

---

25 詳細增修經過，參閱：С. М. Мизеев, Кто писал «Повесть временных лет»? М.: Индрик, 2011, с. 58-59.

26 一份文稿在各不同時空產生多種樣貌，除了作者手稿、原型，近代研究還細分有：手抄本、草稿、定稿、複製本、修訂本、地方抄本、變體、再寫本、異文讀本等多種類別。以《往年紀事》為例，《勞倫特編年史》根據「原型」編修成「手抄本」；若在保加利亞或其他地方有其需要而收錄，為「地方抄本」；以其內容為腳本改寫成新文本，如動畫電影《俄羅斯王子》（2008年發行於台灣），稱「變體」。詳見：陳仁姮，〈俄國文本學發展探析〉，《成大歷史學報》，46期，2014，頁302。

上，把這些原始資料整理一遍，再重複抄寫、編輯，一筆一畫刻寫在動物皮紙（通常是牛皮或羊皮）上，份量已夠繁重。抄寫員工作環境不像所謂高級知識份子般優渥，反而常常是在昏暗又密不通風的空間裡，皮紙加工技術不純熟，致質料不佳，得成天與之為伍，無不積勞成疾，產生頭部、眼睛、手部、背部、皮膚等各處傷害。[27]多虧了這些幕後功臣大量抄寫複製，珍貴典籍才得以勉強倖存。

聶斯特生活的年代正值羅斯國書籍產量最高峰，從十一世紀到十三世紀蒙古西征，單單大城市裡宗教儀式用書至少超過三萬本；若是將小村鎮教堂的經書，還有修道院和民間藏書，保守粗估有十三至十四萬冊書，[28]這些還不包括尚未集結成書的手稿、文獻。但即便數量可觀，流傳下來的卻非常稀少。如今，未能見到原稿，歲月摧殘不是主因，真正阻礙書籍存活的是人禍。十八世紀時有學者估算，佔最大宗的宗教儀式用書僅剩1000本之譜，[29]絕大多數書籍遺失在戰場或慘遭祝融。[30]

---

27 Л. В. Сталярова, "Начальный период в истории книги Древней Руси", с. 263-264.

28 書本計算方式主要以教堂和修道院數量推測。有學者將當時書籍分為：宗教儀式用書、宗教類讀物、創作類書籍（編年史屬於此類）；三類書籍數量比例依序為24：11：1。詳見：Б. В. Сапунов, *Книга в России в XI-XIII вв.*, с. 79-83.

29 同上，頁36。

30 羅斯國在《往年紀事》撰寫的年代已開始內戰，還面臨鄰近外族侵擾。較大的戰爭則有十三世紀蒙古西征時期，之後再經歷莫斯科四處征戰，最後是拿破崙1812年攻打俄國。火災方面，編年史記載多場大火災，書籍損失慘重。其他還有突發狀況，像是俄國十七世紀宗教改

　　知道了編年史的歷史，或許讀者想問：手上這本是誰的《往年紀事》？真正的《往年紀事》在哪裡？歷代學者為了解決這個問題，花上許多功夫進行校勘。《勞倫特編年史》版本雖然篇幅多、年代接近原始年份，畢竟也經過轉手抄錄而來，仍需要與其他編年史交互比對，查看內容差異，確認字詞上的出入。而吸引學者研究的除了《往年紀事》流傳史，在它之前的文獻也是另一重要問題。前一小節提及《往年紀事》並非古俄第一部編年史，更早的編年史為主要史料來源，收集資料和閱讀工作肯定也讓聶斯特耗費許多精力。對此研究的學者將考據結果以枝狀圖（stemma）表示，讓讀者對《往年紀事》在古俄編年史的地位可一目了然。以沙赫馬妥夫的枝狀圖為例，見圖表1，[31]「PVL 1113」就是1113年聶斯特的作者手稿。沙氏推測聶斯特和諾夫哥羅得編年史 *Sofiskii vremannik* 的作者共同參考了 *Nachal'nyi svod*，兩方完成作品後經過增修，再傳到更遠的地方抄錄（如Ⓛ、Ⓡ等標示），使得多個不同區域編年史有相同的事件紀錄。讀者所見這

　　革、十八世紀的西化改革等，造成書籍損失。詳閱：Б. В. Сапунов, Глава I, О сохранности древнерусских книг, *Книга в России в XI-XIII вв.*, с. 16-29.

31　沙赫馬妥夫枝狀圖（Shakhmatov's Stemma），圖表來源：Donald Ostrowski, "Introduction to PVL," *Povest' Vremennykh Let,* p. XXXIII. 《往年紀事》可見於六個手抄本，以小圖形標示：L是Laurentian Chronicle（Лаврентьевская），R是Radziwiłł（Радзивиловская），A是Academy（Московско-Академическая），H是Hypatian（Ипатьевская），Kh是Khlebnikov（Хлебниковская），P是Pereiaslavl'（Переяславская летопись）.

本《往年紀事》是《勞倫特編年史》版本，經過許多學者研究，雖然得知裡面不乏筆誤，但發行現代俄文版時從不刻意糾正，學者僅用譯注的方式把正確訊息傳給讀者，原因在於最初的《往年紀事》已經不在了，就讓留下的每一個版本都保有其樣貌，這也成為俄國文獻考據的特色。

三、內容提要與說明

　　《往年紀事》開卷引用《聖經‧創世紀》的內容，將斯拉夫人併入挪亞後代繁衍的血脈支系中。編作者講述完那些不可考的年代故事，再從掌握到最早的紀年，也就是6360年（西元852年）開始標示年代，依序記載羅斯國發生之大小事件。在此先解釋文中標記時間的方式。《往年紀事》每一事件敘述的開頭數字為年份，那是教會以創世紀為始的紀年。創世紀年的後面跟著的括弧數字是公元紀年，為後人所加。上帝創世紀年和耶穌基督誕生為起點的公元紀年，兩者相差有5508年。各年份中又分為多個事件，常常會再加上發生的日期，月份和日期按基督教舊曆「儒略曆」（Julian calendar）計算。有時另外再標註拜占庭的「紀年」（Индикт, Indiction），那是從創世紀開始計算，以每十五年為循環的一種年曆。因此「十五紀年曆」換算的方式如下：創世紀年除以十五的餘數，就是拜占庭紀年的年份；若剛好整除，即是第十五年。例如，公元2015年為創世紀年的第7523（5508+2015）年；而7523除以15得餘數8，就是拜占庭十五年曆的紀年第八

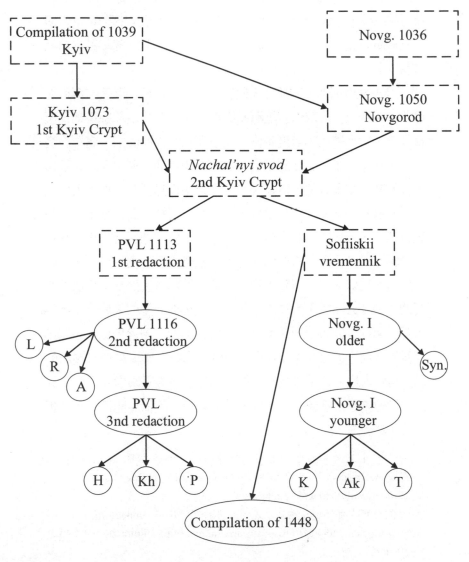

圖表1

年。[32]值得一提的還有「元旦」的差異，拜占庭從九月一日為新年開始，而羅斯國的新年在三月，也就是春天來臨的謝肉節（Масленица）。《往年紀事》所說的年頭或年尾，是以拜占庭元旦為基準[33]。

拜占庭帝國北方的斯拉夫民族原持多神信仰，過著部落形態生活。東斯拉夫人散佈於黑海北岸至波羅的海，由草原帶綿延至森林帶，物產豐饒，河流廣佈，交通便利，因此農業、商業均發達。《往年紀事》記載的年代從羅斯立國之前，跨越至立國及擴張後的諸王相爭時期，恰好說明了羅斯國從無至有，再轉入內戰衰弱的過程。根據《往年紀事》，九世紀斯拉夫北方城市諾夫哥羅得居民，為使聚落間生活「有秩序」，飄洋過海至斯堪地那維亞半島上的某王國，求教建國之道。他們帶回一支異族人馬，建羅斯國，展開大王（軍隊首領）以武力控制各大聚落，再收取稅貢的治理模式。過了大約二十年，佔據黑海北邊的大城市基輔為首都，積極鞏固政治與經濟勢力。對外方面，周邊接壤許多鄰國或游牧民族，最大敵人要算是南方的拜占庭帝國。羅斯建國前的居民與拜占庭人即常有往來，但建國後形成國與國對立局面；直到十世紀末羅斯接受正教，雙方基於宗教上的依存關係，才又轉為友好聯繫。

---

32 拜占庭十五紀年的曆法說明及換算方式，參見：В. К. Зиборов, *Русское летописание XI-XVIII веков, c.* 20; Marcus Rautman, *Daily Life in the Byzantine Empire,* pp. 6-8.

33 古俄時期時間計算與標記方式，可另詳閱：Л. В. Черепнин, *Русская хронология,* Москва: Главного архивного управления НКВД СССР, 1944, c. 24-38.

　　羅斯大王以首都基輔為中心，統領全國，國土擴張迅速，大城鎮接連興起。大王為方便治理，任命王子進駐各大城市。此看似中央與地方的體制，實為父王委託兒子協助治理的家族經營方式，位於基輔城的王稱為大王公（Великий князь），治理其他城市的王子為分封王公（Удельный князь）。如此類似「分封」的制度與西方中世紀「封建制」有很大差別，主要在於以下兩點。第一，羅斯國的分封僅限於子嗣，非宗族成員的貴族或官員無法獲得領地，其目的在於以血親加強團結，確保國土完整。分封的王公在領地上治理時間很不一定，有時取決於父王下令調派，又有時野心較大的王子兼併兄弟、伯叔領地，或自行遷移到喜歡的城鎮。儘管王子擁有領地，有如自成「王公國」，但他們意識到的「國家」是羅斯，最高統治者仍位居基輔。凡遇任何好事、壞事，王公會相互聯絡協調；若遇外敵，更以羅斯之名，共同抵禦。第二，分封架構僅限王公之間，無關平民。一個城鎮領地內可分為幾種不同身份：王公、貴族（бояре，包括王公的親戚、軍隊、部屬）、神職人員、平民、奴隸等。王公勢力範圍下的人民為自由民，可自主選擇經商、工藝、務農、修行，不受「封建」體系束縛。此外，即便一個城鎮有大王領導，民眾仍可自行集會，決議公共事務。相較於同時期的西歐，羅斯境內除了罪犯或戰俘為奴隸階層，一般平民比西方封建體制下的農民來得自由許多。

　　九世紀晚期，大王開始派王子治理地方城市，起初只派駐到距離首都遙遠的大城市，如諾夫哥羅得，協助治理為分封的最初目的。另按照慣例，基輔大王之大位只得由長子繼承；若有其他

王子不服，往往引發王位爭奪戰，基輔便成為兵家必爭之地。西元1054年，大王公雅羅斯拉夫（Ярослав, 978-1054）為避免悲劇重演，臨終前將各城鎮分配給諸子，分封的規模因而擴大。除此之外，他還規定日後基輔城的長兄去世後，次子得接任大王公，其他兄弟依序遷移至前一位兄長的城市。雅羅斯拉夫教誨諸子兄友弟恭，國家得以和平強盛，即所謂家和萬事興。理論上，如此輪替至終，每個王子都有機會進入基輔，統領全國。[34]然而現實上，如《往年紀事》記載，這番美意不如預期，反引發王公手足相互攻訐，戰火此起彼落，情勢急遽惡化。恰逢邊境外族侵擾，羅斯國陷入前所未見的內憂外患，以致諸王公不得不在西元1097年召開大會，協議「今後我們務必團結一致，保衛羅斯國土，就讓我們每個人管好各自的領地吧」。[35]明訂各王公從此只得據於自己的領地，此舉意義重大，形同正式宣告羅斯國崩解。他們為求自保，在領地（王公國）內積極培養實力，或行合縱連橫，一致目標為奪取基輔城，向全國稱王。羅斯遂進入戰國時代，首都基輔的大王公接二連三替換，毫無建樹可言。

羅斯國常遇外來侵襲，多為東南方部族，如珮切尼格人、波落夫茲人。那些外族為異教徒，《往年紀事》解釋的對外戰爭起因，除捍衛家園，還為了崇高的上帝榮耀。王公對外征戰真正目的，無法依《往年紀事》論定，但讀者可發現編作者強烈的宗教

---

34 見《往年紀事》1054年記載。詳細的繼承方式，參閱：B. O. Ключевский, *Курс русской истрии, Сочинения в девяти томах,* М.: Мысль, 1987, т. 1, с. 179-186.

35 見《往年紀事》1097年記載。

口吻，許多事件的前因後果總圍繞上帝旨意。編作者總以宗教觀點評論人與事，天上王國的法律儼然論人論事的準繩。每遇手足或叔姪關係的分封王公僭越權責、奪取領地，這些違背倫常和破壞法統之舉必出自魔鬼誘惑，致不慎與上帝為敵。戰爭的輸贏也歸為天主聖意，勝利表示天道必行，理應接受；失敗則指天降懲罰，該反省如何觸怒了上帝。無論人的行為或是自然現象，融合濃厚宗教觀，集結為勉勵大眾，警世訓人的故事篇章。編作者以基督之名揚善，鼓勵謙卑、勤奮、友愛、禁慾、利他等價值，不吝褒揚善行義舉，反之則予以嚴厲譴責，教導基督品格。

基督教的道德觀除引人向善，還能撫慰人心，天災人禍之際，勸勉不怨天尤人，應以反省、忍耐和樂觀，迎接上帝賜下之試煉。《往年紀事》處處可見宗教性質描述，舉凡常出現的聖經引文，或是神職人員無私奉獻的事蹟，即便王公也樣樣依照宗教禮儀行事。大王公弗拉吉米爾‧莫那馬赫（Владимир Всеволодович Мономах, 1053-1125）流芳百世的〈訓誡書〉，即大量引用聖經名句，諄諄教誨子嗣為人處世之道。[36]無論王公的受洗，死後喪葬，親吻十字架立約起誓，甚至王公的子女剃度為僧……等，讀者很容易誤以為基督教已成為羅斯人的生活規範。雖然基督教自十世紀末訂為國教，各大城市接連興建教堂，傳播快速，但實際上未必是全國唯一的信仰。以《往年紀事》來看，有時遇到棘手的麻煩事，羅斯人仍舊依照習慣，用異教的民俗方法解決，例如，王妃生子求助巫師幫忙（見1044年條）。若再以

36　見《往年紀事》的〈訓誡書〉。

十二世紀的古俄名著《伊戈爾遠征記》（Слово о полку Игореве）為例，主角伊戈爾的妻子眼見丈夫出兵被俘，遲遲不歸，傷心擔憂之餘，向風神、河神、太陽神等異教神靈祈禱，更清楚說明基督教真正深入羅斯人心，尚待許多時日。

四、落入近代的《往年紀事》

俄國從十八世紀編寫國家通史，《往年紀事》提供了非常重要的史料來源。近代超過兩百年，論述俄國史初期歷史，無不以這部編年史之敘述為基本架構。[37]在後現代的觀念裡，所有作品的作者已死了，讀者是活的；《往年紀事》在近代掀起的波瀾，恰好印證了這觀念，史料歸史料，如何使用卻考驗著歷史學家的智慧。《往》最引發熱烈討論的主題，非「國家起源」莫屬，一如編作者定下的題目：「這是往年紀事，記載羅斯源於何處，基輔首任王公是誰，羅斯如何誕生。」這些問題牽動俄國人的自我意識，自我認同，還有歸屬感。一個人，或一群人尋根，區隔吾人和他人，好確認「我是誰」；敘述先祖的歷史，鋪陳出身背景，好塑造自我形象。歷史可鞏固主體性，尤其是近代民族主義高漲的時候，《往年紀事》在此之間正默默展現了力道。依《往》的敘述，東斯拉夫部族建國之前，斯堪地那維亞半島上的瓦良格人（варяги, varangians）曾跨海來收取稅貢。等到瓦良格人被驅

---

37 《往年紀事》對國家史編著的影響，參閱：陳仁姮，〈《往年紀事》在近代俄國通史編著的意義〉，《臺大歷史學報》，43期，臺北：臺灣大學歷史學系，2009.6，頁151-186。

逐，部族裡又有人漂洋過海，前去邀請他們，但這回目的不同，為的是建國。「這些瓦良格族人叫做羅斯，就像當中有些又叫瑞典人，也有些叫諾曼人、盎格魯人，還有的叫哥德人，羅斯人也是。」[38]爭議點即在於羅斯國究竟是何人所建，是北歐部族還是東斯拉夫部族？支持「外來政權」諾曼人的論點叫做諾曼論，十八世紀以來的近代俄國史學支持與反對立場，演變成兩個極端，稱為「諾曼論／反諾曼論」（норманизм/антинорманизм）。

「諾曼論／反諾曼論」的發展受許多因素影響，從十八世紀西化改革下由外國人領導的學術，經過十九世紀上半葉西方派與斯拉夫派之間論戰，接著新一派史學的詮釋，到二十世紀蘇聯馬克思意識型態介入，後有二戰反德國納粹的決心，這一路所遇，使得爭議從未間斷。[39]通常兩方對立起因於先有一個命題，反對派出現了，即產生正、反兩面。諾曼論命題的發軔者是德國學者拜耳（Готлиб Зигфрид Байер, 1694-1738），他最早提出瓦良格人建羅斯的論點，也舉證瓦良格人的諾曼血統。[40]幾位同樣受邀前來

---

38 見《往年紀事》862年條。

39 「諾曼論／反諾曼論」發展經過，參見：В. В. Мавродин, Борьба с норманизмом в русской исторической науке, Л.: Всесоюзное общество по распространению политических и научных знаний, 1949（http://rutenica.narod.ru/norman.html，最後查閱日期：2015/8/12）；В. В. Фомин, *Варяги и варяжская русь: К итогам дискуссии по варяжскому вопросу,* М.: Русская панорама, 2005；賀允宜，《俄國史》，頁17；曹維安，〈俄國史學界關於古羅斯國家起源問題的爭議〉，《世界歷史》，2008，第1期，頁115-128。

40 拜耳原本的志向就是成為一個東方學者，所以結束學業後來到俄國從事學術工作，他於1726年來到首都聖彼得堡，加入聖彼得堡科學院團

俄國「指導」學術的日耳曼歷史學家，米勒（Г. Ф. Миллер, 1705-
1783）、施洛采（А. Л. Шлёцер, 1735-1809）等，接連採用拜耳的
結論，提高了諾曼論的聲音。[41]雖然立即有俄國人，如羅曼諾索夫
（М. В. Ломоносов, 1711-1756），基於保家衛國立場而反對，但
仍無法消滅實力較堅強的諾曼論。那些德國學者之所以對此議題
深感興趣，也是出於自己國家的需求，希望藉著過去歷史證明自
我民族的影響力。他們認為北歐本為一個文化圈，就是「日耳曼
世界」，其他「蠻族」臣服於日耳曼麾下，所以歐洲的文化萌芽
得歸功於日耳曼人。[42]

　　延續到十九世紀的討論，開始更細部的問題，追究俄國的立
國政權，也就是羅斯國到底誰建立的，集中於兩大焦點：第一，
釐清來到羅斯國的瓦良格人是不是諾曼人；第二，羅斯這個稱呼
起源為何。[43]十九世紀俄國學術已漸漸回到當地學者掌握，他們
以既有的資料和能力解開那些疑問。但此時研究俄國歷史起源，
其背後原因來自對西化改革的反思，1812年對抗拿破崙的經驗也
深深激起了民族情緒，反諾曼論的言論於是形成一股足以抗衡的
潮流。反諾曼論的擴張還得力於十九世紀的新歷史觀念和改革思
想，此牽涉到基本的進化觀。[44]也就是說，如果要拘泥在歷史起源
決定論，那麼就無法去談後續發展了。倘若接受俄國文化先天不

隊。

41　見В. В. Фомин, *Варяги и варяжская русь,* с. 8-10.

42　同上，頁11。

43　見：В. В. Мавродин, Борьба с норманизмом в русской исторической
　　науке.

44　同上註。

是自己原創，承認老祖宗需要外族協助才能建國，不願把目光放在俄羅斯民族憑著才能在後天做到了什麼，也就失去了海闊天空發展的立足點。與其說反諾曼論突破了舊的框架，樹立了能夠說服人的論述，倒不如說，他們看到諾曼論不符合新思維的破綻，用進步法則否定了諾曼的宿命。

　　若回到面對史料的歷史學家，沙赫馬妥夫因致力編年史研究獲得的新見解，可分兩個層面。基本上他不否定斯堪地那維亞部族取得羅斯國的統治，但另一方面，瓦良格人進來之後，卻也融入斯拉夫人部族，甚至聽從羅斯國人的意願。沙氏的看法大大影響了蘇聯時期研究，他在首都聖彼得堡的學生延續這條脈絡，又開闢了一條路。這裡指的是普力謝可夫（М. Д. Привелков, 1881-1941）和李哈裘夫（Д. С. Лихачев, 1906-1999），他們從編年史家的角度著手，推敲當初寫史用意，理解到中世紀的人喜歡從「海外」找根源，讓歷史帶有神話色彩。所以，探究編作者的心境、意圖、時代背景，斷定這是寫史習慣上幾經加工，編織出來的書面傳說。[45]如此的寫史習慣結合多方面的智慧菁華，從宗教來說，羅斯進入聖經的世界舞台，擔負起基督徒的角色；從歷史來說，羅斯國提供了神話史詩素材，完成一部連結周邊國家的編年史。[46]

　　但實際上，蘇聯學術對於諾曼論不僅止於以上陳述，更多的

45　В. В. Мавродин, Борьба с норманизмом в русской исторической науке; Е. А. Мельникова, В. Я. Петрхин, "Легенда о «призвнии варягов» и становление древнерусской историографии," *Вопросы истории,* 1995, № 2, с. 44, 49-50.

46　Е. А. Мельникова, В. Я. Петрхин, "Легенда о «призвнии варягов» и становление древнерусской историографии, с. 48.

關懷放在羅斯立國時的下層社會，將一個國家的運作看成社會上下階層合力推展，此為受到馬克思主義影響，也形成新一波反諾曼論。馬克思主義史觀裡的中世紀生活就是封建社會，人民受制於出身階層，上下對立。如果說，瓦良格人來到之後才開始部落社會生活，那是不可能的，蘇聯學者從《往年紀事》看到社會裡的經濟分工成熟，家園裡各種職業的人堅守崗位，成立國家是水到渠成，絕非「諾曼人」的功勞。瓦良格人雖以治理人身份來到羅斯，卻得依照與人民之間的約定（ряд）行事；再者，治理國家的王公不能隨意發號施令，仍須遵守羅斯人制訂的律法，法才是最高權力。所得的證明為羅斯國並非由瓦良格人建立，而且東斯拉夫部落的實質政權早已存在。[47]

　　蘇聯反諾曼論在二戰後更是堅定不移，除了因為馬克思史觀提供了輔助工具，還有德國納粹給予的打擊。納粹黨的宗旨在於帶領德國重回榮耀，大量運用民族主義、穿插神話歷史等手法，號召日耳曼民族同心協力再創新國度。民族優越感存在於每個國家，各國家民族之間比較優劣，並非納粹始作俑者。[48]但希特勒藉助深植人心的舊觀念，大肆批評低等民族。他在《我的奮鬥》裡

47　見：В. Т. Пашуто, "Русско-скандинавские отношения и их место в истории раннесредневековой Европы," *Скандинавский сборник,* Вып. 15, Таллин: Ээсти Раамат, 1970（http://ulfdalir.narod.ru/literature/articles/rus.htm，最後查詢日期：2015/8/13），這篇論文作者還指出其他幾位重要的蘇聯反諾曼論史家，包括Б. Д. Греков, Б. А. Рыбаков, Г. Ловмяньский, И. П. Шаскольский等。

48　譬如，十九世紀俄國的西方派與斯拉夫派爭論時，已承認俄國落後西方，需急起直追，跟上歐洲的腳步。

即明白指出猶太和斯拉夫民族的劣根性，而俄國人該遭剔除，是因為缺乏自我統治能力，也「根本沒有自己的文化」。[49]德國已深入研究過俄國歷史，諾曼論在很大程度上促成了希特勒的論調。蘇聯深知德國的統戰策略，歷史無法改寫，但卻可以竭盡心力拼湊更大的歷史圖像，為的就是重申主體性，找回屬於自己的文化傳承，避免所有利用諾曼論攻擊俄羅斯民族的可能性。

文字創作是重要的文化成就，越是古老的文獻，越能夠證明民族文化在世上的不凡地位。但如果古老歷史用作膨脹自我、詆毀他人的說詞，甚至想要把不能明說的藉口合理化，實在不是好的讀史目的。回顧歷史，引發災難的不是經典本身，而是引用者。聶斯特撰寫《往年紀事》的一枝筆，千年後成為攻擊「平庸民族」的武器，無怪乎史家指責諾曼論是「政治毒害」。[50]諾曼論研究在現今學術上仍屹立不搖，但正反兩方的對立已淡化，而是面對新時代的史學議題，還能挖掘更多故事。[51]蘇聯解體後，再版

49　參見：希特勒，《希特勒‧我的奮鬥》，台南：文國書局，民74年，頁30，40，227，246。

50　В. В. Мавродин, Борьба с норманизмом в русской исторической науке.

51　後蘇聯的史學一方面脫離了馬克思主義教條式的史觀，另一方面也放寬視野，採用更多元的史料，或是逐漸和當代理論結合。像是福明（В. В. Фомин）在2005年出版《瓦良格人與瓦良格的羅斯：瓦良格問題爭辯之總結》（*Варяги и варяжская русь: К итогам дискуссии по варяжскому вопросу*），收集了北歐十七世紀史料，說明瓦良格研究在瑞典比在俄國早了一百年。作者希望證明諾曼論不是單一國別史的題目，而是多個民族共同生活的結果；但是俄國並不需要費時檢討這個問題，應交還給想要用做他途的其他國家。另外，2013年葛蘿特（Л. П. Грот）出版《召喚未曾存在的瓦良格人，或是諾

了許多古俄文獻，也出版許多羅斯建國時期的外國史料，[52]這些都
有助於客觀的歷史研究，也讓俄國人得到更寬廣的視野，見證自
我文化的來源。

五、《往年紀事》譯本與翻譯

　　《往年紀事》已翻譯為多國語言，通行世界。在本書出版之
前，中文譯本僅見簡體字版。[53]本譯本首度以正體中文翻譯，附有
俄文本頁數對照，採用的是俄羅斯科學院於1996年重新增修的最

曼人》（*Призвание варягов, или Норманны, которых не было*, M.:
Алгоритм），這並不是一本歷史研究的專書，而是從社會科學，有社
會學、傳播等角度，分析諾曼論在各世代的解讀誤導，使得俄國史失
去了應有的民族主題。

52 再版史料熱潮主要起於戈巴契夫改革和冷戰結束，然後蘇聯解體，這
段時間的出版較密集，包括有《古代斯堪地那維亞關於蘇聯歐洲地區
歷史的文字資料》、君士坦丁七世的《帝國行政論》、《九至十一世
紀的德國拉丁文史料》、《伊斯蘭國家關於東歐的傳說》、《從外國
史料看古羅斯》。詳見：曹維安，〈俄國史學界關於古羅斯國家起源
問題的爭議〉，頁123。

53 簡體中文本有：《往年紀事譯注》，王鉞譯，蘭州：甘肅民族出
版社，1994；《古史紀年》，王松亭譯注，北京：商務印書館，
2010；《往年紀事》，朱寰、胡敦偉譯，北京：商務印書館，2011。
英文版本出現較早，見：*The Russian Primary Chronicle: Laurentian
Text,* Samuel H. Cross and Olgerd P. Sherbowitz-Wetzor eds. and trans.,
Cambridge, MA: Mediaeval Academy of Sciences, 1953. 此譯本初版於
1930年。

新版本。[54]《往》是古文獻，外國人無法直接從古文翻譯，必須使用已經轉譯成現代俄文的版本，原因在於《往》是以教會斯拉夫文寫成，是古俄文的一種，是死去的語文。一般俄國人無法完全正確地理解古俄文，須靠專家先處理過，蘇聯科學院到1950年，首度出版現代俄文版的勞倫特編年史抄本《往年紀事》譯注[55]。在此取兩句話，舉例說明古俄文與現代俄文之差距。《往》首行詞句對照如下：

古俄文：

СЕ ПОВ СТЬ ВРЕМЕННЫХЪ Л Т, ОТКУДУ ЕСТЬ ПОШЛА РУСКАЯ ЗЕМЛЯ

現代俄文：

ВОТ ПОВЕСТИ МИНУВШИХ ЛЕТ, ОТКУДА ПОШЛА РУССКАЯ ЗЕМЛЯ [56]

　　以上文字看起來差別不大，那是因為現代俄文原本就是從古俄文發展而來，不能說毫無關聯。「古俄文」意指大約西元五

54　見：*Повесть временных лет,* Подгот. текста, пер., ст. и коммент. Д. С. Лихачева, Под ред. В. И. Адриановой-Перетц, Издание второе исправленное и дополненное, СПб.: Наука, 1996. 過去的簡體中文譯本則採用1950年出版的前一版本。

55　*Повесть временных лет,* Подгот. текста, пер., ст. и коммент. Д. С. Лихачева, Под ред. В. И. Адриановой-Перетц, М.-Л.: Изд-во Акад. Наук, 1950. 即為前註的第一版。

56　中文譯為：「這是往年紀事，記載羅斯源於何處。」古俄文只有大寫，十八世紀西化改革才開始分大、小寫。

世紀至十五世紀通行於東斯拉夫民族的語文，但古俄文並非只有
一種，大體上可以基督教傳入之前和之後為界，分成兩系統。一
般都相信，位居東歐的斯拉夫人在基督教傳入之前已使用文字，
語言區就如《往》所記載：「在伊爾門湖附近居民自稱斯拉夫的
人，他們建立一座城市──諾夫哥羅德。其他居住在捷斯納河、
塞伊姆河和蘇拉河流域的斯拉夫人稱塞維良族。斯拉夫人就這麼
四面八方分散開來，依照種族名稱，他們的文字就叫做斯拉夫文
（славянский）。」[57]但很可惜，現今並未得到「斯拉夫文」的斷
簡殘篇，只能從記載印證它的歷史。而傳教士另外新造的文字並
不是新發明一種語言，而是做為當地語言的書寫符號，供作書面
行文使用，《往年紀事》也記載了這一段：拜占庭沙皇請列夫的
兩個兒子前往斯拉夫，「兩兄弟到了之後，開始編寫斯拉維安字
母表，翻譯使徒傳和福音書。斯拉夫人非常高興能夠以母語來聆
聽上帝的偉大事蹟。」[58]這「兩兄弟」就是基里爾字母表（Cyrillic
alphabet）的創始人，基里爾和梅法帝。在羅斯國以基里爾字母書
寫的文字，就是教會斯拉夫文。[59]

　　教會斯拉夫文出現後，新、舊兩套文字曾並行。舊的斯拉夫
文原本用於生活上所需，像是商業（如貨品數量、價錢登記等）

---

57 見：Н. Д. Рисунов, Древнерусский язык, М.: Высшая школа, 1977, с.
　　10. 在現代的研究中，也有時為了將東斯拉夫文與其他的斯拉夫民族
　　語文區分，稱做東斯拉夫文（East Slavonic）。參見：Л. Нидерле,
　　Славянские древности, с. 451-452; Simon Franklin, *Writing, Society and*
　　Culture in Early Rus, p. 84.

58 見：《往年紀事》898年條。

59 另參照註腳7。

或行政上的溝通；宗教、教育、創作上則使用教會斯拉夫文，且漸漸地取代了舊文字。不過，教會斯拉夫文隨後也因羅斯國分崩離析，產生新的變化。蒙古西征後，羅斯國原有國土被鄰近外族佔領，受到那些外族影響（主要是波蘭和南方的游牧民族突厥），再衍生不同的語文，這個過程發生於十四至十五世紀。於是，一方面，教會斯拉夫文漸漸不受採用；另一方面，羅斯人民結合了混居的外族語言。連同被蒙古統治的區域，就形成三個語族：俄羅斯文、白俄羅斯文、烏克蘭文，這也是區分三個民族的重要依據。所以也可以說，教會斯拉夫文不只是古俄文，也是古代的白俄文、烏克蘭文。現今俄國學校並沒有教導閱讀古文，所以雖然文字外形相似，今人卻無法閱讀。其原因除了多義字，或是一語雙關的情況，常常一個用語或是事件已經不存在了，即使是專家，也無法百分之百理解，只能靠不斷地考據，一而再、再而三地追根究柢。

筆者很榮幸參與國科會經典譯注計畫，經過這次體驗，深深同意單德興先生的「雙重脈絡」理論。翻譯承擔了原文和譯文兩者的語言、時空、文化背景，不單單只有語文的轉換；而譯注者非「隱形人」，一個不小心也可能「公親變事主」。[60]譯者身兼多重角色，實實在在存在於文本、文化之間。文本翻譯與再現後，產生了新的文本，再現了原作（者），也再現譯者自己；在文化傳播與交流層次上，譯者也是「脈絡化者」，把原作引入另

---

60 單德興，〈我來・我譯・我追憶〉，《人文與社會科學簡訊》，8：4（Sep 2007），頁75。

一語言與文化脈絡，讓讀者進入作者的歷史、社會、文化脈絡。[61]
如何讓讀者（readership）接觸俄國古代經典的同時，也容易認識
俄國文化，是筆者在翻譯的過程中一直思考的問題。為此，本譯
本的「注」並未從原文本照單全收，而是特別針對中文背景的讀
者選擇作注。原作的「注」多達上千個，絕大多數的「注」為比
對《往年紀事》在多個編年史抄本所記載的同一事件差異，專業
歷史學家相當受用，但對於一般讀者恐造成壓力。翻譯工作是一
項專業，筆者同意「研究者不一定是好譯者」，也自承無法百分
之百「信、達、雅」，但希望以俄國歷史學的背景，確實加強譯
作中的「脈絡化」。國科會經典譯注計畫以學術翻譯為特點，因
此，本譯本和其他《往年紀事》譯本最大的分別在於，導讀和注
的部分補充了歷史解讀，另增加地圖解說，方便讀者理解原作內
容。

　　任何形式文本的翻譯都不容易。《往年紀事》為古代文獻，
翻譯時受到一些限制，筆者在此說明，請讀者諒解。外國文獻經
典提供一般讀者閱讀的樂趣，若為學術使用，則可能每字每句都
有其意義，些微差別就影響到文本結構或解讀判斷。舉例來說，
原著若說到「將坐上雪橇」，可直接用字面理解，但有時是指人
死亡後用雪橇運送的習俗，所以坐雪橇具另一含意。這情況可翻
譯為「行將就木」或「蹺辮子」，但若真如此翻譯，讀者也就無
法辨識原始語言表現方法了。再舉例來說，某一年記錄許多事
件，原作者在每一事件句首寫著「這一年」，或是「同年」。一

---

61 參閱：單德興，〈譯者的角色〉，《翻譯與脈絡》，台北：書林，
　　2009，頁9-32。

個年份之下，讀者當然知道各事件發生在同一年，但譯者必須按原著翻譯，因為這是編年史的格式，無法動搖。另外，語文轉換如造成讀者閱讀困難，筆者在此致歉。由於俄文文法非常嚴謹，人稱、性別、時態、數量……等皆詳細規範，雖然繁複，卻也因此是個不易引起誤會的語言。譬如說，單單一個字「去」，若用俄文說出，聽者能夠立刻接收到充分的訊息：是何種語句（問句、直述或祈使句）？人稱為何（你、我、他）？男性或女性？單數或多數？出發了沒？徒步或乘交通工具？乘什麼交通工具？單次或多次？回來沒？……等等。如此情況在翻譯時常形成負擔，原文中簡單的一句話，在中文則需要額外補充訊息，有時造成閱讀上累贅。舉例來說，「他跟兒子一起」，中文不會說「他跟『自己』的兒子一起」；《往》常見王公命令「自己」的兒子或屬下，即為文法限定的緣故，中文看來多餘，但譯者仍保留。

　　《往年紀事》原文本沒有分章節，即使現代俄文譯本也沒有為其製作分段目錄。外文譯本若也如此發行，恐缺乏閱讀條理；因此筆者決定區隔章節，分出幾個大的單元為篇章，再以首句為標題。此外，正文常見過長之段落，為忠於原作，譯者未自行拆解段落。關於數字，原著的數字使用為俄文和阿拉伯數字並行，時間、日期固定用阿拉伯數字，數量則不一定；譯本保留原作用法，可惜譯者無法解釋其原則。

六、結語

　　一部經典的重要性不在時間多悠久，不在作者是誰，也不

問今日價格。從時間上來看，比起世界上其他鼎鼎大名的經典著作，《往年紀事》的年紀還算輕。若論篇幅和數量，俄國得到的文獻遺產也並不多。但作為一部經典，無論俄國人，或廣大東斯拉夫民族，仍時時引以為傲，從未停止咀嚼當中文句，因為一部經典內含先人高深的智慧，證明文化源遠流長，代表一個民族的榮耀。唯有反覆研究、多方思考，才能隨時代看見其千變萬化，經典也因此歷久彌新。西方國家重視經典名著，這是保護傳統的表現。他們出於熱愛舊文化，再三向經典提出批判和挑戰。而與經典對話的同時，也吸取了養分，再創新生，大步向前。古代經典活生生存在於每一個新時代，文化因此綿延。中文世界充滿偉大的經典，我們也應該善待自己的文化寶物，體認自己在現今世界的歷史定位。閱讀經典，人人都是典藏庫！

東斯拉夫民族—七至九世紀

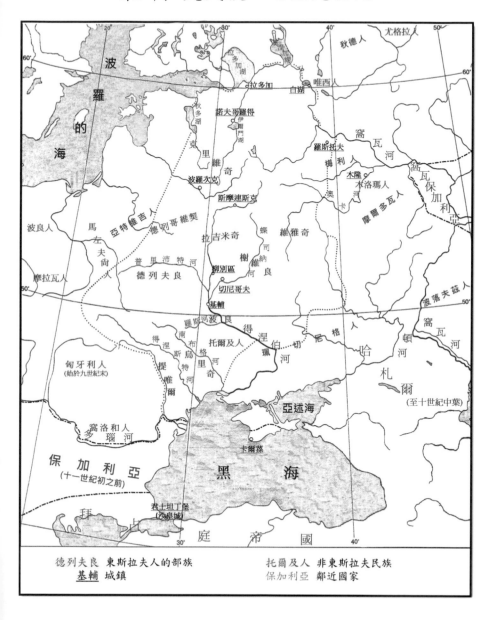

德列夫良 東斯拉夫人的部族　　　　托爾及人 非東斯拉夫民族
　　基輔 城鎮　　　　　　　　　　保加利亞 鄰近國家

斯拉夫民族遷徙圖

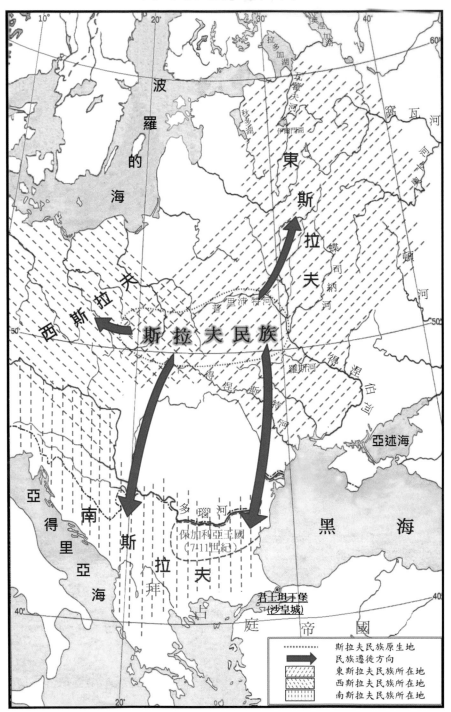

十二世紀初期的羅斯

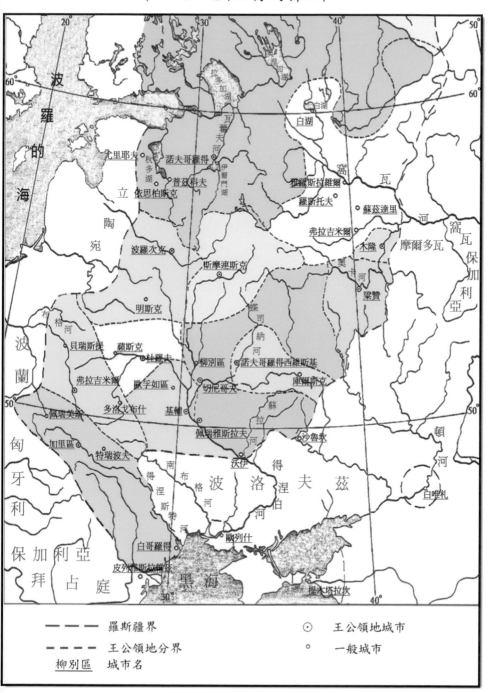

———	羅斯疆界	⊙	王公領地城市
– – –	王公領地分界	○	一般城市
<u>柳別區</u>	城市名		

雅羅斯拉夫分配領地圖

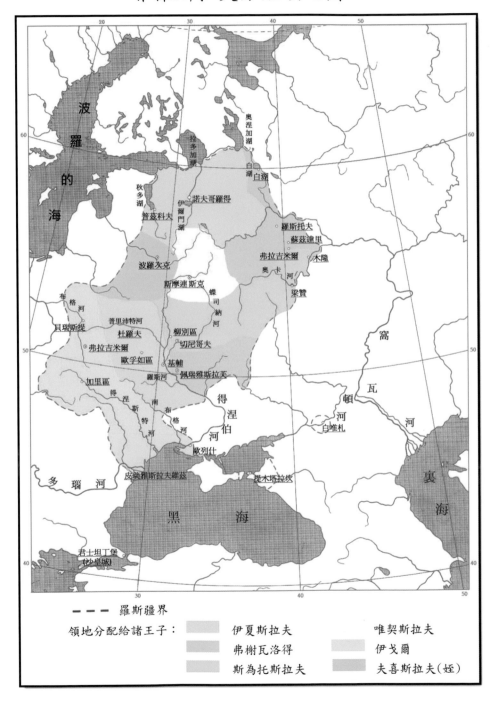

- - - 羅斯疆界

領地分配給諸王子：

	伊夏斯拉夫		唯契斯拉夫
	弗樹瓦洛得		伊戈爾
	斯為托斯拉夫		夫喜斯拉夫（姪）

這是往年紀事

記載羅斯[1]源於何處
基輔[2]首任王公是誰
羅斯如何誕生

　　我們就這樣開啟紀事吧。

　　創世大洪水讓諾亞的三個兒子——閃、含和耶斐特分領大地。[3]閃到得東方地區：波斯、瓦克提，幅員長至印度，寬至黎羅庫魯，也就是由東向南擴展，囊括敘利亞、幼發拉底河邊的米迪亞、巴比倫、科爾杜納、亞述人區、美索不達米亞、老阿拉比

---

1 羅斯為Rus的音譯，而文中русская земля意指羅斯領土或羅斯國。羅斯是東斯拉夫人在歐亞之間首次建立的國家。

2 基輔（Kiev）為羅斯首都。十四世紀由立陶宛人佔領，十五世紀因立陶宛與波蘭合併，歸波蘭。1918年基輔成為獨立的烏克蘭國首都。蘇聯時期是烏克蘭首府。現烏克蘭首都。

3 《往年紀事》由基督教僧侶撰寫，以基督教的觀念解釋人類來源。因此依《聖經舊約》記載，上帝眼見人類罪惡極大，決定讓世界毀滅，造洪水滅世重新開始。「諾亞是他同時代唯一正義齊全的人，常同天主來往。」上帝吩咐諾亞造方舟，搭載生物，以避開洪水和延續生命。洪水過後，因方舟存留了諾亞三兒子，其後代分佈天下。見《聖經舊約：創世紀》。以下敘述多引自聖經。

亞、葉里瑪斯、印吉、強盛的阿拉比亞、柯里亞、卡馬根納，還有整個腓尼基。

含得到南方地區：埃及、比鄰印度的艾菲比亞，另一個艾菲比亞（往東流的紅艾菲比亞河發源地）、菲瓦、基利尼亞旁邊的利比亞、麻爾馬利亞、西爾提、第二利比亞、努美吉亞、馬蘇里亞、卡吉拉對面的麻里塔尼亞。含擁有的還包括：基利克尼、帕菲里亞、匹西季亞、密西亞、里卡奧尼亞、弗利吉亞、卡馬利亞、利基亞、卡里亞、利底亞、第二米西亞、特洛雅達、埃奧利達、比菲尼亞、老弗里吉亞還有某些島嶼：撒丁尼亞島、克里特島、塞浦路斯島、跟一條又名為尼羅河的格歐納河。

耶斐特則是獲得北方和西方地區：米迪亞、阿爾巴亞、小亞美尼亞、大亞美尼亞、卡帕多基亞、帕弗拉郭尼亞、加拉提亞、柯希達、博斯普魯斯、美歐特、節列維亞、薩爾馬提亞、塔弗里達、斯基菲、弗拉吉亞、馬其頓、達馬提亞、馬洛西亞、菲薩利亞、洛克里達、又名為伯羅奔尼撒的佩列尼亞、阿爾卡基亞、埃皮爾、依利里亞、斯拉夫人區、利赫尼提、亞得里基亞、亞得里亞海。還有下列島嶼：不列顛、西西里、艾弗卑、羅多斯、希歐斯、列斯博斯、基提拉、札金、克法里尼亞、伊塔卡、克爾基拉、愛奧尼亞的亞洲部分、流經米迪亞和巴比倫之間的底格里斯河；北至波提海附近：多瑙河、德涅斯特河、高卡西山脈（即文格爾山），從高卡西山脈到得涅伯河，還有其它的流域——捷斯納河、普里帕提河、德維納河、沃爾霍夫河、往東到西莫夫的伏爾加河。耶斐特所屬的區域裏有羅斯人、楚德人，跟許多其他民族，有米梁人、木洛馬人、維斯人、摩爾多瓦人、依賴水陸運維

生的楚德人、佩爾姆人、佩切拉人、揚米人、烏果爾人、立陶宛
人、季米戈拉人、可爾西人、列特可拉人、立瓦人。瓦蘭格海附　p. 144
近居民的是良希人、普魯斯人、楚德人。瓦蘭格也是散居在這海
域，——往東達到西莫夫族居住地，向西直到盎格魯人和沃洛赫
人的地方。耶斐特留下的後代有：瓦蘭格人、瑞典人、諾曼人、
哥德人、羅斯人、盎格魯人、加里茲人、沃洛赫人、羅馬人、日
耳曼人、科良齊人、威尼斯人、弗良格人及其他民族，——他們
佔得西邊，往南延伸，與含所屬的各部族為鄰。

　　閃、含和耶斐特三人當初是用抽籤的方式才把大地分開來，
然後又決定兄弟間相互不得越界，只可在各自的範圍內活動。最
初所有人類是統一的民族。後來人們在世上繁衍增加了，就想到
要蓋一座可直通上天的天塔，——這是發生在尼克坦和法列克的
年代。大家先到榭納平原集合，好造座天塔，接著又在天塔附近
建巴比倫城；可是耗費四十年時間造這座塔，卻沒完成。上帝降
臨，親眼看到城市和高塔，上帝開口說：《這是一群同種同族的
人哪》。隨後上帝把人類打散成多種族，分出七十又二個民族，
又將他們遷往各個地方。上帝混雜出了不同民族，再颳起狂風摧
毀天塔；天塔的碎片殘骸散落在亞述跟巴比倫之間，這些碎片加
起來的高度有5433個肘寬，經過多年到現在，碎片還保留完好。

　　天塔毀了，民族也區分開來了，閃的子孫得東方地區，含的
子孫在南方，耶斐特的後人則取得西部跟北部地方。從方才說的
七十二個民族當中，分出了一支斯拉夫族，是屬耶斐特的——諾
里克人，也就是斯拉夫人。

　　經過了多年，斯拉夫人定居在多瑙河流域，也就是匈牙利和

保加利亞的土地上。由這些斯拉夫人又分出各種不同支系的斯拉夫民族，他們分別以各自遷徙居住的地方得到新名字。像是其中有一個，他們來到莫拉瓦河邊，所以叫做莫拉瓦人，而另外一支斯拉夫人名叫捷克。還有的斯拉夫民族像是：白霍瓦特人、賽爾維亞和禾盧坦人。當沃洛赫人侵擾多瑙河斯拉夫人的時候，進入到他們的地盤，又加以壓迫，這些斯拉夫人只好搬離到維斯拉河旁，改名為良赫人，一些良赫人成為波良人，其他還有變成露提奇人、馬佐夫沙人和波莫良人。

　　同樣的，部分遷至得涅伯河的斯拉夫人也叫做波良人，有些因為住在森林裡被稱德列夫良人，[4]還有住在普里帕提和德維納之間的是德列哥維奇人，德維納邊的另一支是波洛羌人，住在流入德維納的波洛特河邊，所以得名波洛特人。有一群在伊爾門湖附近居民自稱斯拉夫的人，他們建立一座城市——諾夫哥羅德。其他居住在捷斯納河、塞伊姆河和蘇拉河流域的斯拉夫人稱塞維良族。斯拉夫人就這麼四面八方分散開來，依照種族名稱，他們的文字就叫做斯拉夫文。[5]

　　波良人散居在這些山區的時候，開出了一條瓦良格通往希臘的大道[6]，也就是從希臘順著得涅伯河，在得涅伯河上游逆流往

---

4 此處說明民族名稱由來，命名常來自居住環境。如斯拉夫語文裡「波良」意指田野，同樣見898年記錄；德列夫意指樹木。

5 此指斯拉夫民族原有的文字，但不是現今所見的文字。現代俄文則由拜占庭傳教士另編字母於教會使用，後漸取代了這裡所稱的「斯拉夫文」。

6 瓦良格通往希臘的大道（путь из варяг в греки）聯絡斯堪地那維亞半島至拜占庭帝國之間的商業貿易，大約於八世紀因此商業水道出現，

上——再水陸運並用連接到羅沃提河，然後沿羅沃提河可進入偉大的伊爾門湖；從這個湖發源的瓦霍夫河再流入大涅瓦湖，湖的另一出口進入瓦蘭格海。順此海域航行可通往羅馬，從羅馬可再遠渡沙皇城[7]，由沙皇城出發又可以航向波特海——也就是得涅伯河注入的地方。得涅伯河發源於奧可夫森林，朝南方流，德維 p. 145 納河也是源自這片森林，朝北流向瓦蘭格海。另一條，同樣源於這座森林的伏爾加河向東走，分出七十個出海口，注入赫瓦里斯海。這樣一來，從羅斯沿著伏爾加河可航向保加利亞和赫瓦里斯民族區，往東可以到閃的地盤，假如沿著德維納河就會到達瓦蘭格人的地方，從瓦蘭格可到羅馬，由羅馬又可抵達含的區域。得涅伯河注入波特海；這個海俗稱羅斯海，根據傳說，彼得的兄弟聖安德烈曾在沿海地區修行。

　　安德烈在席諾普修行的時候，曾來到卡爾蓀，他聽說卡爾蓀離得涅伯河口不遠，於是想起要走水路前往羅馬。所以，他先船行至得涅伯河的出河口，再順河往上游，結果來到一處群山下的

東斯拉夫民族地區開始繁榮，人口聚集並城鎮興起。

7　沙皇城（Царьград）意為沙皇所在地，也就是首都，拜占庭帝國的首都——君士坦丁堡。該城市於四世紀因羅馬皇帝君士坦丁來臨，名為君士坦丁堡。現為土耳其最大城市伊斯坦堡。而沙皇（царь）在俄文裡最早是對拜占庭皇帝的稱呼，意指國家最高統治者（且為專制君王），源自羅馬皇帝凱薩（цесарь, caesar）之名。羅斯時期偶爾也稱自己的大王公為沙皇。十六世紀莫斯科大王公改稱沙皇，至十八世紀是俄國統治者的正式頭銜，彼得大帝時又改稱為皇帝（emperor）。參閱：В. О. Ключевский, *Тепминология русской истории // Сочинения в девяти томах. Специальные курсы. М.,* 1989, с. 102-103.

河岸邊。翌日清晨起來後，他對隨行的弟子說：「你們看到綿延的山脈嗎？上帝賜予的恩惠在群山間冉冉升起，這裡將誕生一座偉大的城市，上帝還會建立許多教堂。」安德烈隨即登上高山，向群山祝福，豎起一支十字架，向上帝祈禱，再下山順著得涅伯河繼續逆流而上。此處即是將來的基輔。[8]後來，安德烈來到一個斯拉夫人居住地，也就是現在的諾夫哥羅德。看到了當地居民有哪些日常風俗，怎麼邊洗澡邊拍打身體，他大開眼界。安德烈繼續走向瓦蘭格，之後又到羅馬，開始訴說先前修行的經過和一切所見所聞。他說：「我在斯拉夫民族地區，還有來到這裡的路上，看到令人嘖嘖稱奇的事。他們先把一推木製澡盆烤得火熱，然後脫去衣服，全身光溜溜的，往身上塗滿一種抹皮革的發酵液體，再拿起一把細嫩的樹枝往自己身上抽打，打到幾乎只剩一口氣，再用冰水沖洗，整個人彷彿又活了過來。他們經常這樣做，沒有任何人覺得難受，其實他們是要磨練自己，洗滌自己，因此並非痛苦的事。」[9]聽到這故事的人都驚訝不已。安德烈在羅馬停留一段時間，才又返回席諾普。

那個年代波良人的生活方式為各氏族分別統治管理；因為在那些兄弟（關於這一點下文說明）之前波良人就已經出現，而且

---

8 根據文原本注，使徒安得烈是否曾造訪羅斯，此無法切確證實，大多為口傳軼事。十一世紀時拜占庭人廣為流傳，安得烈曾於當地修行，遊歷羅斯。而有關安得烈的希臘文著作《行蹟》（Деяния）又顯示，他曾隨教士團行經卡爾蓀。

9 此為俄式浴（русская баня），東斯拉夫地區習慣的沐浴方式。他們先在烤熱的木盆或木屋蒸烤過，再用樹枝拍打全身，最後浸入冷水。他們認為這是養生的活動，現今俗稱「桑拿浴」。

每個氏族都生活在各自地盤上，各自為政。有三兄弟：一位名叫基，第二位——薛克，第三位——赫立夫。他們有位姐妹——麗別姬。基住在一座山上，就是現在的波利切夫坡，薛克住在現名為薛克維查山的地方，赫立夫則是住在第三座山上，以他的名字起名的赫立維查山。他們建起一座城，以大哥的名字命名，所以稱為基輔。[10]這座城四周有大片森林和針葉林圍繞，人們可在那裡捕獵動物，這幾位是聰明又睿智的男子漢，人稱波良，他們的後代就是至今留在基輔的波良人。

有些不知真相的人傳說著，基原本是個擺渡人；那時候基輔城附近，就是得涅伯河另一邊的確有個渡河口，所以大家會說：「到渡河口往基輔去。」假如基真的原是個擺渡人，那麼就不會前往沙皇城了；[11]而基又統治著族人，據說，當他前去拜訪沙皇時，從沙皇獲得到極高禮遇款待。基在返鄉途中來到多瑙河畔，喜歡上一塊地方，在當地開墾出一座小城市，本來打算跟族人在那裡定居，可是四周居民不答應；所以到今天多瑙河流域的人把那座小城叫做基維茲（小基輔城，譯者）。基回到自己的基輔城後終老；他的兩個弟弟薛克跟赫立夫，還有姐妹麗別姬也都在這兒辭世。

這幾位兄弟的後代在波良人那執政。德列夫良人也成立公國 p. 146了，德烈果維奇人也是，斯拉夫人的公國位於諾夫哥羅得，還有另一支波洛特河邊的是波洛特人。由上述最後幾支民族又分出克

---

10 意指「基」的城市。

11 基前往沙皇城的目的不明。雖然十六世紀的尼康編年史撰寫成戰爭目的，但大多《往年紀事》譯注本並未加以解釋。

里維奇人，分佈在伏爾加、德維納、得涅伯三條河的上游，有座城名叫斯摩零斯克，那裡就住著克里維奇人。從克里維奇又分出樹維爾人。樹維爾人都居住在白湖邊，羅斯托夫湖邊是莫良人，克里辛湖也住有莫良人。而奧卡河流域注入伏爾加河處則是操各自語言的牧蘿馬人、切列民斯人還有摩爾多瓦人。在羅斯只有這些民族說斯拉夫文——波良、德列夫良、諾夫哥羅得、波洛羌、德烈果維奇、樹維爾人還有住在布格河而得名的布漳人，後來改稱瓦倫尼亞人。而有另外一群向羅斯納貢的民族：楚德、米梁人、維斯、木洛馬、切列民斯、摩爾多瓦、佩爾姆、佩切拉、揚米人、立陶宛、季米戈拉人、可爾西、納洛瓦、利瓦人，他們都說著各自的語言，都是源於耶斐特，住在北方諸國。

　　如同上面說過的，原居住在多腦河流域，來自斯基菲族的斯拉夫民族，也就是哈札爾，[12]即所謂的保加利亞人，遷至多腦河畔。之後來了一批白烏果爾人，也住進斯拉夫地區。這些白烏果爾人出現於沙皇希拉克里在位時，曾對抗波斯王霍斯洛夫。那時候還另有一批奧伯爾族人，和沙皇希拉克里征戰且幾乎要把他降服了。這些奧伯爾族人還攻打斯拉夫人和同屬斯拉夫民族的杜列

---

12 按照原文譯注，九世紀拜占庭僧侶喬治哈馬托（Георгий Амартол，George Hamartolos）編著的編年史中，已將斯基菲人（скифы）視為哈札爾人（хазары）。而歷史學家格列科夫（Б. Д. Греков，1882-1953）說明，西元六至八世紀游牧民族突厥人來到裡海，曾建國，而此國家分裂成許多小國，其中一個為哈札爾。而哈札爾國並非由單一游牧民族組成，裡面包括含的有保加利亞人、突厥人、斯拉夫人、猶太人等。羅斯建國後，和哈札爾人時有衝突或合作，見以下965、986、1023、1079、1083年條。

比人，對杜列比女人施以強暴：像是奧伯爾人要外出時，不用馬或牛驅車，而是命令三、四個或五個女人拉車載他們，如此折磨杜列比人。奧伯爾人就是這般身材強壯，生性傲慢，所以上帝將他們消滅了，全死光了，奧伯爾人一個都沒剩下。因此羅斯至今有句俗語：「死得像奧伯爾人一樣。」意思是指沒種族、沒後代的人。奧伯爾人之後有佩臣尼格人過來，然後又有黑烏果爾人經過基輔，但這都後來的事情了，在阿列格執政的時候。

之前提及，獨自生活的波良人原先由斯拉夫人分出，離開後才稱波良，而德列夫良人也是源自那群斯拉夫人，也不是馬上就改名德列夫良；拉吉米奇人就是源自里亞赫的維提奇人。里亞赫人裡原有兩兄弟——一個是拉吉米，另一個則是維提柯。兩人走到了地方就定居下來：拉吉米在索日河邊，因為他的關係族人得名拉吉米奇，維提科跟同胞們則來到奧卡河流域，他們稱做維提奇人。就這樣波良人、德列夫良人、榭維爾人、拉吉米奇人、維提奇人、哈爾瓦提人平靜地比鄰而居。杜列比人在布格河流域，現在的瓦倫尼亞人處，烏利奇人和提維爾人散居在得涅斯特河跟多瑙河流域。他們的人數眾多：住在得涅斯特河到海邊地方，至今還保有他們的多個城鎮；因此希臘人稱他們是「大斯基菲人」。

這些部族原都擁有各自的習俗，各自祖先留下的習俗、規矩和傳說，各有各的習性。波良人有著先人溫順、沈默的性情，面對兒媳、姊妹、父母親很靦覥的；在丈母娘和丈夫兄弟面前尤其害羞；連嫁娶也有個規矩：新郎不去迎娶新娘，卻是前一天晚上把她接來，第二天再送聘禮過去。德列夫良人卻是過著野蠻的生

p. 147　活，和群牲畜一般：他們互相殘殺，吃盡所有穢物，更沒有婚姻
　　　　禮俗，不過倒是會搶婚。拉吉米奇人、維提奇人、樹維爾人的風
　　　　俗習慣則一致：住在森林裡，同野獸般吃不潔的食物，當著父親
　　　　和媳婦面前口出穢言；他們不行婚姻嫁娶，而是村落間青年男女
　　　　辦歡樂聚會，以狂歡聚會、跳舞、唱些不雅歌曲進行配對，只要
　　　　在這裡講好了，就可帶回去當妻子；他們可擁有兩、三個妻子。
　　　　假如有人死了，會為他舉辦哀悼酒宴，然後做個大木柩，把死者
　　　　放進木柩，放火燒了，再把骨頭收齊，放進一個小容器裡，排放
　　　　在道路邊的柱子。到現在維提奇人還這麼做。克里維奇人和其他
　　　　多神教民族也都遵守這些禮俗，其實他們因不懂上帝法律，才給
　　　　自己定了規矩。

　　　　　　格歐爾治在其編年史說道：[13]「每個民族或有其成文法規，
　　　　或有民情風俗。民情風俗是不懂法令的人，像遵守祖先遺願般奉
　　　　行著。這種人最主要的是居住在世界最邊緣敘利亞人了。他們把
　　　　祖先生活常規列為自己的法律：不可姦淫與通姦，不可竊盜，不
　　　　可中傷或殺害，還有，尤其不可作惡。這些規範巴克特里安人也
　　　　有，他們又稱做拉赫曼人或奧斯托維羌人；這些人按照祖先遺囑
　　　　和信仰，不吃肉、不飲酒，不亂來、也從不做壞事，對上帝懷著
　　　　莫大敬畏。他們的鄰居印度人則完全不同。印加人是殺人犯、壞
　　　　胚子，極度暴戾；在其國內各地竟然人吃人，殺害旅人，還把他
　　　　們當狗肉吞食。郝德安人和巴比倫人也有生活常例：抓母親上床
　　　　姦淫、姦殺兄弟子女。他們幹盡無恥下流事還心安理得，即使遠

13　以下段落摘自九世紀僧侶格歐爾治・阿馬托（Георгий Амартол）所
　　編著的編年史。

離家鄉也將如此。

　　格里人另有公約：妻子畜牧並造屋，肩負其他男性事務，但也會隨心移情別戀，對男人即使不從一而終也毫無所謂；當中不乏勇敢豪爽女子，善於獵捕禽獸。這些女人統領男人，指揮男人。在不列顛有些男人只跟一位女人共眠，但許多女人則毫無約束地跟多個男人發生關係，這算是觸犯了先人的戒律，卻不會遭控訴、逮捕。亞瑪遜女人沒有丈夫，像一群沒教養的牲畜，每年一次接近秋天時節，會走出家園與受洗男性配對。她們把這時節當作莊嚴偉大的節慶。若發現懷了身孕，會重新返鄉。等生產了，假如生下男孩就殺死，得女孩則餵養她，悉心教養長大。」

　　波落夫茲至今也還保有先人規矩：[14]崇尚流血殘殺，甚至是吃死屍以及各種穢物、鼠類，娶繼母、媳婦為妻，以及其他習俗。而我們這些基督徒，在所有國家篤信聖三位一體，堅信唯一的受洗和信仰，擁有共同的律法，因為我們以基督之名受洗，與基督同在。

　　過了些時間，幾位兄弟（基、薛克、赫立夫）去世後，現郊 p. 148 區的居民德列夫良人去欺壓波良人。然後哈札爾人發現他們住在山區樹林里，（跟他們）說：「你們得向我們納貢。」波良人商議後只交出劍進貢，哈札爾人帶回給君主和長老，像他們報告：「這是我們取得的新賦貢。」回問：「哪兒來的？」答：「得涅伯河山區樹林裏。」又問：「給的是什麼？」於是呈上劍。哈札

14　波落夫茲屬突厥族的一支，於十一世紀上半葉出現於窩瓦河流域。　　《往年紀事》於1054年的記錄首次提及羅斯與波落夫茲人互動，此後超過一個世紀的時間，波落夫茲為羅斯最大外患。

爾長老們說：「這是個不吉祥的貢品啊，大王：我們獲得的是兵
器，也就是單面利刃的兵用刀，而他們繳的是雙面刃的劍。他們
註定要向我們和其他地方納貢。」結果全應驗了，他們並非胡說
八道，這是上帝的旨諭。法老王時就發生過這種事，當摩西被帶
到法老跟前，長老們曾說：「埃及領土註定要被糟蹋。」後來果
真發生了：埃及人因摩西而喪生，而猶太人原先是為他們工作
的。這回同樣的：原是統治者，後來被統治；現在則是：羅斯王
公以收取賦貢的方式統治哈札爾人。

6360年（852），紀年15年，[15]米海爾登基成為沙皇，羅斯
開始採用國號。我們能夠知道是因為沙皇在位時，羅斯來到沙皇
城，如同希臘編年紀所記載。也因此從這個時間開始日期記錄。
「從亞當到大洪水2242年，從大洪水到亞伯拉罕1000又82年，從
亞伯拉罕到摩西出走430年，從摩西出走到大衛王600又1個年頭，
從大衛王和所羅門王到耶路撒冷淪陷有448年，從淪陷到亞歷山
大是318年，從亞歷山大到耶穌誕生是333年，從耶穌誕生到君士
坦丁大帝到現今的米海爾共542年。」而從米海爾執政元年到羅斯
女王公歐莉嘉上任第一年有29年，從歐莉嘉第一年到現任基輔王
公伊戈爾第一年是31年，而從伊戈爾第一年到斯為塔斯拉夫是33
年，斯為托斯拉夫第一年到雅羅波克第一年是28年；而雅羅波克
在位8年，弗拉吉米爾在位37年，雅羅斯拉夫在位40年。如此，斯
為托斯拉夫去世到雅羅斯拉夫去世共85年；從雅羅斯拉夫到斯維
托波克去世則60年。

---

15 拜占庭國的紀年（Индикт, Indiction），來自希臘文。以十五年為一循
　　環單位的計算年曆法。見本書〈導讀〉。

　　但再回到原本所敘述的，這些年發生過的事件，像剛才所提：從米海爾執政元年，再來好好詳細說明。

6361年（853）

6362年（854）

6363年（855）

6364年（856）

6365年（857）

　　6366年（858）。沙皇領軍分海路跟河路攻打保加利亞人。[16]保加利亞人見狀，無法抵禦的情況下，哀求為他們受洗，並允諾對希臘投降。沙皇為他們的工公和所有貴族洗禮，再和保加利亞人締結和平條約。

　　6367年（859）瓦良格人跨過海域所徵得的稅貢來自秋德人、　p. 149
斯洛文人、梅利人、克里維奇人。那麼哈札爾人取自波良人、樹維良人、維雅奇人，每戶繳一枚銀幣和一塊灰鼠皮。

6368年（860）

6369年（861）

　　6367年（862）瓦良格人被逐出海域，納貢也免了，因此得以開始自我管理。又因毫無律法，使得部族間相互殺害，彼此侵犯。於是他們內部協議：「我們找個王公領導，讓他依照法律治

---

16 保加利亞人據說原屬中亞突厥部族，約四世紀來到窩瓦河至頓河間的西岸草原地帶。六世紀曾建立強大國家，侵擾拜占庭及鄰近部族，後瓦解分裂成多支。羅斯國時期保加利亞人於匈牙利與拜占庭已形成王國，位於羅斯國西南邊境外，分佈在巴爾幹半島北部，與羅斯國時戰時和。而另一小部分位於羅斯東北方境外遠處的窩瓦河上游，和羅斯互動較少（見1088年條註腳）。

理調解我們吧。」他們就這樣啟程漂洋過海，前往瓦良格人那兒，見羅斯人。這些瓦良格族人叫做羅斯，就像當中有些又叫瑞典人，也有些叫諾曼人、盎格魯人，還有的叫哥德人，羅斯人也是。這些秋德人、斯洛文和克里維奇人對羅斯人說：「我們的土地廣大又富庶，卻毫無秩序。請來當我們的王，來治理我們吧。」[17]他們於是從氏族裡推出三兄弟，帶著所有羅斯人過來了，長兄，留立克，落腳於諾夫哥羅得，二哥，西紐士，到白湖城，三哥，楚瓦爾，前往依思柏斯克。由於這支瓦良格人的緣故，得到羅斯國稱號。諾夫哥羅得人是源自於瓦良格人氏族，原先是斯洛文人。過了兩年西紐士及弟弟楚瓦爾過世。因此留立克一人接收大權，再分給自己城裡的屬下——一是波羅次克，二是羅斯托夫，三是白湖。瓦良格人在這些城市裡頭是外來者，諾夫哥羅得的原住民是斯洛文人，波羅次克的原住民是克里維奇人，在羅斯托夫是的是梅利人，唯西人在白湖，木洛瑪人在木隆，他們全都

---

17 東斯拉夫民族邀請北歐部族前來統領，建立政權。十八世紀以來，俄國學術界對《往年紀事》記載的這段經過爭議不斷，形成「諾曼論」（норманизм）和「反諾曼論」（антинорманизм）。「諾曼論」支持東斯拉夫民族的政權為北歐民族扶植，「反諾曼論」則拒絕承認此論點；兩個理論代表截然不同的民族起源觀點，也引導出歧異的民族認同。十九世紀幾位知名的歷史學家，如卡拉姆金（H. M. Карамзин）、索洛維約夫（C. M. Соловьев）……等人，於國家史編著中均採「諾曼論」觀點，主要受到《往年紀事》影響。然而，原文本譯注者收集了蘇聯時期歷史學家的研究，發現在許多史料文獻卻無法找到留立克的相關資料，因此相當質疑諾曼論。雖然蘇聯時期的「諾曼論」和「反諾曼輪」各有支持者，現今俄國的歷史編著仍按照《往年紀事》記載編寫。

由留立克統領。他（留立克，譯者）有兩名部屬，非親戚（非同族人，譯者），而是貴族，[18]兩人帶著族人前往沙皇城。他們順著得涅伯河出發，游經山區看見一城市，問：「這是誰的城鎮？」人們答：「城鎮原先由三兄弟，基、薛克、赫立夫所建，後來他們離開了，我們是其後代，留下來了，且現在向哈札爾人納貢。」後來阿思科德和吉爾在這城鎮留下，召集大量瓦良格人，開始掌管波良人土地。而留立克仍在諾夫哥羅得稱王。

6371年（863）

6372年（864）

6373年（865）

6374年（866）阿思科德和吉爾武裝動身前去攻打希臘人，第14年的時候抵達米海爾的王國。沙皇此時正好去討伐亞加良人，到達黑河邊。當地方官稍來消息說，羅斯人正在來犯的路上，沙皇立刻返程。羅斯人攻進穌德，殺光許多基督徒，還以兩百艘船包圍沙皇城。沙皇好不容易回到城裡，徹夜通宵和牧首[19]（потриарх）佛提留在教堂，對著芙拉海爾的聖母像禱告，一邊吟詠著，把聖母聖袍拿出來，到她的大地海水中浸洗。這時一片肅靜，海水平靜，卻突然風起雲湧，大浪興起，異教的羅斯船艦隨之捲走，吹向岸邊，支離破碎，少數人勉強得救回到家鄉。

---

18 羅斯時期的貴族（Бояре）除了統治者親戚，還有身居高位者。這裡強調兩位部屬的身份，編作者用意在提點他們兩人的行為有僭越王權之嫌，也認定只有留立克後代才是正統。882年的記述中，再一次指出兩人圖謀不軌行為，為遭處死的原因。

19 牧首（патриарх），東正教會裡教區最高領導人的頭銜。

6375年（867）

p. 150 6376年（868）瓦西里任沙皇。

6377年（869）保加利亞全國土受洗禮。

6378年（870）

6379年（871）

6380年（872）

6381年（873）

6382年（874）

6383年（875）

6384年（876）

6385年（877）

6386年（878）

6387年（879）留立克去世，王權轉交同族人阿列格，兒子伊戈爾也交到他懷裡，因還幼小。

6388年（880）

6389年（881）

6390年（882）阿列格領眾多部隊出征，成軍包括：瓦良格人、秋德人、斯洛文人、梅利人、唯西人、克里維奇人。連同克里維奇人瀕臨斯摩連斯克城下，就取得該城大權，還安排了自己的部屬進駐。又從那邊啟程往下，再取柳別區市，也派自己的人進駐。接著抵達基輔山區，阿列格得知這附近由阿思科德和吉爾稱王。他先將一部份士兵藏匿船艙，其餘的送去充作埋伏，然後獨自帶著男孩伊戈爾向前。下游至烏果爾山，先命官兵藏好，走向阿思科德和吉爾，對他們說：「我們是從阿列格和大王伊戈爾

處往希臘的生意人。請過來我們族人這邊吧。」當阿思科德和吉爾一接近時，所有人從船艙跳出，阿列格對著阿思科德和吉爾說：「你們不是王，也非出自王族，我才是真正王族的人。」又抱出伊戈爾，「這正是留立克的兒子。」於是處決了阿思科德和吉爾，拖至山上，把阿思科德埋在現稱做烏果爾山上。

　　有個歐瑪宮殿的地方，歐瑪在墳墓邊蓋了間聖尼古拉教堂；而吉爾的墓邊蓋了聖依麗娜教堂。阿列格進入基輔，說：「這裡以後就是羅斯國眾城之母。」於是他帶領的有瓦良格人、斯拉夫人，其餘為羅斯人。阿列格大張旗鼓整頓各城市，訂出斯洛文人、克里維奇人和梅利人的稅賦，再命諾夫哥羅得的瓦良格人每年繳300格里夫納銀錢[20]以維持生活穩定，繳納到雅羅斯拉夫去世為止。

　　6391年（883）阿列格與德列夫良人作戰，將之擊敗並收取每戶一張黑貂皮做稅貢。

　　6392年（884）阿列格進攻樹維良人，將之擊敗，收取輕稅，

20　「格里夫納」（Гривна）原是斯拉夫人以貴重金屬製成的項圈飾品，後成為羅斯的銀幣單位。這裡的原文為"300 гривен"，並無「銀錢」字樣，以下依此方式翻譯。因羅斯時期的錢幣分為金和銀兩種材質，基本單位是銀幣的格里夫納（如同現在俄國的盧布）；如為金幣，會特別指出，而金幣價值大約是銀幣的10倍。格里夫納之下還有三種更小單位。至於一個格里夫納的重量在羅斯國並無統一，因南、北地區之分有兩套系統並行。一個格里夫納在北羅斯的重量相當於現在的51.19公克，在南羅斯則為81.86公克。參閱：В. Л. Янин, Денежно-весовые системы русского средневековья. Домонгольский период. М., 1956. С. 150, 160, 203, 204. 現今烏克蘭的貨幣單位也是格里夫納，但發行的是紙幣。

吩咐不准向哈札爾人繳稅：「我是他們的敵人，不該向他們繳納
任何東西。」

　　6393年（885）（阿列格）派軍攻打拉吉米奇人，問：「你
們向誰繳稅？他們答：哈札爾人。」阿列格對他們說：「不用向
哈札爾繳稅了，繳付給我。」他們因此以原先支付給哈札爾的，
繳付給阿列格楔良幣。[21]這麼一來，阿列格統治的有波良人、德列
夫良人、榭維良人以及拉吉米奇人，還與烏里奇人、提唯爾人作
戰。

p. 151　　6394年（886）

　　6395年（887）里翁任沙皇，共26年。瓦西里子為兒子命名里
翁，其胞弟名叫亞歷山大。

　　6396年（888）

　　6397年（889）

　　6398年（890）

　　6399年（891）

　　6400年（892）

　　6401年（893）

　　6402年（894）

　　6403年（895）

　　6404年（896）

　　6405年（897）

　　6406年（898）烏果爾人行經基輔山區，現稱烏果爾山，來

---

21 楔良（Щьляг）——錢幣名。964年又再提到，根據原文本注，可能
　　是波蘭人所使用錢幣。

到得涅伯河邊，搭設數個營帳：他們生活行徑和波良人一樣。就這樣，從東方努力跋涉經過烏果爾山脈，然後與居住當地的窩洛和人、斯拉夫人戰鬥。畢竟原先居住那裡的是斯拉夫人，然後窩洛和人入侵了斯拉夫領土。烏果爾人驅逐窩洛和人之後，繼承了這片土地，又和歸順的斯拉維安人共生；從此這片土地叫做烏果爾。接著烏果爾人又和希臘人開戰，擄得色雷斯和馬其頓人的家園，直到賽倫。繼續攻打摩拉瓦和捷克人。斯拉維安人曾是統一的民族：那些原居住多腦河流域的斯拉維安人被烏果爾、摩拉瓦、捷克、波良克人，以及現名叫羅斯的波良人。最早稱做斯拉夫文的字母就是給這些摩拉維亞人而造的，現在這套文字也屬於羅斯人，還有多瑙河的保加利亞人。[22]

　　當斯拉維安人成為基督徒後，他們的君主──羅斯提斯拉夫、斯維托波克、柯采，前去晉見米海爾沙皇，說：「我們的國土受洗禮了，但我們卻沒有導師來為我們教授經典大義。畢竟我們不懂希臘文、拉丁文；有些人這樣教，還那樣教，弄得我們一知半解。請派遣老師來為我們傳道授業解惑吧。」沙皇聽了，召集所有哲學家，把斯拉夫王公們的話告訴他們。哲學家們說：「賽倫有位名叫列夫的人。他的兒子們通曉斯拉維安語言：他的兩個兒子是優秀的哲學家。」沙皇聽了，就派人前去賽倫找列夫，說：「請快快派自己的兒子梅法帝跟康斯坦丁來我們這

---

22 羅斯建國時，來自中亞草原突厥族的保加利亞人已形成王國，分佈於匈牙利與拜占庭之間，羅斯國西南邊境外。而羅斯東北方境外遠處的窩瓦河上游另有一支保加利亞人，和羅斯互動較少。（見858年條註腳）

吧。」列夫聽了，立刻派遣他們前去，他們來到沙皇面前，他對他們說：「斯拉夫國派使節來我這向我求導師，好為他們傳授經典，因為這是他們所需。」沙皇說服了他們，就派他們往斯拉夫國，去羅斯提斯拉夫、斯維托波克、柯采那兒。兩兄弟到了之後，開始編寫斯拉維安字母表，翻譯使徒傳和福音書。斯拉夫人非常高興能夠以母語來聆聽上帝的偉大事蹟。然後還翻譯了《聖

p. 152 詩集》、《八重唱詩歌》，和其他典籍。從此有些人開始污衊斯拉夫本國書籍，說「任何民族都不該擁有文字，除了猶太人、希臘人和拉丁人，按照比拉多在十字架上所使用刻寫的文字（只有這三種）。」[23] 羅馬教皇耳聞這件事，對那些污衊斯拉夫典籍的人們做出裁決，說：「將會實現《聖經》所言：『讓所有民族讚美上帝。』以及：『讓所有民族讚美上帝偉大事蹟，因為聖靈賦予他們言語了。』假使有人批評斯拉夫語文，直到悔改前都將被取消教籍；這麼做是狼，非羊，該認清他們的惡行，多提防。孩子們，請聽從上帝的教導，不要反駁導師梅法帝傳授給你們的教會訓誡。」而康斯坦丁則在返回途中前去教導保加利亞人，梅法帝留在摩拉維亞。後來柯采王將梅法帝任命為帕諾尼亞的聖安卓尼克區主教（епископ），聖安卓尼克是上帝七十名使徒之一，也是聖保羅的學生。梅法帝指派兩位會速寫的神父，在6個月內將所有經書從希臘文譯成斯拉夫文，3月開始，十月的第26天完成。大功告成了，再為上帝舉行好好地讚頌，將如此恩典賦予梅法帝主

23　《聖經新約：路加福音》中敘述，比拉多是審判耶穌基督的羅馬官員，他下令在十字架上用一塊牌子以希臘文、拉丁文、希伯來文寫著：這是猶太人的君王。

教；因為這位斯拉夫人的導師正是聖安卓尼克啊。聖保羅曾到摩拉瓦人那教導他們；那兒現在是伊利瑞亞，曾是聖保羅來到的地方，最初斯拉夫人居住地。因此，聖保羅算是斯拉夫人的導師，而我們羅斯人源自斯拉夫人；所以聖保羅也是我們羅斯人的導師，因為他教導了斯拉夫民族，又安排給斯拉夫人和自己一樣的主教和長官聖安卓尼克。而斯拉夫人和羅斯人統一，雖因瓦良格人改稱羅斯，但本來是斯拉夫人；好比雖稱做波良人，但談話是斯拉夫語。會稱作波良人是因為他們住在田野，而語言則同是斯拉夫文。

6407年（899）

6408年（900）

6409年（901）

6410年（902）沙皇里翁僱用烏果爾人攻擊保加利亞。烏果爾人進攻，擄獲整個保加利亞國。席門[24]一得到消息就進攻烏果爾人，烏果爾挺近，打敗保加利亞，席門倉皇逃往多若斯陀市。

6411（903）當伊戈爾長大，就跟隨阿列格，聽從指揮，人們為他迎娶普茲科夫城的姑娘，名叫歐莉嘉。

6412年（904）

6413年（905）

6414年（906）

6415年（907）阿列格出兵希臘人，將伊戈爾留在基輔城；率領的人數眾多，有瓦良格、斯拉夫、秋德人、克里維奇人、梅

---

24 席門（Симеон）是當時的保加利亞王。

利、德列夫良、拉吉米奇人、波良人、樹維良人、維雅奇人，還有跟妥曼人齊名的提唯爾人：希臘把全部叫做大斯基菲。阿列格帶全部人騎馬上船艦；共2000支船艦。他來到沙皇城；希臘人包圍穌德灣，封鎖全城。阿列格一上按就爆發戰鬥，許多希臘人在

p. 153　城牆喪生，擊沈了許多船艦，火燒教堂。被俘虜的人或受鞭打，或受酷刑，或被射殺，有些丟入海裡，羅斯人還對希臘人犯下許多其他惡行，像平常對付仇人一般。

　　然後，阿列格命令士兵建造滾輪（複數），再把船隻放到滾輪上。之後當吹起順風，他們在曠野上揚起風帆向大城前進。希臘人見狀，嚇壞了，拜見阿列格，說「不要毀壞大城要多少稅貢我們都給。」接著大列格令士兵停止，（希臘人）獻上食物和酒，但（阿列格）沒有食用，因為那是有毒的。希臘人又嚇壞了，說：「這不是阿列格，而是上帝派來的聖迪米特里啊。」於是阿列格命令對2000艘船艦繳交貢品：送給每個人12銀錢，每艘船上各是40個人。

　　希臘人同意並求和，哀求不要攻打希臘國土。阿列格稍微退離首都，開始和希臘沙皇里翁和亞歷山大和平談判，指派查理、法爾拉夫、維穆德、儒拉夫、斯坦密前去首都，轉告說：「你們要納貢。」希臘人回答：「你們要什麼，我們都給。」所以阿列格命令繳交貢品給2000艘船艦上的士兵，以每隻船槳12銀錢計算，此外還要交稅給羅斯各城市：首先是基輔城，然後切尼哥夫城、佩瑞雅斯拉芙、波羅次克、羅斯托夫、柳別區，還有其他各大城，因為上述各大城市裡有直屬阿列格的諸多王公。「每當羅斯人前來，讓他們替使節收取物資，多少都行；要是商人過

來，讓他們收取6個月份量的食物：穀物、酒、肉、魚、果實。
供他們沐浴，幾次都行。當羅斯人要回家時，讓他們從沙皇那兒
收取回程的食物、錨、纜繩、船帆以及需要的東西。」希臘人負
有義務，而沙皇和所有貴族又說：「假如不是經商目的前來的羅
斯人，就不能收取每月貢品；羅斯大公會應下令，禁止羅斯人在
我們的國土和村鎮搗亂。」讓前來的羅斯人住在聖馬蒙特教堂附
近，我們宮殿會派人過去，登記他們的名字，他們就可以收取適
量糧食，最早有從基輔過來的人，從切尼哥夫、佩瑞雅斯拉芙，
還有其他大城市。讓他們在沙皇官員陪同的情況下，只可從唯一
的大門城，禁帶武器，一次50人，可以做買賣，多少都可以，不
用繳交任何稅金。」里翁和亞歷山大沙皇與阿列格簽訂和約，被
迫納貢，又相互宣誓；他們親吻了十字架，而阿列格和部下進行
對羅斯法律的宣誓，他們以隨身武器、雷神佩魯和畜牧之神瓦駱
斯之名起誓，[25]確認了和約。阿列格接著說：「你們得為羅斯人
製造上等錦織帆，也給斯拉夫人縫製上等風帆。」他們照辦了。
他將自己的盾牌懸掛在城門昭告勝利，從沙皇城啟程離開。就
這樣，羅斯人、斯拉夫人升起美麗船帆，卻給大風颳破了；斯拉
夫人說：「拿出我們自己的布帆吧，細緻布料風帆不適合斯拉夫
人。」阿列格載著黃金、絲綢、水果、飲酒、所有精美物品回到
基輔。從此人稱阿列格「先知」，因他們是群無信仰、蒙昧無知
的人。

---

25 羅斯人改信宗教之前的起誓儀式，以武器和最大的神祇雷神佩魯
　　（Перун）發誓。改信基督教後，則以親吻十字架起誓。以雷神佩魯
　　之名起誓，另見945年條羅斯與拜占庭雙方條約的末段。

p. 154　　　6417年（909）

　　　　　6418年（910）

　　　　　6419年（911）西方出現一顆長矛狀的星體。[26]

　　　　　6420年（912）阿列格派遣自己的官員締結和約，還訂下希臘和羅斯雙方約定，如下：「謹呈兩位沙皇里翁和亞歷山大，簽訂和約條列。出自羅斯氏族的我們——卡利、依年格、法爾拉夫、維穆德、儒拉夫、古帝、羅得、卡倫、弗萊拉夫、盧阿爾、阿克天夫、楚安、李度、符斯特、斯坦密——由羅斯大公阿列格以及所有他統領的其他王公，還有各大貴族派來，到以上帝之名統治的希臘沙皇，列夫、亞歷山大、康斯坦丁面前，致力鞏固與加強基督徒和羅斯人之間的多年友誼，依照我們偉大王公們的希望與囑咐，和所有被帶領的羅斯人。我們的期盼，首先寄望上帝保衛鞏固與達成長久存於基督徒與羅斯之間邦誼，秉持公正裁決，不僅於言談間，還需謄寫成文字，再起誓確認，以各自的武器發誓，憑著信念與法律印證雙方邦誼。

　　　　條約的核心——我們背負著義務，秉持上帝的信念與友好。我們的條約最開頭文字，就是要和你們希臘人友好，出於真心和善意相互友愛。我們偉大王公領導下不容任何的欺瞞或罪行，這是我們的權責；我們會努力，盡全力，和你們希臘人在將來幾年和永久保持不中斷、不變的友誼，在此以書面公告和傳遞，以誓言擔保。你們，希臘人，也需同樣地永久遵守，信守對我們羅斯

---

26 根據原文本注，此年條可能按哈馬托羅斯編年史的記載，而且此星象應該是哈雷彗星。但是天文科學所計算的正確時間在912年，此為編年史家的瑕疵。

大公和他所帶領的其他王公如此堅定不變的友誼。

　　針對所有可能發生的不好事件，協議條文如下：所有一經查證的惡行，無疑會認定有罪；但有不被承認的，就讓那要求的一方發誓，這件壞事不是真的；假如這一方不發誓，就會判以如同罪行一般的懲罰。

　　如下：假如殺了人，羅斯人殺基督徒或是基督徒殺羅斯人，[27]將斃命於殺害地點。假如殺人兇手逃跑，要是他有財物，將依法把他的一部分財物讓被害者親屬拿走，但得依法保留兇手妻子所需。假使逃跑的兇手沒有任何財物，在被抓到前都是被告，抓到後就處死。

　　假使有人以刀劍或是其他武器傷害別人，那麼需依羅斯法律為此傷害交出5里特[28]銀子；假使犯下傷害的罪犯沒有財產，就以其能力繳出，允許脫下身上的衣物，其他賠償不足的部分，由他以信仰發誓，他沒有任何援助，不用再追究餘款。

　　如下：假使竊盜，羅斯人對基督徒，或是，相反的基督徒對 p. 155羅斯人，竊賊被受害者在竊盜現場，或是在預謀竊盜時抓到，將被處死，無論基督徒，無論羅斯人都無需為殺害竊賊而被追究；然而被害者得收取遺失物品。假使竊賊自首交還，他需以被害者身份被逮，並得以拘留，交還偷竊物的三倍。

　　如下：基督徒或羅斯人當中因受到蓄意謀害（強盜勒索）而被強暴脅迫且明顯以暴力奪取屬於他人物品，得處以三倍償還。

　　假使有船隻走失遭強風吹至異地，我們羅斯人將協助保留

---

27 這裡的「基督徒」即為拜占庭人，和異教徒的羅斯人區隔。
28 里特（Литра）──拜占庭的重量單位，1里特約相當於300克。

船隻及船上物品，而且在遣送到希臘國，及船隻抵達安全處所之前，我們要引導船隻避免任何危險；假使這艘船因暴風，或是擱淺毀壞而被尋獲且無法送還到原地，那麼我們羅斯人要幫助那艘船的槳手，並且引送他們，保持貨物平安。假使在希臘國附近羅斯船隻發生相同的不幸，我們要把船送回羅斯國且（希臘人）得販賣船上可販賣出的貨物，那麼我們，羅斯人，得以上岸（希臘岸邊）。又當（我們，羅斯人）以經商目地或使節身份來希臘國晉見沙皇，那麼（我們，希臘人）有榮幸讓他們船隻的買賣貨品得以通過。假使有乘船而來的羅斯人當中發生了，被殺害或是船上物品被奪取，罪犯將被受到上述刑責起訴。

如下：假使被羅斯人或希臘人強迫拘留的我方或彼方的俘虜，販賣至他們的國家時，若果真是羅斯人或希臘人，那麼可以販賣和送還被俘虜人到他的國家並收取贖金，或是得以提出相當於奴僕的買賣價格。如此，若是戰場上，有人被那些希臘人逮捕，無論如何他都要被送回自己的國家，並以上述的價錢贖回。

遇到徵召軍隊，他們（羅斯人）願意效力你們的沙皇，無論需要多少時間，都得以按他們的意願留在沙皇那兒。

另關於羅斯人，關於俘虜。從來自某一國家（被俘虜的基督徒）到羅斯，且（被羅斯人）販賣回羅斯，或是從某個國家送到羅斯的基督徒，這些人都應該以20枚金幣[29]的價格販賣並送回到希臘國。

如下：假如羅斯人奴僕被偷走或逃跑，或被迫賣出且羅斯人

---

29 原文為20 златников. 關於錢幣單位，見882年條註腳20。

抱怨，（他們）得以證明是自己的奴僕並且把他帶到羅斯。又假使商賈遺失奴僕且申訴，得以要求控訴，當找到時，可取回。假使有人不允許進行初步調查，那麼原告將不可認定是清白。

　　對於在希臘國為沙皇服公職的羅斯人。假使有人死亡，且沒有安排自己的所有物，又在當地（希臘國）他沒有親人，得將所 p. 156 有物送回羅斯給最親近的年幼親屬。然而，假如有立遺囑，那麼寫下的那位繼承人得領取所有物。

　　對於羅斯商人。

　　對於所有居留在希臘國有職務身份的人。假如罪犯不回到羅斯，那麼羅斯人得控訴希臘國，他將被迫逮捕並遭返回羅斯。假使發生同樣的情況，羅斯人得以如此對待希臘人。

　　作為你們基督徒與羅斯人之間的堅定與不變的表現，我們立下此和平條約，由伊凡抄寫，兩份手抄羊皮本——你們的沙皇親手簽署，——由他真誠的十字架發誓，和你們唯一存在的聖三位一體上帝給予我們的使節。而我們對你們的上帝派遣的沙皇發誓，如同上帝的創造，以我們的信仰和慣例，我們國內不會有任何人違背和平條約所列任何一項與友好。所抄寫的已交給你們的沙皇確認，這份條約得以存在我們之間和平的堅定與達成的基礎。九月2號，紀年15，創世第6420年。」

　　沙皇里翁以貢品向羅斯大使團致敬——有黃金、絲綢、珍貴布料，命令自己的屬下帶領他們參觀美輪美奐的教堂，收藏財寶的黃金宮殿，裡面有不計其數的黃金、綾羅綢鍛、貴重寶石，還有主耶穌的遺物——冠帽，釘子、血染物件和聖徒屍骨，藉此傳播自己的信仰，展現他們的堅貞信仰。他們以無比的榮幸歡送離

去，回到家鄉。阿列格派遣的大使們返回，稟告兩位沙皇所有談話，以及簽訂了希臘與羅斯兩國間的和平條約，又如何立下希臘人與羅斯人都不可違背的誓約。

　　阿列格統治基輔，與各國太平相交。秋天到了，阿列格想起自己有一匹送養的馬，早決定再也不騎乘了。因為有一回他詢問占卜與巫師：「我會因何而死？」一位巫師對他說：「大王！你常常騎乘那一匹愛駒，你會因牠而死！」這些話深深烙在阿列格心頭，他說：「我再也不要騎牠了，也再也不要看到牠。」於是吩咐人飼養牠，再不准把牠帶到面前來，過了幾年，直到出征希臘都沒看到牠。當他回到基輔城已過了四年，到第五年他想起自己那匹馬，就是巫師說會致死的那匹馬。他把高級餵馬官叫來，說：「我當初送養並保留的那匹馬呢？」他回答：「已經死了。」阿列格笑了起來，罵那位巫師說：「巫師都說的不對，全是謊話，馬死了，我還活著。」他命人安排坐騎：「我要去看牠的屍骨。」到了那地方，馬的白骨與頭顱散落地上，他下了馬，大笑說：「我會因為這匹馬而死？」接著他一腳踩上骷髏頭，此p. 157　刻一條蛇從骷髏頭鑽出，往他腳上咬一口。他因此生病死了。所有人為他哀慟哭泣，將他移靈，埋葬到名叫雪克維楂的山上；至今他的陵墓還在那裡，名為阿列格墓。他任大公共計三十又三年。

　　不難想像巫術能做些不可思議的事。朵米祺安的王國也曾發生：那時一位很有名的巫師，叫做提安國的阿波羅尼。他到處遊走，在各城鎮鄉村，施行各式各樣魔鬼的法術。有一回，他從羅馬城來到拜占庭，居民請求他這麼做：他把許許多多蛇跟蠍從

城裡趕出，使人們免於毒害，又在貴族面前馴服了馬匹。他又來到了安提奧西亞國，得到飽受蠍子和蚊蟲之苦的人們哀求，他做了一隻銅蠍子，埋入土裡，上面再立上一支大理石碑，命令人們取來一堆木棒走遍全城，並揮舞著木棒吶喊：「城裡不再有蚊蟲！」就這樣蠍子跟蚊蟲在城裡消失了。還有一個飽受地震威脅的城市裡頭，人們拜託他，他吸一口氣，在一個小木板上寫下：「你阿，不幸的城市，你還要再多次搖晃，遭祝融侵害，在歐容塔岸邊的人還將為你哭泣。」關於此上帝之城（阿波羅尼），偉大的安那斯塔西亞說：「阿波羅尼施展的神奇事蹟到現在還實現於某些地方，有的是驅離四腳動物跟會毒害人的鳥禽，還有的是停止岸邊河流洩流，又有的掌控人們的死傷和損失。他不只在有生之年對魔鬼施以這些奇蹟，連死後在他棺木旁，也以他的名字行奇蹟，迷惑那些常感受到妖魔鬼怪的哀傷的人們。」所以，大家究竟會說神奇誘惑的巫術是什麼呢？這就是阿波羅尼沉迷於神奇法術，從不思考到他反因聰明詭計喪失理智；他該這麼說：「總歸一句，我只是做我就想做的。」而不考慮會發生什麼後果。所有上帝的恩賜與魔鬼的行為並行──我們的東正教信仰經過諸如此類的事情試煉，所以能堅毅地來到主耶穌旁，免於魔鬼、幽靈、撒旦、人們的仇敵和邪惡的僕人等誘惑。有些以主耶穌之名所預言，像是瓦藍、掃羅、凱法，甚至有驅魔的，像是猶大跟思奇法維的兒子。因為恩典多次作用在不適當的人身上，如同許多人所目睹：瓦藍原是不信上帝者，生活不虔誠也無信仰，卻為了供別人見證，恩典降臨於他。法老王也是，為他開啟了未來。又有拿武哈得諾所，他是個犯法惡徒，卻也為他後代開啟未

來。這些得以印證，許多認知錯誤的人在耶穌基督二次降臨之前，不自主地誘惑那些善惡不分的人們，做出許多預兆。像是西蒙跟梅南得，以及因為其它一些人按真理所說：「不可以奇蹟誘惑……。」

p. 158　　　6421年（913）阿列格之後伊戈爾開始當大公。於此同時，康斯坦丁，里翁的兒子，擔任沙皇。因阿列格去世，德列夫良人要脫離伊戈爾而獨立。

　　6422年（914）伊戈爾對德列夫良人出兵並擊敗他們。向他徵收超過阿列格所要求的賦稅。同年保加利亞的席門來到沙皇城，締結了和約，然後打道回府。

　　6423年（915）珮切尼格人首次來到羅斯國，和伊戈爾締結和約，再朝多瑙河離去。[30]與此同時席門來到色雷斯，佔領該地；而希臘人派人向珮切尼格人求援。正當珮切尼格人抵達並團結起來反抗席門，希臘部隊長官之間卻意見不合。珮切尼格人看到了，他們內部起爭執，就返回了，而保加利亞人跟希臘人作戰，並且希臘人被擊敗。而席門占領了最早稱作歐瑞斯特的亞得里安城，歐瑞斯特是阿伽門農的兒子；因為有一回歐瑞斯特在三條河戲水，在那裡他脫離了病痛，因此這座城市以他的名字命名。亞得里安的王重新修建之後，就以自己的名字亞得里安命名，所以我們稱之為亞得里安城。

　　6424年（916）

　　6425年（917）

30　在羅斯建國之前，珮切尼格人已活躍於黑海岸邊的草原區。此年條首度記載珮切尼格人，他們與羅斯關係時戰時和，另見944、968年條。

6426年（918）

6427年（919）

6428年（920）希臘人推羅曼任沙皇。而伊戈爾和珮切尼格人打仗。

6429年（921）

6430年（922）

6431年（923）

6432年（924）

6433年（925）

6434年（926）

6435年（927）

6436年（928）

6437年（929）席門來到沙皇城，他們佔領色雷斯和馬其頓，以強大勢力和驕傲逼近沙皇城。他和沙皇羅曼講和，就回去了。

6438年（930）

6439年（931）

6440年（932）

6441年（933）

6442年（934）烏果爾人首次來到沙皇城，並俘虜整個色雷斯，羅曼和烏果爾人簽訂和約。

6443年（935）

6444年（936）

6445年（937）

6446年（938）

6447年（939）

6448年（940）

6449年（941）伊戈爾征討希臘人。保加利亞人通報沙皇，告

p. 159 知羅斯人正邁向沙皇城的消息：有一萬隻船艦。他們接近了，抵達後便攻打維文國（страна Вифинская），再征服波提海沿岸土地，到伊拉克里亞和帕芙拉根國土，還有尼卡密迪全境，又火燒整個穌德。抓起一批人，把一些分屍了，再將其他人射死於自己面前，綑綁雙手到身後，往頭頂打進鐵釘。還有許多人放火燒教堂，修道院跟村落，在穌德兩岸搶走許多財寶。從東方另有軍隊來到——潘飛爾首領帶著四千人，貴族孚卡率馬其頓人，大長官菲多爾率領色雷斯，跟隨他們的還有許多達官貴族，一齊包圍了羅斯。羅斯人深感危急，帶武器挺身對抗希臘人，殘酷的戰鬥當中難以打敗希臘人。羅斯人傍晚之前回到自己營地，夜間駐紮在船艦上，游走了。而費奧凡在船艦上迎向他們，用許多圓管朝羅斯船艦發動火力。[31]看起來非常可怕的力量。而羅斯人眼見大火撲來，投身入海，奮力求救，如此慘狀回到家裡。回到了自己的國土，對每個親友陳述發生的一切跟船艦火砲。他們說，「希臘人的玩意兒就好似天空的雷電，發射雷電，火燒我們；難把他們打敗。」而伊戈爾回來後，召集大批的士兵，派人渡海航向瓦良格人，邀請他們對希臘人出兵，打算再度攻打他們。

6450年（942）席門對哈瓦特人出兵，擊敗他們，之後去世，

---

31 根據原文本注，拜占庭當時擁有所謂「希臘火」，一種類似火藥的的燃燒物。有推測認為是生石灰、硫磺、炭等物混合而成，可裝在船隻配有的金屬管，發射出去，焚燒敵方。

留下兒子彼得，統治保加利亞。

　　6451年（943）烏果爾人再度來到沙皇城，和羅曼談和後返回。

　　6452年（944）伊戈爾招募了大批軍隊：有瓦良格人、羅斯、波良、斯洛文人、克里維奇人、提唯爾人，再雇用珮切尼格人，調取他們的俘虜，騎馬搭船艦游向希臘人，企圖為自己報仇。卡爾蓀人聽到這件事，派人去跟羅曼說：「羅斯人要來了，他們擁有數不清的船隻，把海都蓋滿了。」保加利亞人也送來消息，說：「羅斯人正前來，還雇用珮切尼格人。」沙皇聽到消息，派最好的官員前去請求伊戈爾，說：「你們不要來，請收取阿列格所徵收的等量稅貢吧，我可以再多加一點。」同樣也給珮切尼格人送去高級織品和許多黃金。伊戈爾來到多瑙河邊，叫來隨扈軍（дружина），[32] 把沙皇的話跟他們說，開始聽取他們的意見。伊戈爾的隨扈軍長官說：「沙皇這麼說了，我們還求什麼呢，不要打了，領取金銀財寶和綾羅綢緞吧？哪知道誰勝誰負：我們還是他們？誰跟大海是同一國？我們不是走陸路，而是走在大海的深淵：都有可能死。」伊戈爾聽了他們的話，吩咐珮切尼格人攻打保加利亞領土，自己則替所有士兵向希臘人收取黃金和高級織品，這才回頭，回到基輔城。

32　俄文的дружина是王公重要的武力，直屬於王公的戰士，所以譯為隨扈軍。此特殊身份來自最初建國時北歐部族帶來的習慣，王公仰賴武力統合部族，此武力由王公挑選信賴的人組成隨扈軍，在國內地位為貴族等級。隨扈軍不僅是王公支配的最重要戰力，平時也是王公的智囊團、保護者。

6453年（945）羅曼、康斯坦丁、史提芳派遣大使前去跟伊戈爾重立舊和約。伊戈爾跟他們就合約談過了。然後伊戈爾派自己的官員前去羅曼那裡。羅曼召來各大小王公貴族。他們帶領羅斯大使們，請他們談話，把彼此雙方的談話抄錄於羊皮卷。

p. 160　　　「在沙皇羅曼、康斯坦丁和史堤芳面前所簽訂的敬愛上帝的條約附加條文。我們是來自羅斯氏族的大使和商賈，羅斯大公伊戈爾的大使依沃，與全體使者：代表伊戈爾的兒子斯為托斯拉夫，使者維耶法思特；來自大王公夫人歐莉嘉的伊斯古賽維；來自伊戈爾的姪子，伊戈爾，斯陸得；奉瓦洛基斯拉夫之命的伍列伯；受普列斯拉娃之命的康尼采；代表武列伯太太的席貝爾·思方德；普拉斯登·圖多落夫；李比阿爾·法思托夫；格林姆·司費可夫；普拉斯登·阿古恩，伊戈爾的姪兒；卡利·杜得可夫；可爾楔夫·圖多落夫；葉格立·艾福利斯可夫；福伊斯特·沃可夫；伊斯特爾·阿米諾多夫；普拉斯登·貝爾諾夫；雅夫洽格·古那列夫；席伯利得·阿丹；寇而·科列可夫；斯提吉·艾托諾夫；司費卡……；阿瓦德·古德夫；復得利·杜阿多夫；姆圖爾·烏丁；商賈們阿度恩、阿度伯、依吉夫拉得、伍列伯、夫魯斯坦、郭莫兒、古茲、葉蜜格、圖洛比得、福洛斯提、伯魯尼、羅阿德、顧阿斯特、芙拉科斯提、依根得、涂貝爾、莫尼、茹阿得、斯韋尼、斯堤爾、阿丹、提列恩、阿普貝克薩、伍茲烈夫、席柯、伯列奇，以上受羅斯大王公伊戈爾派遣，並受所有王宮和羅斯國所有人民之命。這些人得授命重新訂定多年來因仇恨善良的魔鬼所破壞的那一份舊和約，確認希臘與羅斯人間之友愛。

我們偉大的大王公伊戈爾，貴族們，以及全體羅斯人民，派

遣我們來到希臘偉大的沙皇羅曼、康斯坦丁、史堤芳面前，於沙皇們、所有王宮貴族和所有希臘人民締結永久的友愛聯盟，與太陽和世界長在。任何人和羅斯一方企圖違背這份友愛，這些受洗的人得受到上帝的懲罰，死後來生的審判，那些非基督徒和得不到上帝與雷神佩魯援助的人，將不受自己的盾牌保護，喪命於自己的刀劍、弓箭和其他自己的武器，將於死後來生成為奴隸。

　　羅斯大王公與他的貴族們得以派遣船隻，來到希臘偉大沙皇的希臘國土，隨同使節和商賈的船隻，無論數量多少都可以，為他們而特定。先前使節帶著黃金印徽，而商賈的是白銀製；現在我們的大王公下令遣送書面文件給沙皇們；那些將被派來的大使和貴賓得以帶著書面文件。上面這麼寫著：『派遣了某數量的船隻。』我們可由這些書面文件得知，他們以和善目的前來。假使未攜帶書面文件前來，且被我們逮捕，那麼我們將把他們拘留在監視之下，直到交還給你們的大王公。假使有人抗拒我們拘捕，那麼我們將殺死他們，並不被我們的大王公追究死亡刑責。假使有人逃跑，回到羅斯，那麼我們將提報你們的大王公，得以任意處置。假使羅斯人非商業目的前來，不得領取月糧。大王公得處分自己的使節與來到這裡的羅斯人，防止他們在我們的村鎮和國家胡作非為。又，當人們前來，得居住在聖馬蒙特教堂邊，那麼我們沙皇將派人去把你們的人名字抄下姓名，才得以收取月糧，大使們領取大使級的，而商人拿每月的糧食，先由那些從基輔城來的人，然後是來自切尼哥夫、佩瑞雅斯拉芙，和其他各城市。他們只得經由一座大門進入，在未配武器和沙皇官員陪同之下，一次五十人，可配合他們需要的數量做買賣，可自由往返；我們 p. 161

沙皇的官員保護他們，所以假使羅斯人或希臘人當中有人犯法，那麼得以起訴案件。當羅斯人進入城裡，不得胡作非為，並沒有權利購買高級織品貴超過50金幣；假如有人購買高級織品，得給沙皇官員察看，蓋上戳印並交還給他們。來到這裡的羅斯人，得收取我們所有必需品：路上的食物和船上的必需品，如同過去所規定，且平安地返回到自己國家，而沒有權利在聖馬蒙特教堂附近過冬。

假使羅斯人的僕役（челядин）逃跑，得來到我們沙皇的國家將之追回，假如（僕役）在聖馬蒙特附近，得抓回他；假如找不到他，那麼我們基督徒的羅斯人以其信仰，非基督徒按自己的法律發誓，得從我們收取原先訂定的代價，每一個僕役織品2卷。

假使屬於我們沙皇的或城市的，或其他城鎮的僕役逃跑到你們那裡，並隨身攜帶任何物品，得再將他送回；他所攜帶的東西將全部歸還，逮捕可收取兩枚金幣。

假使羅斯人當中企圖竊取我們沙皇的人民任何物品，此人將受嚴厲懲罰；假使竊盜取得，以兩倍賠償；假使希臘人對羅斯人，將受同樣懲罰。

假使發生羅斯人偷竊希臘人的物品，或希臘人偷竊羅斯人，那麼應該不僅將偷竊物歸還，還要賠償偷竊物等值金錢；假使偷竊物品已被賣出，得歸還它的兩倍價錢，並將依照希臘法律與羅斯律令受到懲罰。

若是羅斯人運送過來我們被拘捕的希臘俘虜，我們的人需付10個金幣贖一個男孩或好女孩，假使是中等年紀的，得交付給他們8個金幣才可贖回；假使是老人或孩童，需支付5個金幣。

假使羅斯人在希臘人之地身為奴隸，身為俘虜的，羅斯人得以10個金幣贖回；假使他們原是希臘人購買的，則需以十字架發誓，支付原先購買奴隸的價錢購買。

關於卡爾蕤國。羅斯大王公沒有權利在其境內和其國內城市作戰，且這個國家並非屈服於你們，但當羅斯大王公因作戰向我們求兵援，我們將交出他所需要的人數。

針對於此：假使羅斯人發現沿岸任何地方棄置的希臘船隻，不得損毀。假使任何人從船上拿走任何物品，或是從船上把任何人作為奴隸，或是殺害，得依照羅斯和希臘的法律送交裁決。

假使羅斯人在得涅伯河口碰到捕魚的卡爾蕤人，不得對他們做出任何壞事。

且羅斯人沒有權利在得涅伯河口、白岸、聖愛菲爾附近過冬；又秋天來臨時返回羅斯家園。

針對於此：假使黑保加利亞來到且在卡爾蕤國內打仗，我們　p. 162 將指示不可允許釋放他們，否則傷及他的國家。

假使希臘人，我們沙皇的子民（поданные）當中有人犯罪，他人沒有權利懲罰，可按照沙皇命令，以其過失程度處分。

假使我們的臣民殺死羅斯人或是羅斯人殺死我們的臣民，那麼受害者的親屬得逮捕兇手，並處死。

假如兇手逃跑並藏匿，有財物者，受害者親屬得收取他的財務；假如兇手是沒有財物者且藏匿起來，親屬得搜尋他，當尋獲，可將他處死。

假使羅斯人對希臘人，或希臘人對羅斯人以刀劍、矛或其他武器造成傷害，罪犯為此觸法行為，得依羅斯法律賠償5里特白

銀；假如他身無分文，得販賣他的所有物，甚至可剝除他所穿著的衣物，而無法賠償者得以自己的信仰起誓，他不具任何物品可賠償，至此才可釋放。

假如我們沙皇們希望從你們得到兵源，對抗敵人，我們會寫下來給你們的大公，他將派遣我們需要的士兵數量；從此其他國家的人們會知道，希臘人與羅斯人之間具有何等的友愛。我們已將這份條約寫在兩份羊皮卷，一份保留給我們，沙皇們，上面有十字架與我們的署名，另一份，有你們使節和商賈的大名。當我們沙皇的大使們步出的時候，會有人引導他們，前往羅斯大公伊戈爾和他的部屬們；他們接受羊皮卷後，將真誠的發誓，遵守我們所簽訂的內容，和我們所寫下，以我們的名字所背書的這份羊皮卷。

我們這些受洗的人在大教堂裡已經以聖依里亞教會之名發誓，對著這一份光榮十字架的提議和服從這份羊皮卷上所載明的一切，不違背一項；若是我們國家的大公或其他基督徒或非基督徒的任何人違背和約，他將得不到上帝的幫助，在來生將成為奴隸，且被自己的武器傷害。

非基督徒的羅斯人以自己的盾牌和裸劍，箭筒和其他武器發誓，羊皮卷上所抄寫的全部條文將由伊戈爾、所有貴族與羅斯國人民永久遵守。

假使王公或羅斯人民，基督徒或非基督徒，任何人違背羊皮卷上的文字，得命喪自己的武器，將因違背誓言受到上帝和雷神

佩魯詛咒。[33]

大公，伊戈爾，為了福祉將維持這份真誠的友好，在現今與永久未來將不破壞這份友愛，與陽光和世界長在。」

伊戈爾派遣的使節們伴隨希臘大使們返回他那兒，稟報羅曼 p. 163 沙皇的談話。伊戈爾召見希臘大使們，問他們：「你們的沙皇吩咐了什麼？」沙皇的大使說：「愛好和平的沙皇派我們前來，他希望和羅斯大王公之間保有和平與友愛。你的大使們同意了我們沙皇們的誓言，就派我們來見證你和你的官員的誓言。」伊戈爾承諾照辦。第二天伊戈爾召來大使團，來到雷神佩魯所站立的山丘；大家放下的自己的武器、盾牌和黃金，羅斯的異教徒，即伊戈爾與他的隨從起誓。而羅斯的基督徒在聖依里亞教堂裡立誓，位於帕辛亭末端的小河區和哈札爾，選這座大教堂，因為瓦良格的基督徒太多了。伊戈爾與希臘人確認了和約，贈送給他們皮毛、奴隸、蜜蠟，再送走他們；大使們回到沙皇處，稟報伊戈爾的所有談話，以及他對希臘人的友愛。

伊戈爾開始在基輔任大公，全國平靜。接著秋天來到了，他計畫著要前往德列夫良族，希望向他們再收取更多的貢品。

6453年（945）這一年，隨扈軍對伊戈爾說：「斯韋年德少年軍（отрок）[34]佩有武器和服裝，我們卻沒有。大王公，帶我們

---

33 羅斯人改信宗教前的起誓儀式，用武器和雷神佩魯之名發誓。另見907年條註腳。

34 少年軍（отроки）和隨扈軍相同，是王公的直屬部下，但比隨扈軍年輕許多，大約15歲上下的男性組成。他們的工作除了戰時作為士兵，平時也幫忙王公的日常事務。

跟您一起去收稅吧，您收穫時，我們也得利。」伊戈爾聽從了他
們的話，向德列夫良族出發收稅，並且增加了比以前多的新稅，
他的部屬又對此族施以暴行。收完稅，他要回自己城裡。當他正
在回頭路上，想了想，和隨扈軍隊說：「你們帶著稅品回家吧，
我再往回走一走。」於是他把隨扈軍隊遣回，帶著幾個隨從回頭
走，想獲取更多的財富。而德列夫良人們聽說他要收一次稅，村
民和首領馬爾商議：「假如一匹狼走向羊群，還沒殺死牠之前
會把整群帶走；同樣的情況：假如我們不殺死他，他會把我們殺
光。」所以走向他，說：「你為什麼再來？你已經收取所有貢品
了。」伊戈爾不聽他們的話；所以德列夫良人走出伊斯寇爾斯提
城，殺了人數少的伊戈爾和他的貼身侍衛。[35]伊戈爾就被埋葬了，
他的墳墓到現在還在德列夫良內的伊斯寇爾斯提附近。

歐莉嘉那時跟幼兒斯為托斯拉夫一起待在基輔城裡，他的
教養者（кормилец）是阿思慕得，斯韋年德的行政長官，他父
親是姆斯提西。德列夫良人說：「我們殺了羅斯大公；讓我們為
我們的首領馬爾迎娶歐莉嘉為妻，把斯為托斯拉夫也抓來，要怎
麼處置就怎麼處置。」於是德列夫良人派出最傑出人士，約二十
人，乘船來到保瑞切維，去見歐莉嘉。那時河水沿著基輔山區蜿
蜒，人們住在山區而不住河岸邊。基輔城就在現在的郭加塔和倪

---

35 此年條記載的事件發生於羅斯例行的收稅行動，王公每年同一時間帶
   領軍隊出巡，收取事先約定好的稅額（或貢品）。王公伊戈爾死於收
   稅途中，一方面說明了當時各村鎮自主性仍高，不完全任由王公下令
   行事；另一方面，也由此看出當時的羅斯王權並不十分穩定，尚在鞏
   固地位的階段。

基佛宮殿所在地，而大公的宅院在城裡，現在的瓦洛提斯拉夫和
楚吉恩宅院的地方，捕鳥區原本在城外；城外本來還有另一個宅
院，現在是唱詩班指揮的宮院，也就是位於聖母院教堂後方；山
腳下原有一座石造的樓房官邸。人們向歐莉嘉稟報，德列夫良人
來了。歐莉嘉命他們前來，對他們說：「好心的客人來了。」德
列夫良人回答：「大王公夫人，我們來了。」歐莉嘉對他們說：
「說吧，為什麼要來到這裡？」德列夫良人又答：「德列夫良地 p. 164
區派我們來告知：『我們殺了你丈夫，因為妳的丈夫像匹搶奪的
惡狼，而我們的領導人是好人，他們保護著德列夫良領土，嫁給
我們的首領馬爾吧。』」德列夫良首領名叫馬爾。歐莉嘉對他們
說：「你們這番話我聽來很感安慰，我的丈夫已不能重生；我想
明天在自己的人民面前答謝你們；現在請你們回到自己船上並在
船上休息睡覺吧，去盡歡吧，那我早上再去你們那裡，你們到時
要說：『我們不乘馬，不急著離開，但請你們帶我們去搭船。』
大家把他們帶回船上。」於是她把他們遣回船上。而歐莉嘉下令
到城外去樓房官邸那裡，挖出一個又大又深的坑洞。第二天早
上，歐莉嘉坐在樓房裡，派人去請客人們，他們過去並說：「歐
莉嘉以無比的光榮召喚你們。」他們回答：「我們不乘馬，不急
著離開，但請你們帶我們去搭船。」基輔人回答：「我們不願
意；我們的大王公被殺了，而大王公夫人想嫁給你們的大王。」
所以把他們帶到船上。他們高高興興坐下，個個挺身雙手插腰，
胸前別著大大的金屬牌。後來把他們扛到官邸找歐莉嘉，一到那
裡就把他們連人帶船丟進坑洞。歐莉嘉彎下身對著坑洞，問他
們：「這樣的光榮還喜歡嗎？」他們回答：「我們為一個人的死

而感到難過啊。」她下令活埋他們；就把他們活埋了。

後來歐莉嘉出發去找德列夫良人，對他們說：「假如你們真心請求我，那就派出最好的官員，以無比的光榮請求你們的首領，否則基輔人民不會讓我這麼做。」德列夫良人聽了，推出治理德列夫良的最好的官員，派去她那裡。德列夫良人來到了，歐莉嘉命人準備澡堂，對他們說：「洗好澡再過來找我。」德列夫良人把澡堂加熱，走進去開始沐浴；有人給澡堂間鎖上，歐莉嘉下令從門點火，把他們活活燒死了。

她再派人帶著通知前往德列夫良：「我正朝你們前來，請在城裡我丈夫死去的地方，準備大量蜂蜜，我要在他墳前哭泣並為丈夫舉辦追悼酒宴。」他們聽了，送來許多蜂蜜，加以熬煮。歐莉嘉帶著少數隨身侍衛，隻身簡裝前往，來到丈夫墳前哀悼他。她又命令自己人堆起一座高高的墳丘，堆好了以後，吩咐舉行哀悼酒宴。後來德列夫良人坐下飲酒，歐莉嘉令自己的隨從服侍他們。德列夫良人對歐莉嘉說：「我們派去接妳的那些士兵呢？」她回答：「他們跟我丈夫的士兵走在我後面。」當德列夫良人喝醉了，她要求自己的隨從為光榮而飲酒，而她自己走開了，命令侍衛隊砍殺德列夫良人，殺死了約5000人。歐莉嘉返回基輔城再召集軍隊，準備殺光剩下的。

斯為托斯拉夫統治

6454年（946）斯為托斯拉夫，伊戈爾之子，統治開始。歐莉嘉與自己的兒子斯為托斯拉夫召集眾多英勇戰士，朝向德列夫良領土出發。德列夫良人挺身而出對抗她。當雙方軍隊匯集，短p. 165兵相接，斯為托斯拉夫把一個矛拋向德列夫良人，因為那時斯為托斯拉夫還只是個小男孩，所以矛飛穿過馬的兩耳之間然後擊中馬的雙腳。斯韋年德和阿思慕得說：「大王公已經開始了；大王公的戰士們，讓我們跟著大王公吧。」接著擊敗了德列夫良人。德列夫良人慌亂逃散，封鎖在城裡。而歐莉嘉與自己的兒子正努力前往伊斯寇爾思提，因為是那邊的人殺死她的丈夫。她和兒子到了那城市附近，德列夫良人躲在城裡，奮力防守該城，他們知道起因於他們殺了大王公，不敢抱任何希望了。歐莉嘉盡了全力卻無法拿下該城，她想到一個辦法。她派人傳話到這座城：「你們要待到什麼時候？你們所有的城鎮都已經向我投降了，也同意繳稅，早已經重整自己的田地和家園；你們卻拒絕付稅，等著餓死吧。」德列夫良人回答：「我們很樂意繳稅，但你還是想要為自己的丈夫報仇。」歐莉嘉對他們說：「我已經為丈夫的屈辱報仇了，就在你們來到基輔城的時候，還有第二次的時候，第三次是在我為丈夫設哀悼酒宴的時候。我已不再想報仇了，我只是要收取你們更多的貢品罷了，再和你們訂和約，就要離開了。」德列夫良人就問：「你想向我們收取什麼？我們很樂意送你蜂蜜

跟毛皮貨。」她說：「你們現在既沒有蜂蜜也沒有皮毛，所以跟你們要的東西不多：每一戶繳交給我三隻鴿子跟三隻麻雀。畢竟我不想跟我丈夫一樣賦予你們苛稅，所以我要求的不多。你們已被包圍得筋疲力盡了，因此我只向你們要這些小東西。」德列夫良人高興極了，去向每一戶人家收取三隻鴿子和三隻麻雀，然後恭恭敬敬的去找歐莉嘉。歐莉嘉跟他們說：「現在你們已經屈服於我和我的孩子了，回城裡去吧，我明天就撤軍，回我自己的城市。」德列夫良人欣喜地返回城裡，告訴大家這些事，人們在城裡一片歡欣鼓舞。而歐莉嘉把發放給士兵每人一隻鴿子或一隻麻雀，下令把每一隻鴿子和麻雀綁上一條引火線，引火線上用細繩綁上一小塊布。接著引火線點燃，歐莉嘉命令士兵們放出鴿子和麻雀。鴿子和麻雀就飛向自己的窩巢：鴿子飛向鴿舍，麻雀飛向屋簷下的鳥巢，就這樣鴿舍、儲藏室、屋蓬、乾草房都起火了，沒有一戶人家不著火的。大火迅速燃燒所有房屋，沒法撲滅。人們由城裡竄逃，歐莉嘉命令自己的士兵抓起他們。她拿下了該城並將它付之一炬。年長的市民抓去俘虜，再殺了其他人，又有一些交給自己的官員為奴，最後剩下的被迫繳交貢品。

她向他們苛以重稅：稅貢當中的兩部份給基輔，第三份給歐莉嘉，送去維施城，維施城是歐莉嘉的娘家。然後歐莉嘉跟自己的兒子，還有大公軍隊走遍德列夫良領地，訂出稅品和稅金；保留一些地方作為讓她停留和打獵用。然後她跟兒子斯為托斯拉夫回到自己的基輔城，在這裡度過了一年。

6455年（947）歐莉嘉前往諾夫哥羅得，在摩斯特訂定數個繳稅點（погосты）和稅品數量，露加地區訂立代租制（оброк）和

稅貢數量，她的狩獵區遍佈整個領土，有證據顯示這一切，還有
她所擁有的繳稅區，她的馬車到現在還立在普茲科夫城裡，並且
得涅伯河流域還有供她獵捕鳥禽的地方，在蝶思納河流域到現在
還留有一個她的村落——歐莉嘉村。她安排頓好了一切，回到自 p. 166
己的兒子基輔城裡，在那與兒子共享天倫。

6456年（948）

6457年（949）

6458年（950）

6459年（951）

6460年（952）

6461年（953）

6462年（954）

6463年（955）歐莉嘉前往希臘國土，來到沙皇城。當時的
沙皇是里翁的兒子康斯坦丁。歐莉嘉來到他面前，他見她長得漂
亮又聰穎，跟她談過話，沙皇驚訝於她的智慧。對她說：「妳該
有資格在我們的首都與我們一起統治。」而她想了想，回答沙
皇：「我是異教徒；假如你希望我受洗，那就得親自為我受洗，
否則我不要。」於是沙皇和東正教牧首為她受洗。她因受洗得到
啟示，身心都感到非常愉快；牧首給她教誨信仰，跟她說：「妳
在羅斯人婦女當中無比幸福，因為妳喜愛光明，離開了黑暗。羅
斯的兒孫，直到好幾代之後都會為妳祝福。」然後交給她教會訓
誡、祈禱、齋戒、施予和該遵守的身軀潔淨。她彎下頭鞠躬，再
站直聽取訓誡，像個飽滿的海綿。對牧首鞠躬說：「我會好好記
取你的寶貴祈禱，免於魔鬼的網羅。她又被授予教名伊蓮娜，和

遠古皇帝君士坦丁大帝的母親同名，然後教宗為她祝福，讓她走了。沙皇在受洗之後把她叫來，對她說：「我要娶妳為妻。」她回答：「你怎麼能娶我？你為我受洗的時候稱呼我女兒啊，這對基督徒是有罪的，你自己知道。」沙皇對她說：「歐莉嘉妳把我給騙了。」隨後他賞賜她許多珍品——黃金、白銀、絲綢、各種日常用器皿；喚她為自己的女兒後，就讓她離開了。她整理好要回家，來到牧首這裡，請求他為家鄉祝福，對他說：「我的人民和兒子是異教徒，願上帝保佑我免於所有邪惡。」牧首說：「真正的奇蹟！妳受洗於耶穌基督，進入耶穌基督，耶穌基督將護佑妳，就像在祖先的年代護佑依蓮娜，也像後來方舟裡的諾亞、亞伯拉罕之於阿維梅列、羅塔之於所多瑪人、摩西之於法老王、大衛之於掃羅、三少年之於窯爐、丹尼爾之於野獸，祂同樣也會讓妳脫離魔鬼的詭計和網羅。」牧首為她祝福了，然後她帶著和平約定返回自己的國土，回到基輔城。這件事發生就像所羅門王的年代，愛菲波的女王來找所羅門王，努力聽取所羅門王的智慧之言，也看見了偉大的智慧和奇蹟：受祝福的歐莉嘉也是，她找尋著真正的上帝智慧，那一位愛菲波女王找尋人的智慧，而這位則是上帝的。「尋找智慧者自可尋得。」「智慧宣示於大道上，自己的聲音在路途上響起，在市鎮的牆上宣揚著，在城門大聲的說：直到無知的人將喜愛無知……。」這位受祝福的歐莉嘉在幾年之內找尋世上最好的智慧，她找到了無價的珍珠——耶穌基督。所羅門說：「由衷接納虔誠的心願。」又「把你的心導向深思熟慮」；「我愛愛我的人，尋找我的人將找到我。」上帝說：「我不會趕走來找我的人。」

p. 167

　　歐莉嘉回到基輔城，希臘沙皇派使節傳話給她：「我給妳很多賞賜。妳跟我說過：回到羅斯後，會給你送去許多禮物：奴僕、蜜蠟、皮草、士兵。」歐莉嘉透過大使們回答：「假如你可在波查納河待上一段時間，向我在穌德時一樣，我就送禮給你。」她讓大使們帶著這些話離開。

　　歐莉嘉和自己的兒子斯為托斯拉夫一起生活，教導他接受洗禮，但是他從沒聽進這件事；要是有人要接受基督教受洗，雖不會阻止，但會嘲笑他。「對非教徒來說，基督教信仰根本是愚蠢的事」；「就是因為不了解，沒有去想過那些走在黑暗裡的人」，也不會感到上帝的榮耀；「人們使心靈腐朽粗糙，雙耳難以聆聽，只有雙眼直視。」因為所羅門王曾說：「不名譽的事並非來自理智」；「因為呼喚了你們，卻不聽我說，找尋你們，卻沒有回應，拒絕我的建議，又不接受我表示的一切」；「人們憎恨大智大慧，不理會上帝的敬畏，又不願意接受我的建言，藐視我表達的一切。」歐莉嘉常常這樣說：「我的兒子，我認識了上帝，感到喜樂；假如你也能夠認識——你也會喜樂。」他從不理會，還說：「怎麼能要我一個人接受外來信仰？我的隨扈軍隊會笑話我。」她則對他說：「假如你受洗，那麼所有人也會跟著做。」他未聽從母親的話，繼續按非基督徒的習俗過日子，不明白也不聽從母親的人會遭到災難，就是所謂的：「假如有人不聽從父親或母親，就會喪命。」斯為托斯拉夫還會對母親發怒。所羅門王也曾說：「做壞事的人會給自己帶來災難，做醜事的人會被別人羞辱；羞恥的事情敗露了就像禍害。不要犯罪，免得別人憎恨你。」然而歐莉嘉疼愛兒子斯為托斯拉夫，所以常說：「上

帝的旨意會顯現；假如上帝願意保佑我的兒子和羅斯國土，那麼就會把這個期望放進心裡並尋求上帝，就像祂所給予我的。」她一邊這麼說，一邊為兒子和所有人民日以繼夜的禱告，教養兒子直到他長大成人。

6464年（956）

6465年（957）

6466年（958）

6467年（959）

6468年（960）

6469年（961）

6470年（962）

6471年（963）

6472年（964）斯為托斯拉夫長大成年了，他開始召集許多英勇的士兵，他行動快速，像獵豹般敏捷，征戰無數。出征時不乘車，也不乘船，肉食不烹煮，要馬肉、野生動物，或牛肉切的細薄，於炭火上煎烤，這是他的飲食方式；他沒有營帳，睡覺時把鞍墊和馬鞍墊在頭底下，連他所有的士兵也一樣。他會對其他的領土說：「我要征討你。」他去過奧卡河和窩瓦河流域，遇到過維雅奇人，對維雅奇人說：「你們向誰繳稅？」他們回答：「哈札爾人，我們按每一小區繳一個楔良。[36]」

6473年（965）斯為托斯拉夫對哈札爾人出兵，哈札爾人聽說了，隨自己的大王卡根迎擊，雙方交戰，這場戰役斯為托斯拉夫

p. 168

---

36 錢幣單位。見885年條。

征服了哈札爾人，還有他們的首都，並拿下白唯札。他還打敗亞席人和嘉所吉人。

6474年（966）斯為托斯拉夫打敗了維雅奇人，訂下他們的稅額。

6475年（967）斯為托斯拉夫往多瑙河流域征討保加利亞人。雙方交戰了，斯為托斯拉夫打敗保加利亞人，拿下多瑙河流域約80個城鎮，然後留在皮列雅斯拉維茲統治，還收取希臘人的稅貢。

6479年（968）珮切尼格人首度進犯羅斯國土，而當時斯為托斯拉夫正在皮列雅斯拉維茲，所以歐莉嘉和自己的孫子——雅羅波克、阿列格和弗拉吉米爾封鎖在基輔城裡。珮切尼格人以強大的力量包圍該城：城市周圍的人數眾多，無法走出城市，卻也無法送出訊息，人們因此飢渴疲憊。而得涅伯河對岸的人民登上船隻，守在對岸，卻沒有任何人能潛進基輔城，也不能從城裡到他們那兒。然後城裡的人們憂愁地說：「沒有一個人能夠溜到對岸跟他們說：假如你們清晨再不進到城裡，我們就要向珮切尼格人投降了。」隨後一名少年兵說：「我去。」其他人對他說：「去吧。」他就抓了轡頭走出城，穿過珮切尼格人的據點時，問他們：「有人看到馬？」他因為通曉珮切尼格語，所以他們把他認做自己人。就在他接近河水時，脫了衣服跳進得涅伯河游走了。珮切尼格人見狀，跑向他，朝他放箭，卻還是無能為力。對岸的人發現了，乘船游向他，把他帶上船並帶去見大王公軍隊。這位少年兵跟他們說：「如果你們明天再不進城，那麼大家要向珮切尼格人投降了。」名叫佩列提奇的軍隊長官說：「我

們明天會乘船過去，接到大王公母親和小王公們，就會快速載運過來。假如不這麼做，斯為托斯拉夫會把我們處死。」第二天早晨接近破曉時，他們登上了船，吹起響亮號角，而城裡的人們鼓譟著。珮切尼格人認定是大王公來了，向四周逃跑。毆莉嘉跟孫子們和人民走向船隻。珮切尼格的大王看到了，獨自走向軍隊長官佩列提奇，問：「是誰來了？」他回答：「對岸的人。」珮切尼格大王問：「你不是大王公嗎？」佩列提奇回答：「我是他的屬下，帶著前鋒部隊過來，軍隊和大王公本人在我後面前進著：一大批數不清的軍隊哪。」他這麼說，是要嚇唬他們。珮切尼格的大王則對佩列提奇說：「別這樣對我。」他回答：「那我就這麼做吧。」然後他們彼此伸出手，珮切尼格大王交給佩列提奇一匹馬、一把戰刀和數枝箭。而他交給他鎧甲、盾牌和箭。珮切尼格人撤出城，無法給馬飲水：珮切尼格人留在栗貝吉。然後大王公母親派人傳話給斯為托斯拉夫：「大王公，你到處找尋別人的土地，還照顧有加，卻拋棄了自己家園，我們差點給珮切尼格俘虜，包括你的母親，你的小孩。你再不回來保護我們，別人也會擄我們為俘。你難道不疼惜自己的家園、老母親、親生孩子們？」斯為托斯拉夫聽了，旋即帶領大王公軍隊驅馬返回基輔；他向母親和孩子們問候，為珮切尼格人的用兵感到悲傷難過。他召集軍隊，把珮切尼格人趕往草原區，平靜生活這才到來。

6477年（969）斯為托斯拉夫對母親和王公貴族們說：「我並不喜歡留在基輔城，想住在多瑙河的皮列雅斯拉維茲——因為那裡是我國土的中心，所有好貨都送向那裡：從希臘國土有黃金、絲綢、美酒、各種蔬果，捷克跟匈牙利有白銀和馬匹，羅斯則有

毛皮、蜜臘、蜂蜜和奴隸。」歐莉嘉回答他：「你看看我生病了；你要離開我去哪裡？」她已經病入膏肓。她說：「等你把我埋葬了，想去哪裡就去哪裡吧。」三天後歐莉嘉病逝，她的大王公兒子撫著她的雙肩哭泣。她的孫子們，以及所有人民，將她移靈埋葬在選定的位置。歐莉嘉曾留下遺囑不要為她設哀悼酒宴，所以她面前僅有的是一名僧侶，他主持埋葬了聖潔的歐莉嘉。

　　她是基督教國度的先行者，太陽前的曙光，破曉前的彩霞。她曾經如夜裡的月亮照耀著；她也在異教徒當中發光，如污泥中的珍珠；當時的人們充滿罪惡，不受神聖的信仰洗禮。而她在聖水盆洗淨了，並從自己身上褪下第一個人亞當的罪惡衣服，又為新的亞當著衣，也就是為耶穌基督。我們對著她呼喚：「喜樂啊，羅斯知曉上帝，因祂開啟了我們的寬恕和平。」她是首位羅斯人進入天堂王國，羅斯的兒孫們為她歡呼，為自己的發起人，她死前還為羅斯向上帝禱告。虔誠的心靈永生不死；就像所羅門王所說：「人們為受讚美的義人歡樂。」對義人的紀念永垂不朽，因為他被上帝和人們所承認。在這裡所有人都為她喝采，看到了她躺著多年毫無腐化損壞；因為先知曾說為我喝采的人我為他們喝采。」關於此大衛曾說：「義人將永存紀念，不被愚蠢的傳聞打擊；她的心準備向主耶穌期盼；她堅定的心也不會動搖。」所羅門曾說：「義人永生長存；他們受主耶穌讚許並受到至高無上的庇護。他們將因此由主耶穌手中獲得美麗王國和良善的荊棘之冠，因為祂以右手將他們覆蓋並保護他們的身軀。」祂保佑這位幸福的歐莉嘉，免於敵人和仇人——魔鬼。

　　6478年（970）斯為托斯拉夫把雅羅波克安排於基輔城，阿列

格到德列夫良。就在那時諾夫哥羅得人前來，為自己向大王公請求：「假如您不來我們這裡，那我們要自己稱王了。」斯為托斯拉夫：「誰要去你們那裡？」雅羅波克和阿列格都拒絕了。多不林尼亞說：「請問問弗拉吉米爾。」弗拉吉米爾是馬露莎所生，她是歐莉嘉的女僕。馬露莎是多不林尼亞的姊妹；兩人的父親是

p. 170　莫克・柳貝查寧，多不林尼亞就是弗拉吉米爾的舅舅。於是諾夫哥羅得人對斯為托斯拉夫說：「給我們弗拉吉米爾吧。」他則對他們回答：「他就是你們的了。」諾夫哥羅得人就把弗拉吉米爾接回去，弗拉吉米爾隨著舅舅多不林尼亞，前往諾夫哥羅得城，而斯為托斯拉夫前往皮列雅斯拉維茲。

　　6479（971）這一年，斯為托斯拉夫來到皮列雅斯拉維茲，保加利亞人在城裡作亂。保加利亞人出動與斯為托斯拉夫作戰，這場戰役非常浩大，保加利亞人要獲勝了。斯為托斯拉夫對自己的士兵說：「我們不能死在這裡；兄弟們和戰士們，要英勇的堅持下去！」夜晚之前斯為托斯拉夫獲勝，以突擊猛攻拿下該城，又派人到希臘傳消息：「我要對你們出兵，奪取你們的首都，就像這座城一樣。」希臘人說：「我們無法和你們對抗，那就給全軍隊收取我們的稅貢吧，告訴我們你們有多少人，我們就按照你們軍隊人數來交付。」希臘人欺騙羅斯人，希臘人到現在還愛說謊。斯為托斯拉夫對他們說：「我們有兩萬人。」他多加了一萬；羅斯的人數總共是一萬。希臘人派出十萬大軍對抗斯為托斯拉夫，所以並沒有交付貢品。然後斯為托斯拉夫朝希臘人出發，大軍挺出對抗羅斯人。當羅斯人看見他們——這麼強大的軍力給深深嚇到了，但是斯為托斯拉夫說：「我們已經無處可去，不管

我們要或不要，都得作戰。這樣才不致使羅斯國土蒙羞，但我們會在這裡化成一堆白骨，因為死人不知恥辱。假如我們逃跑——我們很丟臉。我們不會逃跑，堅定的留下，我走在你們前面：假如我的頭落下，那麼你們要好好照顧自己。」戰士們回答：「你的頭落在那裡，我們的頭就會在那裡。」隨後羅斯人大步邁進，這場戰役特別血腥殘酷。然而斯為托斯拉夫獲勝了，希臘人逃跑了。斯為托斯拉夫打敗許多城鎮，朝首都前進，那些城市到現在還很荒涼。沙皇把王公貴族召集到宮裡，對他們說：「我們該怎麼辦：畢竟我們無法與他對抗？」貴族對他說：「我們帶禮物去送給他；測試他；他喜歡黃金還是綢緞？」於是（沙皇，譯者）派一位聰明的官員帶黃金和綢緞給他，吩咐他：「要好好觀察他，他的臉和心思。」他拿了贈品，走向斯為托斯拉夫。人們稟報斯為托斯拉夫說希臘人前來致意。他說：「把他們帶來這裡。」他們進來，向他鞠躬，把黃金和絲綢放置他面前。斯為托斯拉夫看向一方，對自己的少年兵說：「收起來。」希臘人就回到沙皇那裡，沙皇把貴族們叫來。被派去的人們說：「我們到他那裡以後獻上贈品，但他並沒有看著這些贈品，只叫人收藏起來。」其中一個人說：「再試一次：送他武器。」他們聽取了他的建議，就送去刀劍和其他兵器，拿去給他。他送下了，並讚許沙皇，顯得又喜歡又高興。派去的人把話回報給沙皇，向他敘述發生的一切。貴族們說：「這會是個兇狠殘酷的人，因為他輕視財富，卻收取武器。同意繳稅吧。」因為他還差一點到沙皇城了，於是沙皇派人前去，這麼說：「不要攻打首都，你們收取貢品吧，多少都行。」他們把貢品送去；他為死去的戰士收下了，

死去的戰士家屬會得到這些。他拿了許多贈禮，帶著榮耀返回皮列雅斯拉維茲。他看到剩下的隨身軍隊人數很少，對自己說：

p. 171 「我的軍隊和我差點就要給奸計殺害。」因為許多人喪命於戰役。他說：「我要去羅斯，還要帶軍隊去。」

　　他派使節前往朵羅斯托拜見沙皇，因為沙皇在那裡，說：「我想與你保有堅定的和平和友愛。」沙皇聽了很高興，派人送去比以前更多的貢贈禮。斯為托斯拉夫接受了贈禮。他和自己的軍隊想了想，說：「假如不跟沙皇簽和約，那麼沙皇會知道我們人數很少，會過來把我們包圍在城裡。而羅斯家園又很遠，珮切尼格人又是仇敵，誰會幫我們呢？我們就跟沙皇簽和約吧；畢竟他已經有義務向我們納貢；對我們來說足夠了。假如他們停止向我們納貢，那我們再從羅斯召募大軍來攻打沙皇城。」隨身侍衛隊的這番話，很好，所以派了最優秀的部屬去見沙皇，來到了朵羅斯托城，把這件事告訴沙皇。第二天早晨，沙皇把他們召喚前來，並說：「請羅斯使節說話。」他們就開始了：「我們的大公說：『我想與希臘沙皇保有永久的真誠友愛。』」沙皇很高興，命令抄寫員把斯為托斯拉夫的話抄寫上羊皮卷。隨後大使開始陳述所有談話，抄寫員開始書寫。他這麼說：

　　「和約條文，簽訂於羅斯大公斯為托斯拉夫和斯韋年德，由費奧菲·辛凱爾抄寫，致名為次米斯西的希臘沙皇約翰，於朵羅斯托城六月第14紀年，創世第6479年。我，斯為托斯拉夫，羅斯大公，起誓並確認這份對我簽下的和約：我希望和我所有的羅斯城民，王公貴族和其他人與所有偉大的希臘沙皇，瓦西里和康斯坦丁，保有和平與真摯邦誼，與上帝所啟發的沙皇們，與你們所

有的人民，直到世界盡頭。我不會對你們國家圖謀不軌，不會帶兵攻打，也不會帶其他民族到你們的國家，不會到希臘統領的地方，不會到卡爾蓀國和那裡的城鎮，不會到保加利亞國。假如有別人企圖反對你們國家，我將與他為敵並與他交戰。我以對希臘的沙皇們立下誓言，跟隨我的還有羅斯所有貴族，我們將遵守這份不改變的合約，假如我們對上述有任何違背，我與跟隨我的人和我的屬下將受我們所信奉的神——受佩魯（雷神，譯者）和瓦駱斯，畜牧之神所詛咒，把我們像黃金發黃，我們將遭自己的武器砍殺。請不要懷疑現在我們所對你們的承諾的事實，紀錄於這張羊皮紙，並以自己的戳印簽署。」

斯為托斯拉夫跟希臘人簽了和約，乘船出發朝境外走。軍隊首長斯韋年德對他說：「大王公，騎馬繞過邊境吧，因為珮切尼格人就在這邊境上。」大王公卻不聽他的話，騎馬繼續走。皮列雅斯拉維茲人前去告訴珮切尼格人：「現在斯為托斯拉夫正和一小撮隨扈軍經過你們這裡，要到羅斯去，還帶著從希臘人那取得的大批財寶和俘虜。」珮切尼格人聽了，前往邊境區。而斯為托斯拉夫也到了，所以無法通過。於是留在白岸區過冬，他又沒有存糧，所以忍受著飢餓，結果按照一匹馬頭交付半銀錢的代價，斯為托斯拉夫於當地度過冬天。

6480年（972）當春天來臨，斯為托斯拉夫啟程走向境外。珮 p. 172
切尼格的大王古利亞攻擊斯為托斯拉夫，把他殺了，取下他的腦袋，把頭顱做成容器，用來飲食。斯韋年德回到基輔，投靠雅羅波克。斯為托斯拉夫的統治共計28年。

6481年（973）雅羅波克任大公。

6482年（974）

6483年（975）有一回斯韋年德名叫魯提的兒子，走出基輔去打獵，在森林裡追趕動物。阿列格遇到他，問自己的隨從：「這是誰？」對他回答：「斯韋年德的兒子。」阿列格攻擊他，把他殺死了，因為這也是他狩獵的地盤。由此，雅羅波克之間產生了怨恨，斯韋年德經常向雅羅波克暗中遊說，意圖為自己的兒子報仇：「去攻打弟弟，奪取他的領地吧。」

6484年（976）

6485年（977）雅羅波克前往德列夫良領地，朝自己的弟弟阿列格出發。阿列格出動抵抗，雙方打了起來。戰役才剛開始，雅羅波克就擊敗阿列格了。阿列格跟自己的戰士逃往一個名叫歐孚如區的城市，穿過壕溝通往城鎮大門有一座搭建的橋，人們在橋上推擠著，相互推下了橋。阿列格被推下了橋，掉進壕溝，許多人跌落，還有馬匹壓在人身上。雅羅波克走進阿列格這座城，奪取大權，派人搜尋自己的弟弟，人們到處找他，但沒找到。有一個德列夫良人說：「昨天我看到人們把他擠落橋下。」雅羅波克派人找尋弟弟，從清晨到半夜人們從壕溝拖出許多屍體，才在屍體下找到了阿列格；他們把他抬出來，放上毯子。雅羅波克過來，為他哭泣並對斯韋年德說：「你看吧，這就是你要的！」後來人們把阿列格埋葬在歐孚如區附近的田野，到現在他的陵墓還在歐孚如區那邊。雅羅波克繼承了他的大權。雅羅波克的妻子是希臘人，婚前她原是女僧，因為她面貌姣好，他的父親斯為托斯拉夫帶她來，嫁給雅羅波克。當弗拉吉米爾在諾夫哥羅得城聽說雅羅波克殺死阿列格，嚇得逃亡至海外。雅羅波克派自己的屬下

到諾夫哥羅得城，等於一個人掌握了羅斯國土。

6486年（978）

6487年（979）

6488年（980）弗拉吉米爾與瓦良格人回到諾夫哥羅得，對雅羅波克的部下說：「去跟我兄弟說：『弗拉吉米爾要來攻打你，準備迎戰吧。』」他留在諾夫哥羅得城裡。後來前去波羅次克跟羅格瓦洛得說：「我要娶你的女兒為妻。」他問自己的女兒：「妳想嫁給弗拉吉米爾嗎？」她回答：「我不想為女僕的兒子脫鞋，[37]但我願嫁給雅羅波克。」羅格瓦洛得來自海外，在波羅次克取得大權，而杜瑞獲得杜羅夫，那些人以這個名字稱為杜羅夫茲人。後來，弗拉吉米爾的少年兵回來了，向他稟報羅格妮達，也就是波羅次克人大王的女兒所言。於是弗拉吉米爾召集大軍──瓦良格人、斯洛文人、秋德人和克里維奇人進攻羅格瓦洛得。而此時羅格妮達已經收拾好，正要前去嫁給雅羅波克。弗拉吉米爾攻入波羅次克，殺死羅格瓦洛得和他的兩個兒子，再娶他女兒為妻。

他接著朝雅羅波克出發。弗拉吉米爾帶大軍接近基輔城，雅 p. 173 羅波克無法迎擊，只好和自己的人民和柏路得封鎖在基輔城裡，弗拉吉米爾挖了壕溝藏身，守在道羅戈濟區──位於道羅戈濟區和卡碧區之間，壕溝現在還留在那裡。弗拉吉米爾派人去見柏路得，也就是雅羅波克的軍隊長官，狡滑地說：「做我的朋友

---

37 弗拉吉米爾的母親瑪露莎（Малуша）是歐莉嘉的女僕，所以稱他為女僕的兒子。依照羅斯的傳統，妻子在結婚儀式和平時要為丈夫脫鞋。

吧！假如我殺了自己的哥哥，我將把你當作父親般尊敬，你也將因我而獲得無上榮耀；畢竟不是我開啟這場兄弟廝殺，是他啊。我心感害怕才出來抵抗他。」柏路得對弗拉吉米爾的使節說：「我將與你共有友愛和情誼。」唉，這是人類的陰險邪惡啊，如大衛所言：「吃我麵包的人，卻中傷我。」這個人欺瞞自己的大王公，圖謀叛變。又說：「以自己的唇舌諂媚。上帝，請審判他們吧，讓他們拒絕自己的陰謀；拒絕他們諸多不光采的事物，因為他們已激怒了你，主耶穌。」這位大衛還曾說：「急著去屠殺和圖謀不軌的人，活不過自己的半生。」慫恿屠殺人的建議異常邪惡；那些得利於王公和恩典的主人毫無理智，竟圖謀刺殺自己的王公；他們比惡魔還壞。柏路得就是這樣出賣自己的大王公，由他而得到許多榮耀；所以他也是這次流血事件的罪人。柏路得與雅羅波克一起守（在城裡），他欺騙他（雅羅波克，譯者），派人去請弗拉吉米爾前來攻城，這時候算計著要殺死雅羅波克，但因為還有市民在旁，無法殺死他。柏路得怎樣也沒法殺他，所以想出了詭計，勸雅羅波克不要走出城打仗。柏路得跟雅羅波克說：「基輔人要派人去找弗拉吉米爾，對他說：『進城裡吧，我們會把雅羅波克交給你。』你就從城裡逃跑吧。」雅羅波克聽從了他，從基輔跑出，困在羅斯河出口的柔德納城裡。弗拉吉米爾則進入基輔城，再包圍柔德納城裡的雅羅波克。當地正鬧嚴重饑荒，所以現在留下了一句諺語：「好比柔德納城的災難。」[38]然後柏路得對雅羅波克說：「你看到了嗎，你的兄弟有多少戰士？

---

38 這句諺語的原文：Беда как в Родне.

我們不能打敗他們的。和自己的兄弟談和吧。」——他欺騙他的說法。雅羅波克說：「就這麼辦吧！」所以柏路得派人傳話給弗拉吉米爾：「你的計畫完成了，所以等我把雅羅波克帶去你那裡的時候，準備好殺死他。」而弗拉吉米爾聽了，走進先前提過的那一間他父親的樓城宮殿，和戰士與隨扈軍住下來。柏路得對雅羅波克說：「去找自己的兄弟並對他說：『你提出什麼，我都接受。』」雅羅波克出發了，瓦良斯科對他說：「大王公，不要去，他們會殺了你；你快去找珮切尼格人，帶些兵力過來。」雅羅波克沒有聽他的話，所以雅羅波克到了弗拉吉米爾這裡；當他正進門的時候，兩名瓦良格人舉起懷裡的刀劍。柏路得把門關上，不讓自己的人跟隨他進去。雅羅波克就這樣被殺了。瓦良斯科看到雅羅波克被殺，從那座樓大門跑向珮切尼格人，為了對抗弗拉吉米爾，他與珮切尼格人戰鬥許久。弗拉吉米爾好不容易才把他收伏，向他提出誓言般的承諾。弗拉吉米爾就與自己兄弟的妻子，希臘女子，共同生活，他原本就懷有身孕了，後來生下斯維托波克。最罪惡的根源總是結下邪惡的果實；第一，他的母親是女僧，第二，弗拉吉米爾與她並未完婚即同居，如同奸夫。因 p. 174 此他的父親不愛斯維托波克，他有兩個父親：雅羅波克和弗拉吉米爾。

　　這些事情過後，瓦良格人對弗拉吉米爾說：「這是我們的城市，我們佔領了它，我們要向市民收取每個人兩個銀錢的贖金。」弗拉吉米爾對他們說：「你們等一個月，等到他們給你們收取完貂皮。」他們等了一個月，弗拉吉米爾卻沒有把贖金交給他們，於是，瓦良格人說：「你騙我們，讓我們去希臘國吧。」

他回答他們：「你們去吧。」他們從他們當中選出好的、聰明的又英勇的部屬，派去各城鎮；剩下的就出發前往沙皇城希臘人那裡。弗拉吉米爾又比他們早一步派使節傳話給沙皇：「現在瓦良格人正要去找你，別想要把他們留在首都，不然他們也會對你下如此毒手，就像在這裡，把他們分散到幾個不同的地方，不要讓任何一個過來這裡。」

弗拉吉米爾開始獨自在基輔任大公，他在樓城宮殿後的山丘上擺了些神像：木雕的雷神佩魯，綴著白銀色頭和金黃鬍鬚，還有和爾斯、大吉神、司特立神、西馬革、瑪可許。人們給他們取來牲品，喚他們為神，把自己的兒子女兒帶來，也給眾小鬼帶來牲品，他們的祭祀無非是褻瀆大地。羅斯國土和這座山丘都被鮮血給褻瀆了，但是寬大為懷的上帝不會殘殺罪人，所以聖瓦西里教堂現在還在那座山丘上，之後我們會再敘述這件事。現在再讓我們回到先前的地方

弗拉吉米爾把自己的舅舅，多布林尼亞，派任諾夫哥羅得。多布林尼亞來到諾夫哥羅得，在瓦藿夫河邊立了座神像，諾夫哥羅得人像對神一般，給他送牲品。

弗拉吉米爾貪於淫慾，擁有多妻：他把羅格妮達留在栗貝吉，現在那是個小村落普列得斯拉為諾，他與她育有四子：伊夏斯拉夫、姆西提斯拉夫、雅羅斯拉夫、夫榭瓦洛得，另有兩女；他與希臘女子育有斯維托波克，與一名捷克女子生下——維雪斯拉夫，還有另一位妻子生下——斯為托斯拉夫和姆西提斯拉夫，和一名保加利亞女子——包理斯和阿列格，他另還有三百個情婦在維絲哥羅得，三百個在白哥羅得，兩百個在貝瑞斯多

夫，一個現在叫做貝瑞斯多耶的村落。他仍不滿足，再給自己召
來已婚婦女，還強姦少女。他如此好女色，就像所羅門，因為聽
說所羅門有七百個妻子和三百個情婦。他非常睿智，最後也喪生
了。這個人如此粗鄙。最後卻為自己得到永恆的救贖，「偉大的
主耶穌與祂偉大的城池，祂的深思熟慮永無止盡！」女人的引誘
是種邪惡；所羅門在懺悔時說到女性：「別聽信邪惡的妻子；因
為淫婦妻子嘴唇滴落出來的是蜜糖；瞬間能取悅你的咽喉，之後
卻會變得灼熱惱人……與她接近的人死後會下地獄。她生活不走
正途，妄想放蕩荒淫度日。」所羅門王對於淫婦如此說著；而論
及好的妻子們他曾這麼說：「她比無價的寶石還要珍貴。先生會
為她而快樂。畢竟她使他的生活幸福快樂。她會拿起毛和麻，親
手做出所需的東西。她如同一艘商船會經商，從遠方收集財富，
夜晚還起床，在家裡為家人擺送食物，為女僕們分工。看上田野 p. 175
地——她會買下來：用自己的雙手在耕地上播種蔬果。把自己
的身軀緊緊地束上腰帶，雙手努力地工作。她感到勤奮工作就是
一種幸福，徹夜都不熄燈。她伸出雙手做有益的事，雙肘留在紡
錘邊不中斷。兩隻手伸向可憐人，送食物給貧窮的人。她的丈夫
不需操心家裡的事，因為無論他在哪裡，所有家裡的事情都會做
好。她為自己的丈夫縫製兩份衣服，給自己的是深紅色跟大紅色
的衣著。當她的丈夫與地方上的長老和居民商量事情時，在大門
附近的人們總注意到她。她會製作被縟，拿去販賣。她總是三思
之後才張開雙唇，說出有益的話語。她將自己包覆在力量與美麗
當中。她的孩子們總是讚美她的慈愛，討好她，丈夫誇獎她。聰
明的妻子得到祝福，因為她讚揚敬畏上帝。請把鮮果送往她的雙

唇，大門邊人們也讚美她的丈夫。」

6489年（981）弗拉吉米爾出兵波良人，佔領他們的城鎮，有佩瑞美施城、切爾文城和其他現今屬於羅斯的城鎮。同年弗拉吉米爾打敗維雅奇人，給他們制定稅貢——以犁為單位徵收，同他父親的收取方式。

6490年（982）維雅奇人暴動，弗拉吉米爾前往鎮壓，第二次戰勝。

6491年（983）弗拉吉米爾出兵維雅奇人，打敗維雅奇人，佔領他們的國土。於是他前往基輔城，和自己的屬下帶著給神像的牲禮。長者與貴族說：「我們來給少年少女拋籤，看選到誰，我們就把他送去奉神。」那時一位瓦良格人，他的宅院位於現在聖母教堂處，教堂由弗拉吉米爾所建。這位瓦良格人由希臘國回來，還宣揚基督教。他有個俊秀善良的兒子，魔鬼嫉妒他，就這樣，籤落到他身上。能控制人的魔鬼無法容忍他的存在，這位少年如他心上芒刺，想要摧毀他並毒害大家。派去找他的人來了，說：「籤落在你兒子身上，眾神選擇了他，所以我們要帶去獻給眾神。」這位瓦良格人說：「這些不是神，不過是木頭：現在看得到，明天就消失了；他們不吃、不喝，不會說話，取自木材用手做出來的。而上帝只有一個，希臘人遵從祂、崇拜祂；祂創造了天、地、星辰、月、日、人，準備好給人生活在土地上。這些神又做了什麼？是人們製造出來的。我不會把兒子交給魔鬼。」派來的人離開，向大家敘述這一切。他們拿了武器去找他，破壞他的宅院。這位瓦良格人與自己的兒子站在門前空地處。人們對他說：「把兒子交出來，我們要把他獻給眾神。」他

則回答：「若他們真是神，就讓隨便一個神過來，帶走我的兒子。那你們又何必為他們準備祭禮？」人們吼叫著，打斷房屋支柱，把他們殺了。沒有人知道他們葬在哪裡，畢竟當時的人粗鄙又殘忍。魔鬼因人們不知死亡即將來臨而竊喜。他用這套圖謀殺害所有基督徒，但會被其他國家光榮的十字架驅逐。「可惡的魔鬼想忖度著，我在這裡可得到住所，因為這裡沒有使徒教悔，因為這裡沒有先知預言。」卻不知先知曾說：「非我族人者，我稱 p. 176 為子民。」關於使徒曾有一說：「他們的言詞廣被大地，永垂不朽。」假如使徒們不曾來到這裡，然而他們的教導就像號角聲，在許多教堂傳布全世界：我們以他們的教導戰勝敵人——魔鬼，用雙腳壓制他，就像我們這兩位信徒導師所克服，和神聖的受難者與傳教者，領受與天同高的苦難之冠。

　　6492年（984）弗拉吉米爾出兵攻打拉吉米奇人。他有一位統領的長官沃奇‧哈瓦斯特；弗拉吉米爾命沃奇‧哈瓦斯特走在自己前頭，他與拉吉米奇人在皮相納河邊相遇，沃奇‧哈瓦斯特擊退拉吉米奇人。因此羅斯人嘲笑拉吉米奇人，說：「皮相納人見狼尾巴就跑。」[39]拉吉米奇人來自於良禾人部族，他們來這裡定居，付稅給羅斯，至今還履行應盡的義務。

　　6493年（985）弗拉吉米爾與自己的舅舅多不林尼亞乘船艦，攻打保加利亞人，他領著托爾及人沿河岸騎馬；他打敗了保加利亞人。多不林尼亞對弗拉吉米爾說：「我看了一下這群被俘的卡

───────────────

39 弗拉吉米爾的軍隊長官沃奇‧哈瓦斯特（Волчий Хвост），他的名字剛好可做雙關語，字面上是姓名，而他的姓名兩個字連起來恰好意為「狼尾吧」。

洛尼可人：他們全穿著靴子，這些人不會繳稅給我們的，走吧，去找穿樹皮鞋的農人吧。」[40]於是弗拉吉米爾與保加利亞人簽訂和約，互相立下誓言，保加利亞人說：「我們之間的和平長長久久，直到石頭漂浮，麥花下沈。」弗拉吉米爾返回基輔城。

　　6494年（986）信奉穆罕默德教義的保加利亞人來到，他們說：「大王公，你極為聰穎又精於思考，卻不知曉律法，信奉我們的律法，信奉穆罕默德吧。」弗拉吉米爾問：「你們信什麼教？」他們回答：「我們信一位真神，穆罕默德教導我們：要行割禮，禁吃豬肉，不可飲酒，他還說，至死前可妻妾成群淫亂無度。回教准許每一位男性可擁有七十名美麗妻妾，選出最漂亮的一個，宣稱她最美，作為妻子。他還說，任何淫亂在這裡都可行。假如有人在人世間貧窮，另一個世界也一樣。」他們還編造了許多其他謊言，實筆墨難以形容。弗拉吉米爾聽了他們的話很是高興，因為他是個性好女色與淫亂的人。不過他還是有些不滿意的地方；像是割禮和浸豬肉，還有飲酒，他辯駁：「羅斯有他該歡樂而飲酒的時候；我們不能不飲酒。」後來一些外國人從羅馬來到，說：「教皇派我們前來。」他們向弗拉吉米爾說明：「教皇要對你說：『你的國土和我們的一樣，但你們的信仰卻和我們的不同，因為我們的信奉光明；我們誓言信奉的上帝創造了天與地，星晨與月亮還有人所吸收的一切，而你們的眾神不

---

40 俄語中有句諺語："Не будь лапотника, не было бы бархатника."這句話中文可譯為：「不穿樹皮鞋，沒有絨毛鞋。」比喻為：「沒有辛勤耕耘，就不能收穫享福。」所以對於弗拉吉米爾來說，穿樹皮鞋比穿靴子（動物皮製）的人多了些勤奮工作，當然財富也比較多。

過是木頭。』」弗拉吉米爾問他們：「你們的戒律是什麼？」他
們回答：「量力而為守齋戒：如同我們的導師保羅所說，『假如
有人飲酒或嗜吃，那麼這一切都可假上帝之名。』」弗拉吉米爾
對日耳曼人說：「請回到你們原先的出發地吧，因為我們的先祖
不接受。」哈札爾部族的猶太人聽說了，前來，說：「我們聽說
保加利亞和基督徒來過，教導您他們自己的信仰。基督徒所信仰
的是我們釘在十字架上的那個人，而我們信仰的是亞伯拉罕、以
薩克和雅各的上帝。」接著弗拉吉米爾問：「你們的戒律又是什
麼？」他們回答：「割禮、不吃豬肉和兔肉，遵守安息日。」他
又問：「你們的國家在那裡？」他們就說：「在耶路撒冷。」他 p. 177
再問：「國家確定在那裡？」他們回答：「上帝驅逐了我們的祖
先，使我們散居在各個不同的國家，懲罰我們的罪孽，把我們的
國土交給基督徒。」弗拉吉米爾對於此事說道：「你們自己都遭
到上帝拒絕和驅趕，怎能教導外國人呢？假使上帝愛你們和你們
的律法，你們就不會散居異地了。或是你們希望我們也即將如
此？」

　　之後，希臘人派了一位哲學家來見弗拉吉米爾，他這麼說：
「我們聽說保加利亞人來過了，他們還教導你接受信仰；他們
的信仰玷污天和地，他們還詛咒所有人類，他們就像是所多瑪和
哥摩拉的居民，主耶穌曾經對他們投以炙熱的石塊，以洪水淹沒
他們，等待他們死亡的那一天，等到上帝降臨審判各民族，處
死所有觸犯戒律和作惡的人。那些人會把沖洗過的髒水灌進嘴
裡，抹在鬍鬚上，如此的信仰穆罕默德。就連他們的婦女也做這
骯髒事，甚至還更多⋯⋯。」弗拉吉米爾聽了，朝地上吐一口

痰並說：「這些事真骯髒。」這位哲學家還說：「我們聽說還有人從羅馬來見你們，教導你們那邊的信仰。他們的信仰和我們有些不同：他們用麵餅做禮拜，就是上帝不採的那種麵團，祂使用麵包，教導使徒，祂拿著麵包說：『這是我的身軀，為你們而摘取⋯⋯。』他還拿著杯子說：『這是我新約的血液。』不這麼做的人，信仰都不正確。」弗拉吉米爾則說：「猶太人曾來對我說，日耳曼人和希臘人信奉的是他們釘在十字架上的那個人。」哲學家回答：「我們確實相信那一位；但他們的先知曾預言上帝出生，還有一些先知也預言，說人們會把他釘上十字架上處死他，不過他第三天會復活並升天。他們有的先知很惡毒，還有些很殘忍。當祂降臨人間，他們的預言實現了，祂被釘上十字架，復活了，升天了，上帝等待他們的懺悔等了46年，但他們並沒有懺悔，所以把羅馬人派去他們那裡；毀壞他們的城鎮，把他們驅散到異鄉國土，在那裡成為奴隸。」弗拉吉米爾問：「為何上帝要降臨人世並承受如此的苦難？」哲學家就回答：「假如你想聽，我就從頭詳細跟你說，為何上帝要降臨人間。」弗拉吉米爾就說：「我很樂意聽。」哲學家開始陳述：[41]

最初，上帝第一天創造天和地。第二天創造大水和中央的支柱。同一天水一分為二，一半升到支柱上，另一半降到支柱下，。第三天祂造了海洋、河川、湧泉和種子。第四天——太

---

41 以下多頁是弗拉吉米爾和「希臘哲學家」對談基督教義，不確定是否真有其事，在其他文獻中未能找到相關資料。另外，「希臘哲學家」的敘述也有些和聖經內容不符，例如，並沒有記載當亞當和夏娃為孩子哭泣時，模仿兩隻鳥行埋葬儀式。

陽、月亮、星辰，上帝點綴了天空。首席天使看到了這一切——
最高等級的天使，心裡想：『我要降臨大地，擁有她，我會像上
帝一般，把自己的座位放在北方的雲端上。』然後他由天上拋
下，那些跟著他的第十級天使也隨後墜落。那仇敵的名字——就
是撒旦，上帝在他原先的位置派了最高級的天使米海爾。而撒旦
設詭計蒙騙，失去了自己原有的榮耀，開始與上帝為敵。然後，
第五天，上帝創造了鯨魚、魚群、兩棲生物和有羽毛的鳥禽。第　p. 178
六天上帝造野獸、牲畜、地面爬行動物，還創造了人。而第七
天，也就是安息日，上帝做完事就休息了。後來上帝在東方的伊
甸立下一處樂園，引進一位祂造的人，教導他食用每棵樹上的果
實，但其中一棵樹的果子知善惡——不能吃。亞當就在樂園裡，
看見上帝並讚頌祂，當天使們讚頌時，上帝讓亞當入睡，亞當睡
著了，上帝從亞當身上抽出一根肋骨，給他造了一個女人，把她
帶進樂園給亞當，亞當說：『這與我的血肉相連；她就稱為妻
子。』後來亞當給牲畜和鳥禽，野獸和爬蟲命名，甚至也為天使
們取名字。上帝屬意野獸和牲畜為亞當所有，因此他擁有牠們，
並且牠們也都聽從他。而魔鬼看到上帝喜好人，因而忌妒他，就
變成一條蛇，去找夏娃並跟她說：『為什麼你們不吃長在樂園中
央那棵樹的果實呢？』女人對蛇說：「上帝說過：『你們不要
吃，假使吃了妳們會送命。』」蛇對女人說：「你們不會死；因
為上帝知道，你們吃下樹果的這一天，你們的雙眼會張開，變得
和上帝一樣，分辨善與惡。」後來女人看了看，樹果是可以吃
的，就摘下果子吃了，也交給自己的丈夫。兩人吃下後，他們的
眼睛都張開了，所以他們知道自己裸身，用無花果樹葉編織圍

裙。上帝說：「大地因你的作為而遭詛罵，你一生所有日子將充滿悲苦。」天主上帝還說：「直到你們磨破雙手，才可摘取果實維生——終生如此。」天主上帝把亞當趕出樂園。他在樂園對面住下，悲傷地耕作土地。撒旦很高興大地受詛咒。這是我們首宗墮落和痛苦的報應，離開了天使般的生活。亞當生下加音和亞伯爾。加音是農夫，亞伯爾是牧人。加音帶著土地長出的果實給上帝做祭品，上帝沒有接受他的恩禮。亞伯爾則是拿了一隻初生羔羊，上帝接受了亞伯爾的祭品。撒旦去加音那裡，教唆他殺害亞伯爾。加音跟亞伯爾說：「我們去田野一趟吧。」亞伯爾聽了他的話，當他們來到，加音撲上亞伯爾並想殺害他，但不知怎麼做。撒旦告訴他：「拿起石子砸向他。」他拿起一顆石頭，殺害了亞伯爾。後來上帝對加音說：「你的兄弟在哪裡？」他回答：「難道我是我兄弟的看守人嗎？」上帝說：「你兄弟的鮮血正流向我，你這一生將不停的呻吟和顫抖。」亞當和夏娃哭泣著，但魔鬼卻高興的說：「上帝喜好誰，我就把他帶離上帝，現在我則給他招來了悲苦。」他們為亞伯爾哭泣了三十年，他的身體沒有腐壞，他們也不懂得埋葬他。後來有兩隻鳥受上帝囑咐飛來，其中一隻死去，另外一隻挖出一個坑洞，把死去的那隻放進去埋葬。亞當和夏娃看到了，也挖出一個坑洞，把亞伯爾放進去，悲傷地埋葬了。當亞當230歲時，他生下舍特和兩個女兒，加音帶走一個，舍特帶走另一個，從此人類開始繁衍，在大地上增加。人們不知道他們做了什麼，做出淫亂和污穢的事，還有殺害、忌妒之事，人們生活如牲畜。只有挪亞，唯一正義之人，他生下三名兒子：閃、含、耶斐特。上帝說：「我的靈魂不在佇留人們當

中。」又說：「我要消滅我所創造的，從人類到牲畜。」天主上　p. 179
帝對挪亞說：「造一座300肘長，80肘寬，30肘高的方舟。」埃
及人把1肘算作1丈。挪亞花100年造自己的方舟，當挪亞告訴人
們說將有大洪水，大家都嘲笑他。當他把方舟造好，天主對挪亞
說：「你和你的妻子、你的兒子們和兒媳們進去裡面，再帶進所
有成雙成對的野獸、鳥禽、爬蟲。」挪亞於是帶著上帝囑咐他的
動物。上帝引進洪水至大地，動物全溺水了，方舟飄在水面。當
水退去，挪亞、他的兒子們和妻子走出。大地由他們開始新生。
那時原有非常多的人，他們說著同一種語言，所以他們能對彼此
說：「我們來造一座頂天的塔。」他們動手建造，他們的長老是
尼洛得；上帝說：「人數增加了，所以意見也多了。」上帝於是
降臨，把他們的語言分成72種。只有亞當的語言沒有從亞貝爾分
出；唯一一個與這件荒誕的事無關的人，他說：「假如上帝吩
咐人們建造通天塔，那麼上帝會親口說，──就像他創造天、
地、海，所有可見和不可見的。」這就是沒有改變他的語言的原
因；從他開始有了猶太人。所以人們被分為七十一個語言並散居
在所有國家，每一民族保有自己的風俗。他們按魔鬼的指示給小
樹林、坑景和河川送牲禮，不知上帝。從亞當到洪水過了2242
年，從洪水到民族區隔有529年。後來魔鬼把人們帶向更多的迷
惑，他們因此開始塑造神像：一些是木造的，第二種是銅製的，
第三種是大理石造的，還有些是黃金和白銀所製。」崇拜它們，
還把自己的兒子、女兒們帶向它們，在它們面前殺害作為祭禮，
污穢了大地。最先製造神像的是色魯格，他以紀念死者的名義創
造出來：一些為了沙皇，或是做給英勇的人們和巫師，還有給淫

婦的。色魯格生下法拉，法拉又生了三名兒子：亞伯拉罕、納曷爾、哈郎。法拉從父親那而學會了，也做了些神像。而亞伯拉罕開始明白真理，觀看天，看見了星宿和天，就說：「這真的是上帝，創造天和地的那一位，可是我的父親正在欺騙人們。」亞伯拉罕又說：「我要測試父親的眾神。」所以去找父親，說：「父親！你為什麼要騙人們，製造這些木頭神像呢？創造天和地的才是上帝。」亞伯拉罕拿起火炬，把山丘上的偶像燒了。而亞伯拉罕的兄弟哈郎崇敬偶像，看到這件事，想要把它們帶走，但卻連自己也著火，比父親還早死去。在這之前不曾兒子比父親早去世，都是父親比兒子早；從此才開始發生兒子比父親早去世的事。上帝喜歡亞伯拉罕，並對他說：「離開你父親家，前往我應允給你的那塊地，我將會為你創造一個偉大的民族，世世代代的人都會讚頌你。」亞伯拉罕按照上帝囑附去做。亞伯拉罕帶著自己的侄兒羅特；這位羅特既是他的小舅子，也是侄兒，因為亞伯拉罕也把兄弟哈郎的女兒——撒拉帶走。亞伯拉罕來到客納罕的一棵高大橡樹，上帝對亞伯拉罕說：「我將這地方賜給你的後代。」隨後亞伯拉罕對上帝鞠躬，表示敬意。

p. 180　　　亞伯拉罕離開哈蘭的時候是75歲。撒拉無法懷孕，患有不孕症。所以撒拉對亞伯拉罕說：「娶我的婢女吧。」撒拉帶著哈加爾，把她交給自己的丈夫，亞伯拉罕就娶了哈加爾。哈加爾懷孕並生下一個兒子，亞伯拉罕把他取名依市瑪爾；依市瑪爾生下的時候，亞伯拉罕86歲。後來撒拉懷孕了，也生下一名兒子，她為他取名以薩克。然後上帝命亞伯拉罕施行少年的割損禮，並在第八天割去了。上帝喜愛亞伯拉罕和他的族人，稱他為自己的子

民，把他們與其他民族分隔開來。以薩克長大成年，但亞伯拉罕去世。他活了175歲，被安葬了。當以薩克60歲時，生了一對兒子：厄撒烏和雅各。厄撒烏好說謊，而雅各為人正直。雅各在自己的舅舅那裡工作了七年，喜歡他最小的女兒，但他的舅舅——拉班不把她交給他，這麼說：「娶最大的吧。」所以莉亞，最大的女兒，交給了他，而為了另外一個女兒，對他說：「再工作七年吧。」他就為了拉黑爾再工作了七年。他就這樣娶了兩姊妹，和他們生下八個兒子：陸本、席門、列及亞、猶大、依撒加爾、撒烏倫、約瑟夫、班雅明，又和兩名婢女生下：丹、尼非塔里、迦得、阿喜而。從此他們猶太人又增加了。當雅各130歲時，他與自己的族人前往埃及，共約65人。他在埃及渡過了17年死去，他的後代成為奴隸有400年之久。這些年當中猶太人更為堅毅，人數增加更多，但埃及人卻把他們當奴隸欺負。這時猶太人中的摩西出生了，眾巫師告訴埃及王：「猶太人那兒生下一名嬰孩，他日後會毀滅埃及。」埃及王即下令將所有猶太新生兒拋入河裡。摩西的母親因殘殺命令嚇壞了，把小男嬰放入籃子，帶著走了，又把籃子留在河邊。這時法老王的女兒斐木菲來到河邊沐浴，看見哭啼的嬰兒，撿起他，心生憐愛，給他取名摩西，就開始扶養他。小男孩長得非常漂亮，滿四歲時，法老王的女兒把他帶去給自己的父親看。法老王看了摩西，很喜歡這小男孩。而摩西抓著法老王的頸部，把王冠從法老王頭上打落，踩了上去。巫師看了，對法老王說：「啊，大王！殺了這名男孩，你不殺他，那麼他會將整個埃及毀滅。」國王不但不聽，反下令不得殺害猶太小孩。摩西成年了，是法老王的宮殿裡高大俊美的男子。埃及

的另一新王登基後，貴族紛紛嫉妒摩西。摩西殺害了一個欺侮猶太人的埃及人，則逃離埃及，來到米得揚地。他穿越沙漠時，他從天使加百利得知全世界的存在，和人類的始祖，還有此後的事情與大洪水，諸如語言區分，誰又活了幾年，星辰的運行、數量，關於海洋與大地，以及所有的大智大慧。後來，上帝在荊棘灌木叢裡，以火焰顯現在摩西面前，對他說：「我看見我子民在埃及的苦難，我降臨，好解救他們離開埃及，走出這塊土地。你去找法老王，埃及的國王，告訴他：『釋放以色列人，讓他們得以舉行三天的上帝聖禮（треба）。』假如埃及的國王不聽從你的話，那麼我將施以我所有的奇蹟，毀了他。」當摩西來到，法老

p. 181　王並未聽從他，上帝對他降下10道懲罰：第一，河水換為血水；第二，蟾蜍；第三，蚊蟲；第四，狗蠅；第五，牲畜瘟疫；第六：膿瘡；第七，冰雹；第八，蝗蟲；第九，三日黑暗；第十，人染疫病。上帝對他們降下十項懲罰，因為他們曾經溺死猶太小孩長達10個月。當埃及開始了大瘟疫，法老王對摩西和他的兄弟哈郎說：「你們快走吧！」摩西召集了猶太人，從埃及出發。天主帶著他們穿過沙漠走向紅海，並且走在他們前面，夜晚有火柱，白天有雲柱引領。法老王聽說這些人逃離了，就去追趕他們，把他們逼向海邊。猶太人看了，朝摩西大叫：「你為何帶我們走上死路？」摩西向上帝懇求，天主說：「你對我呼喊什麼？把權杖指向海。」摩西照做，海水一時間向兩邊排開，以色列子民於是走進海中。法老王見了，馬上追趕，以色列的子民沿著乾燥地面穿過大海。當他們走出海岸，海水密合，淹沒法老王與他的士兵。上帝鐘愛以色列人，他們從海水在沙漠上走了三天，來

到玫拉，這裡的水是苦的，人們又抱怨起上帝，天主只給他們一塊木頭，摩西將它放進水裡，水就變成甜的。後來人們又抱怨起摩西和哈郎：「還是在埃及比較好，我們在那裡可以吃肉、蔥和麵包，得以飽足。」天主對摩西說：「我聽到以色列子民的抱怨了。」就給他們吃瑪納[42]，後來祂又在西乃山教給他們律法。當摩西走上山去尋找上帝，人們鍛造了一顆牛頭，對他如同上帝般膜拜。摩西因此殺了這三千人。後來人們又向摩西和哈郎抱怨，沒有水。天主告訴摩西：「拿手杖擊石塊。」摩西回答：「要是沒有水湧出呢？」天主於是對摩西發怒，他未讚美天主，由於人們的抱怨，他沒有進入希望的樂土，但他受召喚到巴摩地，指示他那塊希望的樂土。後來摩西在這座山上去世，隨後約書亞接掌大權。他進入了那片樂土，擊敗哈那尼族，就地安置好以色列子民。約書亞去世，法官猶大接任他的職位；其他還有14位法官。此時，以色列人將引導他們出埃及的上帝拋在腦後，轉為服侍群魔。上帝降怒，其他外族因而得以入侵。他們悔過時，就喜愛上帝；而當上帝寵愛他們，他們又開始崇拜魔鬼。後來有一位法官衣里亞現身，之後又有先知撒慕爾。人們對撒慕爾說：「給我們一個國王。」上帝降怒於以色列，給了他們一位君王撒烏爾。而撒烏爾並不想服從天主的法律，所以天主又選了大衛，任命他為以色列的君王，上帝很滿意大衛。上帝應允大衛一件事，上帝將會在他的部族誕生。祂首次預告上帝顯現：「晨星之前你由娘胎出生。」他預言過了40年後去世。在他之後，由他的兒子所羅門

42　出自《聖經舊約：出谷紀》第十六章第十節，「瑪納」外觀如胡荽的種子，色白，滋味好似蜜餅。

預言，他為上帝建造了一座神殿，稱祂為至聖。他非常睿智，但最後去違犯戒律；統治了四十年去世。所羅門之後由他的兒子羅波姆統治。在他們期間猶太王國分裂成兩部份：一部分在耶路撒冷，另一部分在撒瑪黎雅。撒瑪黎雅的統治者是所羅門的奴僕，葉羅安；他造了兩隻黃金牛，把一隻放在貝菲爾的山丘上，另一隻放在達吶，說：「以色列，這才是你們的神啊。」人們從而禮拜神像，遺忘上帝。就這樣，耶路撒冷的人忘了上帝，崇拜巴爾，他是戰爭之神，換句話說——就是阿瑞；他們把祖先的上帝忘得一乾二淨。上帝於是派先知到他們那兒。先知一一揭穿他們的無法無天和侍奉偶像。遭揭露的人卻謀害先知。以色列激怒上帝，祂說：「我要放棄你們，我要招來其他聽從我的人。若是他們也違逆律法，我不會想起他們曾無法無天。」祂遣派先知們，對他們說：「你們去預告猶太人，他們將被遺棄，其他民族將受召喚。」

　　第一位預言的是歐席雅：「我要終結以色列的王國……我要毀了以色列的弓箭……我不再憐憫以色列的家園，我要掃蕩他們，遺棄他們。」——天主這麼說。「他們將成為諸民族間的流浪者。」耶列米雅則說：「即使人們反對撒慕爾和摩西……也不將寬恕他們。」這位耶列米雅又說：「上帝這麼說：『我以我偉大之名起誓，我的名字將不再從以色列人的口中說出。』」耶傑基爾則說：「阿多奈的上主這麼說：『我將你們散落而居，你們所有的遺體將隨風飄散……因為你們用各種卑鄙下流行為沾污了我的聖地；我要拒絕你……我不饒恕你。』」米拉西亞說：「天主這麼說：『我對你們的祝福已不再……因為由東方到西方諸民

（左側邊註）p. 182

族間，讚頌著我的名字，人們在各個地方以我的名義，拿著香和潔淨的祭品，因為我的名字在諸民族間是如此偉大。因此我將你們交付辱罵，散居在諸民族間。』」偉大的以賽亞說：「天主如是說：『我將在你們身上磨破我的手，驅逐你們，使你們分居，不再聚集你們。』」這位先知又說：「我厭惡各個節日和你們的每個月初，即便你們的安息日我也不接受。」先知阿莫司說：「傾聽天主的話：『我會哀悼你們，以色列家園衰亡，不復存在。』」瑪拉西亞說：「天主這麼說：『我將為你們帶來詛咒，詛咒你們的讚頌……我要破壞它，再不准你們擁有。』」先知們預告了許多他們將遭遺棄的事情。

　　上帝指示這些先知們預告，將有其他各民族會受召喚到他們的位置。所以以賽亞呼籲：「法律源自於我，我的法庭——就是各民族的光明。我的真理即將來臨並實現……諸民族冀望於我的身軀。」耶列米雅說：「天主這麼說：『我將與猶大的家園訂定新約……在他們的理解當中給予法律，並在他們的心中寫下，我將成為他們的上帝，他們將是我的子民。』」以賽亞說：「過去的已消逝，我要宣告新知，——宣告之前，你們都已明白。為上帝唱首嶄新的歌。」「我的僕人將有一個新的名字，將在所有土地上受禮讚。」「我的家將被稱為所有民族禱告之家。」這位先知以賽亞說：「天主將顯露於所有民族的眼前，展現聖潔的身軀，——大地所有角落將看見我們上帝的救贖。」大衛說：「所有民族讚頌天主，所有人榮耀祂吧。」

　　上帝鍾愛新子民，對他們開誠布公，迎向他們，化成人身，p. 183以苦難救贖亞當的罪惡。又出現上帝顯現的預言，最早有大衛所

說：「天主告訴我的主人：『坐在我的右邊，直到我把你的敵人放到你雙腳的山路邊。』」還有：「天主曾對我說：『你是我兒；我現在生下你。』」以賽雅則說：「不會是使節，也不會是報信者，而是上帝會親自來到，挽救我們。」還有：「一名小男孩會為我們而誕生，一切都由他的雙肩承受，他將取名為偉大的光明天使……他的力量無窮，他的世界無盡。」還有：「這就是，處女將懷孕，人們給他起名叫以馬內利。」米歇曾說：「你，伯利恆——依法蘭之家，難道你在上千猶太人之中不夠偉大嗎？畢竟在你誕生了應當主宰以色列之人，開啟永久之日。因此他將他們保留直到那些人出生，他們剩下的弟兄們到時，將返回以色列的兒子身邊。」耶列米雅曾說：「現在我們有的是上帝，沒有任何人可與祂並駕齊驅。祂尋得智慧法門，贈與自己的少年雅各……此後祂顯現大地，和人們生活。」還有：「祂是人；誰會認出祂是上帝？因為祂會像普通人般死去。」撒迦利亞曾說：「人們不聽從我兒，而我就不聆聽他們，天主說。」歐席雅也曾說：「天主如是說：我的肉身來自他們。」

先知還預言了他的苦難，就像以賽雅曾說的：「他們的靈魂受難！因為他們出了邪念：我們把遵守教規的人綑綁起來。」這位先知還說：「天主這麼說：『……我不反抗，不頂嘴。我交出了我的背脊承受傷害，而我的雙頰——任由羞辱，我沒有撇開我的臉頰躲過責罵和唾棄。』」耶列米雅曾說：「過來吧，把木頭放到他們的食物裡，從大地去除他的生命。」摩西則說到他將釘上十字架：「你們會看到懸掛在你們眼前的生命。」大衛曾說：「為何諸民族要慌亂。」以賽雅曾說：「他就像一隻被送去犧牲

的羔羊。」耶得拉曾說：「上帝是榮耀的，祂敞開了雙手，挽救耶路撒冷。」

關於復活，大衛曾說：「起來吧，上帝，審判大地，因為你得到所有人。」還有：「天主如同從睡夢中甦醒。」還有：「上帝復活吧，除去他的敵人吧。」還有：「復活吧，我的天主上帝，高抬貴手。」以賽雅曾說：「走進了死亡陰影的王國，光明將照耀你們。」撒加利亞曾說：「你為了誓約流血，從缺水的港灣把自己的囚犯釋放出來。」

關於他還有許多人預言了非常多事情，全部都實現了。

弗拉吉米爾問：「這是何時實現的？全部都實現了嗎？或是現在才即將實現？」哲學家回答他：「這全部都已經實現了，當上帝顯現的時候。就像我已說過的，當猶太人鞭打先知們，他們的君王觸犯法律，他們就遭受侵害，並且因自己的罪惡被俘虜至亞述，在那裡做了七十年的奴隸。後來又回到自己的國土，他們原本沒有君王，由高級神職人員統治他們，直到外族的希若德來統領他們。

這最後一位的統治期間，在5500年，加百利被派往納札瑞， p. 184 找尋出生於大衛家族的少女瑪麗亞，對她說：『你該喜樂，受祝福的你，天主與你同在！』這些話之後，他的腹部出現了上帝的預言，然後生下兒子，給他取名耶穌。從東方來了一匹巫師，說：『剛出生的猶太王在那裡？因為我們看到了他的那顆星在東方，所以前來朝拜他。』國王希若德聽到這件事感到慌張，整個耶路撒冷和他一樣，所以他招來文官與長老，詢問他們：『基督生在那裡？』他們回答：『在猶太人的伯利恆。』希若德聽

了，於是發出命令：『把兩歲以下的嬰孩處死。』他們就出發斬殺嬰孩。瑪麗亞驚慌失措之餘，把孩子藏起來。之後，約瑟夫和瑪麗亞帶著嬰孩逃亡埃及，在那裡留到希若德去世。在埃及時，一個天使顯現於約瑟夫面前，說：『起身吧，帶著嬰孩和他的母親，去以色列吧。』所以他們就回去了，定居在納札瑞。當耶穌成年，30歲時他開始做出許多神奇之事，並預告天主王國。他還選出12人，稱他們為自己的門徒，展現許多偉大奇蹟——讓死人復活，為癲癇病患醫病，治癒跛腳，給盲人光明——還有許多其他偉大奇蹟，都是過去先知曾經預告的，他們說道：『這個人治好我們的疾病，把我們的病痛加到自己身上。』他還在約旦河受約翰施洗，指示這群新的人洗心革面。當他受洗時，天空開啟，聖靈化做鴿子樣貌降臨，有一個聲音說：『這是我的愛子，我所欣賞的。』他派遣自己的門徒預告天主的王國，要為消除罪惡悔過。他準備好履行預言，預告了人子當如何受難，受苦刑和三天後復活。他在教堂裡教導的時候，高級僧侶和文人心感嫉妒，想殺了他，所以把他逮捕，帶給統治者彼拉多。彼拉多了解他無罪被捕，想放走他。但人們對他說：『你若是釋放他，那麼你就不是凱撒皇帝的朋友。』於是彼拉多下令把他釘上十字架。人們抓起耶穌，帶往行刑地，當場把他釘上十字架。六點鐘到九點鐘黑暗降臨大地，耶穌的靈魂於九點鐘離開。教堂的上方分成兩半，許多死去的人升起，那些是祂要帶進天堂的人。人們把他從十字架取下，放進棺木，用戳印封條蓋在猶太棺木上，派了一個人看守，說：『不要讓他的門徒盜走他。』他卻在第三天復活了。他於死人之中復活，顯現於自己的門徒面前，對他們說：

『走向各個民族，教導所有民族，以聖父、聖子、聖靈之名為他們洗禮。』他復活之後來到他們這兒，與他們共度40天。40天過去了，他把他們帶到艾雷翁山。在那裡再次向他們顯現，為他們祝福，說：『在我為你們捎來我父親的應允之前，你們都留在耶路撒冷境內。』說完這些話，他升上天。他們對他朝拜。隨後回到耶路撒冷，常留於教堂。五十天之後，聖靈降臨於那些使徒。當他們接受了聖靈的應允，就分散到世界各地，傳道與以水施洗。」

　　弗拉吉米爾則問：「為什麼他被女人生下，又被釘在木頭 p. 185上，而且用水來施洗？」哲學家回答他：「是這個緣故，人類最初是從女人開始作惡的：魔鬼利用夏娃引誘亞當，他才喪失了樂園，上帝對魔鬼報仇：魔鬼的首次勝利正是經由女人發生，由於女人的關係，亞當被逐出樂園；所以上帝要經由女人現身，再把信徒們帶回樂園。他被釘在木造十字架上，則是因為亞當偷吃了樹木上的果實，因為如此被趕出樂園；上帝在木頭上承受苦難，好以樹木戰勝魔鬼，再度用樹木挽救遵守教義的人。用水給人洗心革面，則是在挪亞的時候，當人們罪惡叢生，上帝把洪水引到大地，用水淹沒了人們；因此上帝說：『我用水除去了人們的罪惡，現在我重新用水來淨化人們的罪過——用水獲得新生。』還因為猶太人也在海水裡淨化在埃及的過錯，因為第一個被創造出來的是水，所以說：聖靈在水之上，因此現在以水和聖靈施洗。首次的變容也是因為水，基甸是以這樣的方式被徹底改變的：當天使來到他面前，引他到美迪楊，他受驚之餘，詢問上帝，放了一撮羊毛在曬穀場上，說：『要是地上出露水，羊毛還會是乾

燥的……。』結果真是如此。這樣的事情發生在不曾有露水的國家，而猶太人——則有羊毛絮，其他國家降下用來施洗的甘露，之後，猶太人就不再擁有露水了。所以先知們預言，再生將透過純淨之水。當使徒們於普世傳導上帝教義時，我們這些罪人接受了他們的教導，全世界都信仰他們的訓示。上帝已訂下了唯一的一天，祂會從天上降臨，審判活人和死人，重新按照每個人所做過的事來評判：守教規者——進入天主的王國，一個非筆墨可形容的美好幸福之地，永無止境的喜樂與不朽的永生；罪孽者——則進入痛楚火焰，不眠不休的蛆蟲吞噬，和無止境折磨。這樣的折磨將施與那些不信上帝，不信我們耶穌基督的人：不受洗的人在火焰中受折磨。」

哲學家說完這些，拿出一張布幔給弗拉吉米爾看，畫布上呈現了天主的審判，他指著右邊那些信徒，正高興的走進樂園，左邊則是一群罪人，走向痛苦折磨。弗拉吉米爾吸了一口氣說：「右邊的人真好，而左邊的人很痛苦。」哲學家說：「假若你想成為和右邊的信徒一樣，那麼就受洗吧。」這一切深深烙印在弗拉吉米爾心裡，他說：「我再等一等。」他希望再了解其他的信仰。後來，弗拉吉米爾賞給他許多贈禮，他帶著無比光榮離開。

6495年（987）弗拉吉米爾召來王公貴族和城鎮的長老們，對他們說：「保加利亞人來見過我，說：『用我們的戒律吧。』然後又有日耳曼來過，誇耀自己的戒律。在他們之後前來的是猶太人。最後過來的是希臘人，他們斥責所有的戒律，只歌頌自己的，解說了很多，從世界的起源談起，還說明了全世界的存在。他們講解的非常深奧有智慧，聽來很神奇，任何人都會喜歡聆聽

他們的教導，他們還講述了另一個世界的事情，據說，只要有人改信他們的信仰，那麼死去之後將會重生，將永生不死；假如改信別的戒律，那麼來世將在火焰中受苦。你們有任何建議嗎？能回答我什麼呢？」貴族與長老們說：「大公，你要知道， p. 186 沒有人會詆毀自身的戒律，只會誇耀它。假如你想要實地了解，你有許多部屬啊：您可以派遣他們，就可得知，那些人有什麼樣的儀式，又如何敬拜上帝。」這番話讓大公和所有人深感同意；大家推舉出名聲好又聰穎的部屬，共10人，對他們說：「你們先去找保加利亞人，去體驗看看他們的信仰。」他們就出發了，抵達之後，看到他們的鄙俗行為，還有他們在清真寺裡崇拜，就返回自己的國土。弗拉吉米爾對他們說：「你們再去找日耳曼人，仔細觀察他們的一切，然後再從那兒前往希臘國。」他們來到日耳曼人的地方，看見他們教堂的儀式，隨後抵達沙皇城，去見沙皇。沙皇問他們：「為何而來？」他們把事情敘述了一遍，沙皇聽了很高興，當天為他們舉行了光榮的盛大儀式。第二天又去見牧首，對他說：「羅斯人前來了解我們的信仰，請安排好教堂和集合全體僧侶，你自己也穿上儀式用的法衣，讓他們親眼目睹我們上帝的榮耀。」牧首聽了，吩咐召集所有僧侶，依照禮俗舉行節慶的祭典儀式，點燃手提長鍊小香爐，開始聖歌和合唱。他和羅斯人走進教堂，帶他們到最好的位置，為他們指出教堂的美，還有詩歌和高級僧侶的禮儀，助祭員的服務項目，為他們解說崇敬上帝的儀式。他們沉醉欣賞，驚訝不已，讚美他們的這套儀式。沙皇瓦西里與康斯坦丁也召見他們，對他們說：「請回到你們的國土吧。」送行時給予他們許多贈禮和獻上敬意。他們回

到了自己的家園。大王公招來貴族和長老們，弗拉吉米爾說：
「先前我們派出去的部屬回來了，讓我們聽聽，他們體驗了哪些
事。」——他對大使們說：「請在大王公隨扈軍隊面前說吧。」
他們就說：「我們去了保加利亞，看到他們在廟宇祈禱，也就是
在清真寺裡，他們沒有束腰帶，站在那邊——鞠躬，坐下，然後
左顧右盼，像個笨蛋，他們那兒完全沒有欣喜，淨是悲傷和沖天
的臭氣。他們的戒律不好。後來我們又到日耳曼人那兒，看到他
們在教堂裡各式各樣的儀式，卻沒看到什麼美妙事物。後來我們
又到了希臘國，他們把我們帶到崇拜上帝的地方，我們當時真不
知——是在天上還是人間：因為世上不會有這般景象和美麗的事
物，而我們也不知該如何敘述，——我們只知道上帝在那裡與
人們同在，他們的禮儀比任何其他國家都要好。我們無法忘記這
般美景，就好比一個人，假如他嘗過甘甜之物，之後就無法接受
苦澀東西；所以我們現在已經無法在這裡停留了。」貴族們說：
「假如希臘人的戒律不好的話，那麼你的祖母歐莉嘉就不會接受
他了，何況她是最有智慧的人啊。」接著弗拉吉米爾問：「我們
要在那裡受洗呢？」他們說：「在你喜歡的地方。」

　　一年過去了，6496（988）那一年弗拉吉米爾領軍攻打卡爾
蓀，那是希臘的一個城鎮，卡爾蓀人在城裡抵抗。弗拉吉米爾在
城市有碼頭的一側靠近，和城市保持弓箭射程的距離，他們在城
裡奮力抵抗。弗拉吉米爾把城鎮包圍了。城裡的人已經筋疲力
盡，弗拉吉米爾對市民說：「假如你們不投降，就要三天不吃不
喝，什麼都沒有。」他們不聽從他的話。弗拉吉米爾就帶著自己
的軍隊，下令往城牆堆起一座土堤。堆好之後，卡爾蓀人就鑽挖

城牆，把堆起的土偷運走，運到城裡，灑在城中央。士兵們就在 p. 187
堆高一些，弗拉吉米爾站了上去。就有一名卡爾蓀官員，名叫阿
那司塔，射出一支箭，上面寫著：「你再重新挖吧，再重新引
水，水會從你東邊的那口井沿著管道流出。」弗拉吉米爾聽了，
往天上看一眼並說：「要是果真如此，那麼我自己要去受洗！」
那時他就派人重新挖管道，把水取走。人們因為乾渴耗盡體力就
投降了，弗拉吉米爾與隨扈軍隊進城，派人去跟沙皇瓦西里和康
斯坦丁說：「我已經拿下你們的光榮城市；我聽說你們有個姊
妹，還是少女；假如你們不把她嫁給我，我就要讓你們的首都也
受到如同這個城市的遭遇。」沙皇們聽了，心裡很悲傷，派人回
覆他：「基督徒無法把女人嫁給異教徒。假如你願受洗，就可得
到她，還可得到天主的王國，並且將與我們有共同信仰。假使你
不這麼做，我們不會把妹妹嫁給你。」弗拉吉米爾聽了，對沙皇
派來的大臣說：「請告訴你們的沙皇：我會受洗，因為我先前體
驗過你們的戒律，我派遣出去的官員向我敘述了你們的信仰，和
對上帝的禮拜儀式，我很欣賞。」沙皇們聽了非常高興，哀求自
己的妹妹，她名叫安娜，又派人去見弗拉吉米爾：「你受洗吧，
那麼我們就把妹妹帶來給您。」弗拉吉米爾：「就讓與你們妹妹
一同前來的人幫我洗禮。」沙皇們聽取他的意見，就送出自己的
妹妹、幾位大臣（сановник）和神甫（пресвитер）。但她並不
想去，說：「我去了，就像是俘虜監禁，最好讓我死在這裡。」
哥哥們就對她說：「上帝或許要你幫助羅斯國懺悔，而且你將使
得希臘國土免於可怕戰爭。你看到了嗎，羅斯對希臘人犯下多少
惡行？而現在如果你不嫁過去，他們將再那般對付我們。」他們

只好強迫她。她勉強搭上船，和親友們哀傷的道別，飄洋渡海出發了。她到了卡爾蓀，卡爾蓀人鞠躬迎接她，帶她進城，進入一座宅院休息。這時弗拉吉米爾因上帝的旨意，眼睛染上疾病，他什麼都看不到，痛苦不堪，不知道該如何是好。希臘公主派人去告訴他：「假如你想擺脫疾病，就該趕快受洗；若你不受洗，無法擺脫重病。」弗拉吉米爾聽了這些話，說：「倘若果真實現，那麼基督徒的上帝真是無與倫比。」所以他找人來為自己受洗。卡爾蓀的主教和沙皇的神父宣布，已經為弗拉吉米爾洗禮。正當主教把手放在他身上，此時此刻他重見光明了。弗拉吉米爾突然感覺痊癒，讚美上帝：「現在我知道真正的上帝了。」許多他的隨身護衛眼見這件事，都跟著受洗了。他在聖瓦西里教堂接受洗禮，這座教堂座落於卡爾蓀市中央，卡爾蓀人聚集做買賣的地方；弗拉吉米爾的那座宅院現在則是位於教堂邊，而公主的宮殿──在聖堂後方。受洗之後公主就被帶去舉行婚禮。那些不知道事情經過的人都傳說著，弗拉吉米爾在基輔受洗，現在則聽說在瓦西里村，將來又會有別的傳聞。他們為弗拉吉米爾洗禮之後，再教導他基督教的信仰，這麼告訴他：「別讓任何異教徒來對你阿諛奉承，你要相信，對他們說：「『我只相信那位創造天p. 188 地萬物之神，唯一的上帝』──這個信仰的象徵直到永遠。」還有：『我深信唯一非人生的天父與唯一人生的人子，唯一的聖靈，其來源：三個完整的本質，得以想像，也得用數量、本質加以區分開來，而非在一個上帝的本質：因為上帝無法切割而分開來，也非混淆的方式結合起來。天父，上帝聖父，存於不朽，以父之身存留，非人生、無起源，是萬事萬物的開端與初始，只以

自身無來源的誕生先於聖子與聖靈；正是由祂誕生了先於所有年代的聖子，而聖靈來自時間與身軀之外；同時是聖父，同時是聖子，同時也是聖靈。聖子如同聖父，不同於聖父與聖靈的只是出生於人世。最神聖的靈如同聖父與聖子一般，永恆的與他們共同存在。因為聖父是父，聖子是子，而聖靈是來源。聖父不會越過聖子或聖靈，聖子不會越過聖父與聖靈，聖靈不會越過聖子與聖父：因為他們的位格無法改變……並非有三個上帝，上帝是唯一的，因為單一的神性存在於三個位格。（上帝，譯者）以聖父和聖靈的希望救贖自己的創造物，在沒有改變人懷胎狀況下，如同一顆上帝的種子，降臨了，進入了極為潔淨的處女，接受了未曾有過的精神、言語與智慧飽滿的軀體，上帝顯靈出現了，樸素地誕生了，也保住不可侵犯的母親貞操，既不慌亂，也不混亂，不可動搖，還原他的最初，又成為從未有過的，承受了奴隸的樣貌——而事實上除非是罪惡，並非想像中的，如同我們人類一般出現……祂以自己的意志誕生，以自己的意志感到飢餓，以自己的意志感到乾渴，以自己的意志悲哀，以自己的意志恐懼，以自己的意志死亡——事實上的死亡，而非想像臆測出來的；承受了人性的一切和莫大的痛楚。當他釘上十字架與遭到冤枉的處死，——又在自己的體內重生，無所謂腐朽，升上天國，重新回到聖父，並且將再度承諾審判生者和死者；將以自己的身軀顯現，再度降臨……我要以淨水和聖靈受洗，我要進入極聖潔的神秘王國，我堅信身體與血的真理……我接受教會的教導，並崇拜極光榮的聖像，崇拜極光榮的樹木與所有十字架，還有神聖的身軀與神聖的鮮血。我深信神父的七次公會，當中的第一次是318位

神父在尼卡亞，他們詛咒亞里屋，提倡非寓言和正確的信仰。第二次公會在君士坦丁堡，150位神父詛咒反正教的馬其頓尼，因他提倡單一存有的三位一體。第三次公會是在埃菲司，200位神父反對並詛咒宣揚聖母的聶斯托利。第四次公會是在哈基頓，有630個神父反對尤迪克和狄歐斯可爾，神父們也詛咒他們，並宣稱我們的天主耶穌基督是完美的上帝與完美的個人。第五次公會在沙皇城，165位神父反對奧里根的教義，也反對尤阿格里，神父們也詛咒他們。第六次公會在沙皇城，有170位神父對抗謝爾格和庫爾，他們被神父們咒罵。第七次公會在尼迦，有350位神父詛咒那些不崇拜聖像的人。』

p. 189　　你不要接受拉丁人的教義，——他們的教義已受曲解：他們走進教堂，不禮拜聖像，卻是站立著發誓，彎腰鞠躬，在地上劃十字並親吻它，然後起立，雙腳站在十字架上，——就是這樣，俯躺在上又親吻它，再站上去——他們如此踐踏著十字架。使徒們沒有教導過這些事情；使徒所教導的是親吻立著的十字架和崇敬聖像。因為首位福音書撰寫人路加最先畫出聖像，送去了羅馬城。如同瓦西里所言：『聖像的光芒榮耀跟他的外型完全吻合。』除此之外，他們還稱土地為母親。假使土地對他們來說是母親，上天是父親，——那麼萬物混沌之際上帝創造了天，還有地。他們所說的：『我們的天父，上天之所在。』假使按照他們的說法，大地是母親，那麼為何又要對母親吐口水？這樣說來到底是要親吻還是汙辱她？過去羅馬人都不曾做過這些事情，他們在所有會議上依規定正確行事，來自於羅馬和所有主教的教區（епархия）。在第一次尼迦的公會上羅馬的（神父）西維斯特

派出高階僧侶和神甫們對抗亞里屋，來自亞歷山卓雅城的亞法那希，還有沙皇城的密托凡，也指派高級僧侶來修正信仰。第二次公會——有來自羅馬的達瑪斯，來自亞歷山卓雅城的提莫菲，來自安提歐希的梅列提，耶路撒冷的基利爾，神學士葛利果理。第三次的公會——羅馬的克雷斯汀、亞歷山卓雅城的基利爾、耶路撒冷的尤維那里。而第四次公會——羅馬城的列夫、從沙皇城來的安那托里、耶路撒冷的尤維那里。第五次公會——羅馬的維基里、沙皇城來的尤提希、亞歷山卓雅的亞帕里那瑞、安提歐希的多姆寧。第六次公會——來自羅馬的亞加逢、沙皇城來的格歐爾治、安提歐希的費奧凡、還有來自亞歷山卓雅的僧侶彼得。第七次公會——從羅馬城來的亞得里安、來自沙皇城的塔拉西、亞歷山卓雅的帕里提安、安提歐希的費奧多李、耶路撒冷的衣里亞。他們都匯集自各別的教區，鞏固信仰。最後一次的公會之後彼得‧古格尼夫和一群外人進入羅馬城，奪取了教皇大位，敗壞信仰，拒絕耶路撒冷、亞歷山卓雅、君士坦丁堡和安提歐希的聯繫。他們使得整個義大利群情激憤，把自己的教義帶到各地。有些僧侶服神職，已婚者只娶一個女人，又有些服神職時，結婚次數達到七次；應該要謹防他們的教義宣傳。罪大惡極的是，他們以贈送饋禮求得寬恕罪行。上帝將以此保佑你。」

之後弗拉吉米爾帶著公主、安拿斯塔司，還有卡爾蓀的僧侶們伴隨著聖克里門，及其學生菲孚的聖骨（мощи），再隨身帶走了教堂的器皿和聖像。他還在卡爾蓀的一處山區建造教堂，那座山是人們在城中央堆起的，先挖取一堆土堆成；那座教堂至今還聳立著。他出發了，帶走兩座青銅神像和四匹同志的馬，現

在都立在聖母院教堂的後方，大家誤以為那是大理石製的。他把卡爾蕬當作出嫁公主的聘禮（вено）交還給希臘人，就返回基輔了。他抵達後，下令棄毀偶像，把一些砸毀，另一些燒毀。他下令把雷神佩魯的雕像綁在馬尾巴上，順著柏李切夫山一路向下拖行到茹曲河，再找來12名大漢用棍棒敲打。這麼做並非仗著木頭沒有感覺，而是咒罵魔鬼，竟以此道欺騙人們，—— 讓他（魔鬼，譯者）遭到人們懲罰。「你如此偉大，天父，你一切所作所為如此神奇！」昨天還受到人們尊敬，如今我們卻咒罵它。雷神佩魯沿著茹曲河，在拖往得涅伯河的時候，不信基督的人為他難過哭泣，只因他們還沒有受洗（святое крещение）。後來拖行了一段，把它棄置得涅伯河。弗拉吉米爾找人到神像處，對大家說：「假如神像漂到岸邊，就得把它推開。直到它出了國界，才不用理會它。」大家只好這麼做了，因為已下令給他們。佩魯雕像被流放，穿過了國界，後來給風吹上灘，故此地名為佩魯尼亞淺灘，直到現在當地還這麼稱呼。之後，弗拉吉米爾派人到全城公告：「假如明天有誰不到河裡去——無論是富者、貧者、下位者、奴隸，—— 都將是我的敵人。」大家聽了，都高高興興地去了，一邊歡呼一邊說道：「假如這不是一件好事，我們的大王公和貴族就不會這麼做了。」第二天弗拉吉米爾領著王妃的和卡爾蕬來的神父，來到得涅伯河，還有無數的百姓也聚集在那裡。大家都走進河水，有些人水及頸部，有些人水及胸部，年輕人離岸邊較近，水高到胸部，還有些抱著小孩，大人四處徘徊，眾神父站著為大家祈禱。空中顯現一股欣喜，因為大地出現這麼多得救的靈魂；魔鬼呻引著：「可憐的我！我從此地被驅逐了！原以

p. 190

為我在這裡找到了棲身之地，這裡不曾有過使徒的教誨，大家不曾認識上帝，我原先志得意滿，有人受我差遣。一群凡夫俗子打敗我了，他們不是使徒也不是受苦難者；我再沒法控制這些地方了。」老百姓受洗之後，各自回家。弗拉吉米爾感到無比欣喜，自己和臣民都知曉上帝，他看著上天說：「上帝，創造天和地的主宰，請看看這些新的子民，天主，讓他們認識你，一如基督教國家的人認識你，真正的上天之神。請你指引正確且堅定不移的信仰，幫助我，天主，反抗魔鬼，克服他的陰謀詭計，祈望你和你的力量。」他說完這些話，下令拆除原先供奉神像的廟宇，並就地重新建立教堂。他在山丘上建造了一座以聖瓦西里為名的教堂，那個地方是原本雷神佩魯和其他神像立足之地，是過去人們舉行祭禮的場所。其他各個城市也開始建造教堂，委請神父，帶領人們在各城鎮受洗。他又派人召集優秀官員兒女，送他們去學習讀書寫字。這些小孩的母親為他們難過；因為他們還沒有堅定的信仰，所以像是為死人哭泣一般。

　　就在孩童們被送去學習讀書寫字的時候，先知預言在羅斯實現了，眾所周知：「那時聾子可聽見書籍的記載，口齒不清的得以言詞流暢。」他們從未聽聞經書教誨，但是上帝以祂的方式寬恕他們。就像先知所說：「我要寬恕想被寬恕的人。」因為依照上帝的旨意，神聖的洗禮和復活的聖靈寬恕了我們，而非我們自己做到的。神聖天主耶穌基督，鍾愛羅斯國土，以神聖的洗禮照耀她。這就是為何我們崇拜祂，人們這麼說：「天主耶穌基督！我能夠用什麼來代替我加諸給你的罪？我們不知道要用什麼來回報你的恩賜。『你如此偉大，你所作的一切如此神奇：你的偉大

p. 191 無疆無界。永遠讚美你的創造。』我還將與大衛一起說：『請一起來，一起來思索天主，為上帝，為我們的救世主歡呼，我們要在他的面前讚美與歌頌。』『讚美祂，因為祂就是幸福，因為祂的慈悲永恆不朽。』『祂使我們脫離了我們的敵人。』也就是脫離異教的偶像。我們還要與大衛一同說：『為天主唱一首嶄新的歌，遍地來為天主歌頌，讚頌天主，讚美祂的名字，一天又一天讚美祂的救贖。各民族間流傳著祂的榮耀，所有人都知曉祂的神蹟，天主極其偉大，應當讚美。』『祂的偉大無邊無境。』多麼的欣喜！這並非一個或兩個人的救贖。天主曾說：『喜樂常在天，我們要為任何一個罪人懺悔。』這並非一人或兩人，而是數不清的受洗群眾接近上帝。如同先知曾所說：『我給你們輕灑淨水，你們要潔身自愛，遠離你們的偶像崇拜和罪惡。』另一位先知也這麼說：『上帝，誰會像你寬恕罪惡又不計過錯？要心存善念。上帝關照我們，並憐憫我們，罪惡隨之石沈大海。』先知保羅說：『兄弟們！我們信仰耶穌基督，為祂的死受洗了，我們洗禮為祂埋葬了；基督因此在光榮的上天父死而復生，我們也洗心革面得新生。』還有：『往者已矣，如今一切重新來過。』『現在救贖已接近我們……黑夜過去了，白日將近。』『我們透過祂，因信仰獲得幸福，我們得到了，掌握著。』『如今，當我們脫離罪惡，成為上帝的奴僕，我們的成果就是聖潔。』這就是我們應當服侍上帝的原因，為祂感到欣喜。大衛曾說：『你們心懷敬畏服侍上帝，小心翼翼體會祂的喜樂。』我們對我們的天主上帝高聲歡呼：『滿載祝福的天主，挽救我們免於落入虎視眈眈的爪牙！……網已鬆脫，我們得救了。』不受魔鬼誘騙。『他們紛

擾的記憶消失了，天主永垂不朽。」受祝福的羅斯子民，歌頌三位一體，虔誠的善男信女唾棄魔鬼，他們接受了洗禮與對過去的罪惡懺悔，是新的基督徒，上帝的選民。」

弗拉吉米爾本身，他的兒子們，他的國土得到啟示。他有12個兒子：維雪斯拉夫、伊夏斯拉夫、雅羅斯拉夫、斯維托波克、夫榭瓦洛得、斯為托斯拉夫、姆斯提斯拉夫、包理斯、格列柏、司塔尼斯拉夫、波斯維茲、蘇迪斯拉夫。他派駐維雪斯拉夫於諾夫哥羅得，伊夏斯拉夫留在波羅次克，斯維托波克於杜羅夫，雅羅斯拉夫於羅斯托夫。長子維雪斯拉夫在諾夫哥羅得過世時，他再把雅羅斯拉夫派去該城，包理斯待在羅斯托夫，格列柏於木洛瑪，斯為托斯拉夫於德列夫良地區，夫謝瓦洛得於弗拉吉米爾城，姆斯提斯拉夫於提木塔拉坎。弗立吉米爾說：「基輔城周邊城市太少，不太好。」於是他成立許多新城鎮，遍布蝶司納河、歐司特、楚別西、蘇拉河、絲圖格納河附近。他又從斯拉夫人、克里維奇人、秋德人，還有維雅奇人當中挑選最好的部屬，把他們移居到那些城鎮，因為當時正和珮切尼格人打仗。他跟他們交戰，後來打敗了他們。

6497年（989）此後，弗拉基米爾依照基督戒律生活，他還計畫好建一座聖母教堂，還派人從希臘請來工匠。他開始建造教堂，完成時掛上許多聖像，之後再把教堂託付給卡爾蓀的安那斯塔斯。他安排了卡爾蓀的僧侶進入教堂，把他過去從卡爾蓀取得 p. 192 的器物送進去，有聖像、禮拜器具和十字架。

6499年（991）弗拉吉米爾包圍白哥羅得城，再從其他城市找來部屬，帶許多城民進城，因為他很喜愛這座城市。

　　6500年（992）弗拉吉米爾出兵進攻哈瓦特。他從哈瓦特戰役返回的時候，珮切尼格人從得涅伯河的對岸蘇拉地區前來；與他們在楚別西的淺灘碰頭了，於現在的佩瑞雅斯拉芙，弗拉吉米爾挺身對抗他們。弗拉吉米爾站在此岸，而珮切尼格人在彼岸，他們都不確定要渡向對岸。珮切尼格的大王先渡過河，見到弗拉吉米爾，對他說：「放出你們的一個勇士，我也是，讓他們對打。如果你的勇士能夠把我的勇士抓起拋向地面，那麼我們就停戰三年；但如果我們的勇士把你的勇士抓起拋向地面，那麼我們將連三年攻打你們。」他們就分開了。弗拉吉米爾回到自己的營地，派人向全軍營宣告：「有沒有可以抓起珮切尼格人的勇士？」他四處都找不到。第二天早晨珮切尼格人過來，把他們的勇士帶來了，我們卻沒有。弗拉吉米爾內心感到煩惱，下令給全軍隊，後來有一位老部下前來見大王公，對他說：「大王公！我家裡有一個年輕兒子；我在他四歲時離家，把他留在家裡。他從小到大還無人能把他摔倒在地。有一回我責罵他，他正撕揉一張皮，因為他太氣我了，徒手撕毀了那張皮。」大王公聽了很高興，派人去找他，再送來大王公這裡，大王公就把事情告訴他。他回答：「大王公！我不知道我能否和對方搏鬥，但可先測試我：這兒有沒有大又壯的牛？」人們找來一頭又大又壯的牛，他要人激怒這頭牛；先在牠身上放上一塊燒紅的鐵，再放開這頭牛。牛奔向他，他單手抓住牛的側邊，連皮帶肉扯下好大一塊。弗拉吉米爾對他說：「你有能力和他搏鬥。」第二天早晨珮切尼格人前來，問：「你們的勇士在那裡？我們已經準備好了！」弗拉吉米爾在那天晚上令人給他穿上盔甲，雙方碰面了。珮切尼格人推出自己

的一名壯漢：他長得高大魁梧，看起來挺嚇人。接著弗拉吉米爾
的勇士出場，珮切尼格壯漢看了他就大笑起來，因為他不過中等
體形。隨後他們丈量雙方軍隊的位置，再放出兩人彼此搏鬥。他
們緊抓著對方，剛開始緊緊的彼此緊握著，後來這名勇士用雙手
把珮切尼格壯漢把他摔倒在地，按壓至死。我們全場大聲歡呼，
珮切尼格人隨即逃之夭夭。羅斯人緊追著他們攻擊，驅跑他們
了。弗拉吉米爾非常高興，在這個淺灘邊成立一座城鎮，取名叫
做佩瑞雅斯拉芙，因為是這名少年郎贏得了光榮。弗拉吉米爾封
他為大勇士，他的父親亦是。弗拉吉米爾就這麼滿載勝利與榮
耀，返回基輔。

6502年（994）

6503年（995）

6504年（996）弗拉吉米爾看教堂落成，他走進教堂，對上帝
祈禱，說著：「天主上帝啊！你在天上仔細看看。請你來到你的
園地吧。你已伸出右手，讓這些新子民的真心認識你的真理，認
識真誠的上帝。請你看一看你的教堂，由我，你區區的奴僕所建 p. 193
造，以你的母親，少女聖母之名。任何人要是在教堂裡祈禱，你
將聽見他的禱告，禱告聖母貞潔，獲得保佑。」他對上帝禱告完
畢，又說：「我要付出我的所有財富，和所有城鎮的十分之一，
給這座聖母教堂。」他安排好之後，在教堂裡寫下一番詛咒的
話：「若任何人要制止，——他將得詛咒。」之後，他把那十分
之一的財產交給卡爾蓀的安那斯塔斯。又把當天訂為戰士和市民
長老的慶祝節日，發放許多金錢給窮人。

這件事情之後，珮切尼格人來到瓦西列夫城，弗拉吉米爾帶

領大批隨扈軍隊反擊。兩方會合，弗拉吉米爾無法抵擋他們，逃到一座橋下，幾乎被敵軍撲殺。因為兩方短兵相接的那一天剛好是天主變容日（Преображение Господне），[43]弗拉吉米爾適時發願，要在瓦西列夫城以聖主變容之名建教堂。弗拉吉米爾脫困之後，蓋了一座教堂，熬煮了300斗（мера）蜂蜜，訂下節日慶祝。他召來貴族親信、官員和各大城鎮的長老同歡，分送300銀錢給窮人。大王公一連慶祝了八天，聖母升天日[44]才回到基輔城，再度舉辦盛大慶祝典禮，邀請不計其數的民眾共享。他看到他的子民，也就是這些基督徒，由衷感到興喜。他日後便常常這般祝賀。又因為他喜好閱讀書籍，有一回他聽到福音書所言：「心懷慈悲的人受到祝福，他們將獲得憐憫」；又說「變賣你們擁有的一切，施予乞討的人」；還有「飛蛾撲火及盜匪挖掘之處不可聚集財物，儲蓄寶物應在飛蛾無法啃食，盜匪無法奪取的天上」；大衛所說「慈悲且給予借貸的人是幸福的」；他又聽到所羅門所言：「施捨的人就是借貸給上帝。」他聽說了這些話，下令所有貧窮與乞討的人到大王公宅院，收取食物和公庫的錢。還另有安排，說：「老弱和病患不用來到我的宅院。」下令裝備好幾台四輪大車，上面載滿麵包、肉類、魚類、各種果實、桶裝蜂蜜和發酵飲料，運往各城鎮，詢問：「有沒有病人、貧者或是不良於行的

---

43 東正教會訂下8月6日（西曆）為天主變容日，此為紀念耶穌基督的門徒彼得、雅各、約翰在祈禱禮拜時，上帝於他泊山（гора Фовор）顯變容神蹟。關於此節日，可參閱：О. Г. Баранова и другие, Русский праздник, СПб.: Искуство-СПБ, 2001, с. 447-452.

44 聖母生天日，紀念聖母逝世，訂於東正教舊曆八月十五日，新曆的八月二十八日。

人？」他們把這些生活必需品都送出了。他還為自己的百姓做了
更多事：他決定每個禮拜日在自家宅院大廳舉辦酒宴，讓貴族、
軍隊長官、村警、維安、優良部屬前來，不管大王公在或不在都
可以。那兒總是堆滿好菜好肉——有牛肉和禽類－充足供應。有
時人們喝著喝著，抱怨起大王公：「我們頭好痛：他給我們木湯
匙吃東西，竟不是銀湯匙。」弗拉吉米爾聽說了，吩咐人去找銀
湯匙，回答：「我無法用黃金白銀尋得隨扈軍隊，但我會和隨扈
軍隊一同尋得金銀財寶，就像我的父親和祖父一般，與隨扈軍隊
得到金銀財寶。」因為弗拉吉米爾偏愛隨扈軍隊，會和他們商討
國家大事、戰略、法令，也和周邊國家的王公和平共處——有波
蘭的柏列斯拉夫、匈牙利的史提芳、捷克的安得瑞。他們之間極
為和平友好。弗拉吉米爾仍對上帝保有敬畏之意。後來，盜匪急 p. 194
劇增加，僧侶勸弗拉吉米爾：「強盜增多了；為什麼不處罰？」
他回答：「我害怕罪惡。」他們告訴他：「你受上帝所託，須處
罰惡人，慈悲善人。你應當好好調查，處決盜匪。」弗拉吉米爾
於是停止犯罪的罰鍰，改為處決盜匪。僧侶和長老們又說：「我
們的戰事很多：假如有罰鍰，可拿去供應武器和馬匹。」弗拉吉
米爾說：「就這麼處理吧。」弗拉吉米爾謹守父親和祖父的遺
訓。

　　6505年（997）弗拉吉米爾前往諾夫哥羅得城，徵調北方軍
力，好對抗珮切尼格，此時大戰接二連三發生。珮切尼格人得知
大公不在城裡，於是來到附近的白哥羅得。他們禁止城內外出
入，導致城裡嚴重糧荒，而弗拉吉米爾無法支援，因為他沒有軍
隊，而珮切尼格為數眾多。圍城日子拖著，飢荒更嚴重了。市民

在城裡召開會議，[45]有人說：「我們快餓死了，大王公卻不援助。難不成我們得餓死？我們就向珮切尼格投降吧——任他們決定我們生死；不然就死於飢餓啦。」大會上如此決議。一位老人沒有出席大會，他問：「大會上討論些了什麼？」人們轉述給他聽，明天要向珮切尼格投降。他聽了，對城裡的長者說：「我聽說，你們要投降。」他們回答：「市民承受不住啊。」他說：「聽我的話，先等三天，不要投降，照我所說的去做。」他們連忙答應照做。他告訴他們：「去收集巴掌份量的燕麥、大麥或麥麩。」他們趕忙找來。他又交待婦女，熬煮湯粥和水果跟湯，又指使挖鑿一口井，放進一個大木桶，往裡頭灌入湯粥。他再指派挖另一口井，放進一個大木桶，叫人去拿蜂蜜來。人們取來了一桶蜂蜜，那原本藏在大王公後院的。他指揮人們用蜂蜜做成甜湯，澆進第二口井的大木桶。隔天他叫人去見珮切尼格人。前往的市民對珮切尼格人說：「你留下我們當中的人作為俘虜，請帶人進到城裡看看，我們有什麼。」珮切尼格人很高興，認為他們想投降了，抓了俘虜，再挑出最優秀的大臣進城去，好看看城裡情況如

---

45 市民會議（вече），中文有時音譯「韋徹」，是羅斯時期平民出席聚會的形式，商討公共事務，具有地方上決策功能的組織，見《往年紀事》1068、1097、1113年記載的情形。此會議通常只在有王公的領地上召開，而極少數例外的，像是諾夫哥羅得，沒有王公領導時也會召開市民會議。雖然是平民會議，但參加的人除自由民，上至王公貴族均可。市民會議的決議雖具有效力，但王公還是有權否決。羅斯時期的「市民會議」呈現出歐洲中世紀統治體系裡少見的民主精神，因此二十世紀初布爾什維克黨革命建國後，特地將黨的會議稱為「蘇維埃」（совет），即來自羅斯市民會議。

何。他們走進城，大家對他們說：「你們為何要折磨自己？難不成你們能征服我們？就算你們撐過十年，又能對我們如何？我們的食物從地下來。如不信，就用自己的眼睛仔細看看吧。」他們被帶往井邊，那裡有準備好的湯粥，旁人用小桶子舀上，倒進小盆。把湯粥煮好了，送給他們，然後又帶向另一口井，從井裡舀出蜜水，自己和珮切尼格人輪流吃喝起來。這些人說：「假如沒有眼見為憑，我們的大王一定不會相信。」城裡居民就把湯粥和蜜水舀進瓦罐，送給珮切尼格人。他們回去，把這一切詳細說了一遍。珮切尼人的大王把東西煮熱，非常驚訝。他們帶著人質， p. 195 棄守白哥羅德，挾著尾巴跑了。

6506年（998）

6507年（999）

6508年（1000）瑪芙瑞達去世。同年夏季，雅羅斯拉夫的母親羅格妮達去世。

6509年（1001）伊夏斯拉夫去世，他是柏良奇斯拉夫之父，弗拉吉米爾之子。

6510年（1002）

6511年（1003）夫喜斯拉夫去世，他是伊夏斯拉夫之子，弗拉吉米爾之孫。

6512年（1004）

6513年（1005）

6514年（1006）

6515年（1007）聖母教堂禮的聖徒遷移。

6516年（1008）

6517年（1009）

6518年（1010）

6519年（1011）大王公弗拉吉米爾的妃子安娜去世。

6520年（1012）

6521年（1013）

6522年（1014）雅羅斯拉夫掌握諾夫哥羅得時，依規定每一年要繳付給基輔城兩千銀錢，另發放一千銀錢給諾夫哥羅得的隨扈軍隊。所有的諾夫哥羅得首長均照樣繳付，然而雅羅斯拉夫卻未繳付給基輔城的父親。因此，弗拉吉米爾說：「清理道路，鋪設橋梁。」他想征討雅羅斯拉夫，也就是自己的兒子，可是卻患了重病。

6523年（1015）弗拉吉米爾準備好，要出兵雅羅斯拉夫之時，雅羅斯拉夫因害怕父親，渡海離去，引來瓦良格人；而上帝並沒有讓魔鬼得意。弗拉吉米爾病重之際，隨侍在旁的是包理斯。此時此刻珮切尼格人又來侵擾羅斯，弗拉吉米爾派出包理斯抵擋，自己陷入重病；他在七月的第十五天死於這場病。他逝世於貝瑞斯托夫城，人們隱瞞他的死訊，因為斯維托波克當時在基輔城。人們連夜拆除儲藏室中間的木架，用毯子包裹他，以繩子捆綁並送到地面；把他放進雪橇，[46]然後送往聖母教堂安置，也就是他自己建造的那間教堂。人們得知這件事，大批大批聚集過來，為他哀悼——貴族為國家的主人哭泣，窮人為保護人與撫養

---

46 羅斯時期不分季節，常用雪橇運送遺體，也因此比喻成死亡，例如在本書中弗拉吉米爾‧莫那莫赫的「訓誡書」裡，寫道：「我將坐上雪橇……」即意指死亡。

人哭泣。大家把他放進石棺，哀傷地埋葬了他的遺體，一位得到祝福的王公。

　　他好比偉大羅馬的新康士坦丁大帝；[47]他自己受洗，也為自己的子民洗禮。即便他從前沉溺於荒唐淫慾，後來努力不懈地懺悔，按使徒的話說：「罪惡增長之處，神賜更茂盛了。」數不盡的驚喜，他為羅斯國土帶來慈善，給她受洗。而我們，這些基督徒，對他的義舉竟心無崇敬。要不是他為我們洗禮，我們至今還迷失在先人所葬身的魔鬼誘惑中。假使在他去世的當天，我們竭盡所能向上帝來為他祈禱，上帝看到我們對他的崇敬，肯定會讚許他：我們應當向上帝為他祈禱，因為我們經由他知曉上帝。願 p. 196 天主讓你得到心之所願，實現你的請求—— 你所希冀的上天王國。願天主成全你和其他虔誠的信徒，保持樂園的喜悅，與亞伯拉罕及其他使徒共同歡呼，如所羅門所說：「但求不隨著信徒的死亡而消滅。」

　　羅斯子民懷念他，回想起神聖的受洗，以祈禱、詩歌和讚美詩歌頌上帝，讚頌他們的天主，聖靈啟發的新子民等待著希望、偉大的上帝和耶穌救世主；祂將依照每個人的努力，賦予無比的喜樂，這是所有基督徒所期待。

　　關於包理斯遭殺害。 斯維托波克在父親去世的時候坐鎮於基輔，他召來基輔市民，分送禮品給他們。人們雖然收取了，其實心裡不喜歡他，因為他們這幾個兄弟都跟包理斯在一起。包理斯

47　這裡比喻的康士坦丁大帝是羅馬帝國皇帝（306-337年在位）。因為君士坦丁大帝將基督教合法化，弗拉吉米爾在羅斯的引進基督教，因此編年史家將兩者相提並論。

沒有找到珮切尼格人，他帶兵返回時，唯西人前來稟報他：「你的父親去世了。」他哀傷哭泣，因為父親最疼愛他。後來他停下腳步，來到雅爾塔。他父親的隨扈軍隊告訴他：「你現在擁有父親的隨扈軍和部隊。你去吧，去坐上你父親基輔城的王位吧。」他則回答：「我連朝自己的哥哥舉起手都沒辦法：要是父親去世了，就讓他取代父親的地位吧。」戰士們聽了，紛紛離開他。包理斯只和一些自己的少年士兵。另一方面，斯維托波克竟要無法無天的胡作非為，他用加音的計謀，派人對包理斯說：「我想和你保有兄弟之愛，我要把父親留下的權力與你分享。」這是為了除去他所設下的騙局。斯維托波克夜裡來到維施城，悄悄召來普特沙和維施城的貴族，對他們說：「你們會背叛我嗎？」普特沙與維施城市民回答：「我們用自己的腦袋擁護你。」於是他告訴他們：「不可告訴任何人，你們去除掉我的弟弟包理斯。」他們對他承諾會立刻執行。所羅門曾說過：「他們趕著赴一場不公義的流血屠殺。因為他們參加的是一場流血屠殺，其實給自己玩弄災禍。犯罪者的靈魂在路途上全都被罪惡毀滅。」那些前去的人夜晚來到雅爾塔，他們接近時，聽見包理斯正在晨禱，因為維希人已經告訴他，有人要來傷害他。他起身，開始唱著：「天主！為何讓我樹敵！這麼多人要反對我！」接著：「你的箭矢已刺進我身軀；我已備妥迎向災難，哀痛已在我面前。」他又說：「天主！你請聽聽我的祈禱，請不要和你這個奴僕走上審判庭，因為沒有人可以活著脫罪，敵人正折磨我的靈魂。」他唱完六首讚美詩，看到有人要來殺害他，又唱起：「肥壯的牛群包圍著我……邪惡的人群環繞我。」「天主，我的上帝，我只能指望你，拯救

我，脫離這些迫害的人。」然後他開始吟誦經書。他完成了晨
禱，看了看聖像，對著上帝的畫像說：「天主耶穌基督！你為了 p. 197
拯救我們，以如此形象現身於世上，義無反顧獻出自己的雙手，
釘上十字架，接受苦難折磨，換取我們的罪惡，所以我也有幸接
受苦難折磨，求仁得仁。我所接受的苦難並非來自敵人，而是來
自我自己的兄弟，天主，不要把罪惡歸於他。」他向上帝祈禱
完，就上床躺下了。他們隨即團團圍住營帳，像群野獸般撲向
他，以長短矛刺殺他，刺穿了包理斯也刺穿了一個前來以肉身保
護他的僕人。包理斯很疼愛他。這名少年來自匈牙利，名叫格歐
爾治；包理斯非常疼愛他，賞給他很多黃金，犒賞他勤奮工作。
他們還殺害了包理斯的其他年輕貼身隨從。他們無法迅速從格歐
爾治的脖子摘下金幣，就砍下他的頭，取得了金幣，再棄置頭顱
於一旁；他們在混亂的屍體當中無從尋找他的遺體。這伙大奸大
惡殺害了包理斯，要帶他回營地，放上四輪大車，運送時還有氣
息，而萬惡的斯維托波克知道包理斯還在呼吸，竟叫兩個瓦良格
人殺了他。這兩人看見他還活著，其中一人拿出一把劍刺穿他的
心臟。幸福的包理斯就這樣死去了，他與其他的虔誠信徒接受來
自上帝的永生苦難，好比先知和使徒，和許許多多受難者長眠於
亞伯拉罕的懷抱，看見難以言喻的喜樂，與天使一同快樂高歌，
與所有聖人常存。人們把他的軀體送進瓦西里教堂，悄悄帶進維
施城。那群可惡的殺人兇手來到斯維托波克面前，得到了獎賞。
以下是犯罪名單：普特沙、塔列茲、艾洛唯、萊施可，他們所有
人的父親是撒旦。這些走狗形同惡魔：惡魔遵從邪惡，天使依循
良善。天使絕不施以人們邪惡，循序漸進的期盼人的良善，特別

幫助基督徒，保護他們免於惡魔仇人；惡魔忌妒人們，引誘人趨向邪惡；若是看見有人擁有上帝的榮耀，會因此而忌妒，急於行惡。極其所能行惡的人比惡魔可惡，因為惡魔害怕上帝，惡人卻連上帝也不怕，人前不感羞恥；惡魔還會害怕天主的十字，惡人卻連十字架也不怕。

　　萬惡的斯維托波克再度自忖：「我已經殺了包理斯；接下來要怎麼殺害格列柏呢？」他籌畫加音的計謀，派出信差去見格列柏，謊稱：「快快過來這裡，父親召喚你：他生重病了。」格列柏立刻騎上馬，帶少數隨扈就出發了，他很聽從父親。當他來到窩瓦河邊，他的馬在原野上被個坑地絆倒，格列柏就傷了一隻腳。於是他先來到斯摩連斯克，從斯摩連斯克不遠處又來到絲苗丁駐紮。這時關於父親死亡的消息從普列得斯拉夫城傳到雅羅斯拉夫這裡，所以雅羅斯拉夫派人通報格列伯：「你別去：父親已經死了，你的兄弟被斯維托波克殺害了。」格列伯聽了，放聲哀嚎，為父親慟哭，更為兄弟難過，他含淚祈禱：「天主，幫助我，最好是讓我和兄弟一同死去，比我獨活在世上要好。要是我親眼見得兄弟，你天使的臉龐，我會與你共死：為何現在我要單
p. 198 獨留下？你的言語何在，你對我說了些什麼，我摯愛的兄弟？如今再也不能聽到你親身教導。假使你的祈禱可達上帝，你也為我祈禱吧，讓我得以蒙難獻身。與你共死，好過存活在謊話連篇的世上。」當他含淚祈禱時，斯維托波克派來的人突然來殺害格列伯。他們突如其來攔截了格列伯的船隻，拿出武器。格列伯的年輕士兵應聲倒下。其中前來有一人，可惡的葛良賽下令立即殺害格列伯。格列伯的廚子，名叫托爾欽，抽出刀子，殺了格列伯，

像宰殺一隻無辜的羔羊。他就這樣被送做上帝的祭品，取代一般祭品的芬芳香烟，進入天上王國，接受通往上帝國度的荊棘道路，在那兒遇見渴望的胞兄，他的欣喜之情非言語可形容，他們感受到彼此的兄弟友愛。「兄弟相聚是這般美好與快樂！」那幫萬惡的兇嫌返回，就像大衛所說：「罪惡之人回到地獄。」他們回去後，告訴斯維托波克：「你交待之事已辦妥。」他聽了之後更加傲慢，殊不知大衛曾說：「強者，你以惡行自誇？成天為非作歹……你的唇舌又要預謀行惡。」

就這樣，格列柏遭殺害，他被拋棄在岸邊的兩根木柱間，[48]後來才又有人運走，把他安置在聖瓦西里教堂，兄弟包理斯的身旁。[49]

他們的身軀相聚，靈魂也在天上相聚，留於天主，無比的喜樂，他們在那美好的國度使羅斯癒合，也讓外來且信仰上帝的人康復：讓跛子行走，讓盲者重見光明，病痛者健康幸福，身陷枷鎖者重獲自由，服刑者改過自新，悲傷者得到慰藉，受迫害者獲得解脫。他們是羅斯國的守護者，是光明的燈火，永遠為人民祈禱。所以我們應當讚頌這兩位基督受難者，不停為他們祈禱：「安息吧，基督的受難者，羅斯國的守護者，給予信仰和愛。安息吧，天國的居民，你們原是化為肉身的天使，是上帝虔誠的奴

48　根據原文本注，考古學家挖掘到許多葬物，其中有將屍體置於兩根大木頭之間的埋葬方式。

49　包理斯和格列伯是弗拉吉米爾排行最小的兩個兒子。他們於羅斯王子鬩牆中，遭哥哥斯維托波克殺害，後追封為聖徒，是俄國史上首兩位聖徒。東正教教堂內常見兩兄弟的聖像畫。而斯維托波克因此留名史上「惡徒斯維托波克（Святополк Окаянный）」。

僕，絕無僅有的一對兄弟，是聖潔的靈魂；請你們為苦難的人療傷。安息吧，睿智的包理斯和格列伯，你們就像井裡湧出的治病泉水，奉獻給信徒健康幸福。安息吧，改正那隻險惡的毒蛇，如燦爛光輝顯現，照亮羅斯國，以堅定不移的信仰永遠驅逐黑暗。安息吧，不眠不休的眼瞳守護著，在你們謙卑又幸福的內心，以靈魂履行上帝的戒律。安息吧，這對兄弟，一同永存光輝之地，上天的聚落，獲得永不消退的榮耀。安息吧，以上帝的光芒照亮所有人，走遍全世界，驅逐魔鬼，治癒敵人，善良的燭光，熱誠的守護者，與上帝長存，上天的光芒永恆照耀，英勇的守難人，p. 199 為信徒照耀靈魂。上天光明的愛將提昇你們；你們經由愛，接受所有上天的美好與光榮、樂園的食物、智慧的光芒、無比的喜歡。安息吧，因為你們充滿了人心，解除了炙熱與病痛，治癒邪惡的渴望；你們又以自己神聖的血滴沾染給受祝福的人，與基督永遠主宰，為新的基督徒和親人祈禱。以你們的鮮血和教會的力量為羅斯國祝福，你們以上帝的精神啟示教會，與受難者為同胞祈禱。安息吧，閃耀的初升晨星！基督之愛的受難者和我們的守護者！置惡人於我們王公的腳下，向我們的上帝祈禱，讓他們永存於世上、與共同、與康樂，讓他們免於兄弟鬩牆的戰爭，免於魔鬼的詭計，讓我們為你們歌頌你們的榮耀，永存世上。」

萬惡的斯維托波克又殺害了斯為托斯拉夫，就在他逃到烏果爾人那裡的時候，他派人去烏果爾山區（把他殺害了，譯者）。斯維托波克又想著：「我乾脆把所有的胞兄弟都殺了，獨自一人統治羅斯國。」他傲慢地妄想著，殊不知，「上帝把權力給予希望的人，天主指派他希望的統治者與王公。」假使任何國家符合

上帝的期許，那麼上帝會為她指派正義的國王或王公，愛好公正
與法律，授與統治者制裁的力量。又假使王公在國內行為正當，
那麼壞人就會離開這個國家；假使王公邪惡又好欺瞞，那麼上帝
會對這個國家降下更多的不幸，因為王公是國家的首領。以賽雅
曾說：「從頭到腳作惡多端，就是上自國王下至百姓。」「城裡
的王公如此年少，這是一大悲哀。」他喜歡和年輕僧侶一起伴著
琴聲飲酒。上帝因其罪惡指派這般王公，卻把年長有智慧的王公
給換下，就像以賽亞所說：「天主把耶路撒冷那位強大的巨人、
有魄力的勇士給換下，其餘還有法官、先知、溫順的長者、優秀
的議員、睿智的藝術家，還有理智又守法的人。給了他們一個年
少的王公，讓一個製造禍害的人擁有他們。」

　　萬惡的斯維托波克開始掌理基輔城。他把百姓叫來，分送給
他們或是衣物，或是錢財，發放了許多財物。雅羅斯拉夫還不知
道父親死去的時候，他那裡有大批的瓦良格人，他們對諾夫哥羅
得人施以強暴。諾夫哥羅得人在帕羅孟尼宮殿抵抗並殺害瓦良格
人。雅羅斯拉夫極其憤怒，前往拉克莫村，留守在當地的行宮。
他派人去告訴諾夫哥羅得人：「我已無法使他們起死回生。」他
召集那些殺害瓦良格人的優秀屬下，把他們騙來，處死他們。當
天夜裡從基輔城裡的姊妹佩瑞德斯娃那邊傳來消息：「你的父
親去世了，現在是斯維托波克掌控基輔，他殺害了包理斯，也找
人去殺格列伯，你要特別提防他。」雅羅斯拉夫得知消息，為父
親，還有兄弟和士兵們的事情感到非常哀慟，第二天，他集合剩
下的諾夫哥羅得人，說：「我親愛的同袍，昨天我殺害你們，今

p. 200 天卻需要你們。」我擦乾眼淚來到市民大會[50]：「我的父親去世了，而斯維托波克佔據基輔，又誅殺兄弟們。」諾夫哥羅德人回說：「王啊，雖然你的兄弟遭殺害，有我們可以為你奮戰！」隨後雅羅斯拉夫率領千名瓦良格人，另四萬部眾，去找斯維托波克，以上帝為正義的見證人：「非我始作俑者殺害我兄弟，而是他；就讓上帝當我兄弟的復仇者，因為他使得包理斯和格列伯無故流血。難道也要如此對我？天主，真理治裁我，就讓惡行終止吧。」他就動身前往斯維托波克之處。斯維托波克聽說雅羅斯拉夫已在路上，召集數不清的士兵，有羅斯人和珮切尼格人，他前往得涅伯河對岸邊的柳別區城，雅羅斯拉夫已在此岸。

---

50 關於市民大會，見997年條註腳。

雅羅斯拉夫於基輔稱王

　　6524年（1016）雅羅斯拉夫出兵斯維托波克，雙方各佔有涅伯河兩岸，未決定誰先攻打誰，就這樣對峙了三個月。後來，斯維托波克的一名軍官率先發難，沿著岸邊奔走，怒罵諾夫哥羅得人：「你們的腳殘缺了？你們好歹是群木匠。動手去蓋些房舍！」諾夫哥羅得人聽了，對雅羅斯拉夫說，「明天我們就殺過去；如有誰不和我們同行，我們就讓他不得好死。」初寒降臨。斯維托波克駐紮在兩座湖間，一天夜裡和隨扈軍隊飲酒作樂。清晨時刻雅羅斯拉夫調動軍隊，破曉時分進攻。他們上岸後，把船隻遣離河岸，雙方部隊即陷入交戰。一場殘忍血腥大戰，珮切尼格人因隔著湖無法支援；斯維托波克及其隨扈軍隊被逼近湖邊，踩上了結冰層，湖面冰層在腳底踩碎坍塌了，雅羅斯拉夫因而乘勝追擊，斯維托波克目睹這一切，立即逃跑，雅羅斯拉夫獲得勝利。斯維托波克逃往波蘭，雅羅斯拉夫進入基輔，登上父親和先祖們的王位。雅羅斯拉夫時年28歲。

　　6525年（1017）雅羅斯拉夫前往基輔城，有幾座教堂遭焚燬。

　　6526年（1018）柏列斯拉夫和斯維托波克帶領波蘭人，攻打雅羅斯拉夫。雅羅斯拉夫則帶領羅斯人、瓦良格人、斯洛文人前去抵抗柏列斯拉夫和斯維托波克，他來到瓦林尼亞，雙方隔著布格河對峙兩岸。雅羅斯拉夫身旁有位教養人兼部隊指揮，名叫佈

達，他對柏列斯拉夫咆哮：「我會拿根木棒刺穿你的肥肚子。」柏列斯拉夫長得魁武壯碩，無法騎乘馬匹，卻是個聰穎的人。柏列斯拉夫告訴自己的部隊：「假如這個恥辱還不能貶低你們，我就獨自投死。」他坐上馬，走進河水裡，後面跟著士兵，而雅羅斯拉夫則來不及部署，柏列斯拉夫因此擊退了雅羅斯拉夫。雅羅斯拉夫隨著四名手下逃向諾夫哥羅得。柏列斯拉夫和斯維托波克進攻基輔城。柏列斯拉夫說：「你們把我的隨扈軍隊帶去各城鎮，餵飽他們。」如此照辦了。雅羅斯拉夫逃到諾夫哥羅得後，原想再逃出海，但當地的首長康斯坦丁，也就是多布林尼亞之子，曾與諾夫哥羅得人擊破雅羅斯拉夫人的艦隊，說著：「我們還想再和柏列斯拉夫及斯維托波克搏一死戰。」他們收集起錢財，一般男性每人繳四文錢，長老每名繳十銀錢，貴族則繳十八銀錢。他們帶來一批瓦良格軍隊，再獻上錢財，於是雅羅斯拉夫

p. 201　募得眾多士兵。當柏列斯拉夫在基輔稱王時，惡徒斯維托波克說：「把各城鎮所有的波蘭人殺光。」波蘭人因此都遭殺害了。而柏列斯拉夫拿了些財物，帶走雅羅斯拉夫的家族成員和姊妹，逃離基輔城，命令教會神父納司塔斯看管這批財物，因為這個人以謊言騙得了他的信賴。他帶走許多人，在切爾文城附近又抓了些人同行，隨後回到了自己的國土。斯維托波克則開始在基輔稱王。因雅羅斯拉夫又出兵攻打斯維托波克，斯維托波克只好投向珮切尼格人。

　　6527年（1019）斯維托波克帶領壯大的珮切尼人軍隊前來，雅羅斯拉夫集合眾多士兵，前往雅爾塔抵抗。雅羅斯拉夫站在包理斯遇害的地方，舉起雙手朝向天，他說：「天主！我兄弟的血

正流向你。為這個正義之人報復吧，就像你為亞伯爾的流血報復，讓加音落得呻引和顫抖；這次也讓他落得如此下場吧。」他祈禱之後又說：「我的兄弟們！雖然你們的身軀從此離開，但請你們為我禱告，助我對付這個兇手和傲慢的仇人。」當他說完後，雙方朝彼此前進，無數的士兵掩蓋了雅爾塔曠野。當天是禮拜五，初陽破曉，雙方陷入交戰，這是一場羅斯空前的浴血大戰，或是赤手空拳，或是砍殺對方，也有些是三度交戰，血流成河。結果雅羅斯拉夫迎向勝利，斯維托波克逃跑了。他逃跑時，魔鬼再次降身，他全身癱瘓無力，無法騎馬，所以用擔架抬著他。同他一起逃亡的人帶他到貝瑞斯提城。他說：「好好保護我，他們正追趕我們。」他的少年士兵前去查看：「有人追趕我們嗎？」後方沒有任何人，若是真有人追趕，一定會被追上。他無力的躺著，稍微起身，他說：「追上來了，啊，追上來了，快跑。」他沒有辦法停留在同一個地方，所以穿過波蘭國土，被上帝的憤怒驅趕，來到波蘭和捷克間的荒漠地帶，在那裡狼狼地結束生命。「正義的審判制服了這個不義之人，他死後又領受萬惡的痛苦：上帝降下嚴重懲罰讓他死去。」在眾叛親離下，離開人生，永遠伴隨著他的是難忍的痛苦。他的墳墓直到現在還在那片荒漠上。那兒還飄散令人作嘔的腐臭味。這一切都是上帝顯現給羅斯王公的訓示，讓他們知道，假使再度犯下如此大惡，就得接受這般懲罰，甚至更嚴重的懲罰，因為早已知道這個教訓，竟還能再犯下邪惡的仇殺。加音殺害亞伯，受到七倍的懲罰，而拉彌黑則是七十倍的處罰，因為加音並不知道會受到來自上帝的復仇，拉彌黑在已知先人遭到懲罰的時候，犯下了殺人罪。「拉彌

黑對妻妾們說：『我因為被傷害殺了一個人，另外又殺了一名殺害我的少年，他說，我也知道會加諸於我七十倍的報復，我還是做了。』」拉彌黑殺害艾諾家的兩名兄弟，又搶奪他們的妻子；斯維托波克根本就是阿維梅列在世，阿維梅列由通姦而生下，又殺害自己的兄弟，還有葛迪阿諾家兒子，斯維托波克也如此犯行。

雅羅斯拉夫入主基輔城，與同胞拭去汗水，展現無比勞苦功高。

p. 202　　6528年（1020）雅羅斯拉夫得一子，取名弗拉吉米爾。

6529年（1021）柏良奇斯拉夫，即伊夏斯拉夫之子，弗拉吉米爾之孫，前來諾夫哥羅得城，佔領諾夫哥羅得，強奪諾夫哥羅得人及他們的所有物，再前往波羅次克。當他來到蘇朵米里河，雅羅斯拉夫也在從基輔城出發的第七天追上他。雅羅斯拉夫隨即打敗柏良奇斯拉夫，讓諾夫哥羅得人重新安頓，而柏良奇斯拉夫逃往波羅次克。

6530年（1022）雅羅斯拉夫來到貝瑞斯提。與此同時，姆斯提斯拉夫正位於提木塔拉坎，要前去攻打嘉所吉人。嘉所吉大王雷傑嘉聽到消息，備兵挺身抵抗。當兩軍交戰，雷傑嘉對姆斯提斯拉夫說：「我們為何要消耗軍隊？不如各自單槍匹馬來決戰。若是你贏了，就取走我的財產、我的妻子、我的兒女、我的領土。若是我贏了，我就取走你的一切。」姆斯提斯拉夫則說：「就這麼說定。」雷傑嘉又對姆斯提斯拉夫說：「我們不要用兵器，來個肉搏戰。」他們狠狠地扭打起來，姆斯提斯拉夫經過長久的打鬥，感到筋疲力盡，雷傑嘉又是那麼壯碩有力。所以姆斯

提斯拉夫說著：「啊，聖潔的聖母，助我一臂之力！假使我戰勝他，我將以妳之名興建一座教堂。」他一說完，把對方撂倒在地。他抽出了一把刀把雷傑嘉殺了。隨後進入他的領土，搶走他的財物、他的妻子、他的兒女，又給嘉所吉人訂下賦稅。後來回到提木塔拉坎，建一座聖母教堂，教堂直到今日還立於提木塔拉坎。

6531年（1023）姆斯提斯拉夫帶著哈札爾人和嘉所吉人出發去攻打雅羅斯拉夫。

6532年（1024）雅羅斯拉夫還在諾夫哥羅得時，姆斯提斯拉夫由提木塔拉坎來到了基輔城，而基輔人不歡迎他。所以他轉往入主切尼哥夫城；雅羅斯拉夫當時還在諾夫哥羅得。

同年，一群巫師於蘇茲達里城做亂；他們應魔鬼煽動和無恥之心，殺害一名貴族，並胡說他們佔有儲糧。發生了一場嚴重暴動，前區又鬧飢荒；所有人都沿著窩瓦河走向保加利亞人那裡，運回糧食，得以存活。雅羅斯拉夫聽到巫師的事件，來到蘇茲達里；抓起一群巫師，把他們有的驅逐，有的處決，他說：「上帝起因於罪惡，給整個國家或是降臨飢荒，或是瘟疫或是乾旱，或是其他懲罰，人們卻不知因何緣故。」雅羅斯拉夫之後回到諾夫哥羅得城，派人渡海去找瓦良格人。亞庫恩帶著瓦良格人回來，亞庫恩相貌英俊，他的外衣還是由金線織成。他來見雅羅斯拉夫，雅羅斯拉夫就和亞庫恩一起出兵姆斯提斯拉夫。姆斯提斯拉夫聽了，朝里斯提文進軍抵抗他們。姆斯提斯拉夫連夜調動侍衛軍隊，再安排榭維良人對付瓦良格人，他自己則和隨扈軍隊兵分兩路。時至深夜，一片漆黑、閃電雷擊、大雨交加。姆斯提斯

拉夫對隨扈軍隊說：「朝他們殺過去吧。」接著姆斯提斯拉夫和雅羅斯拉夫相互發動攻擊，榭維良人組成的隨扈軍隊也和瓦良格人短兵相接，先是瓦良格人使出全力痛擊榭維良兵，後來姆斯提斯拉夫與隨扈軍隊也動手砍殺瓦良格兵。場面浩大的浴血戰，當閃電掠過，武器反射發光，加上雷擊隆隆，戰場又大又可怕。雅羅斯拉夫眼見大戰撐不下去，和瓦良格大王亞庫恩一同逃跑了，亞庫恩也在這兒遺失了那件黃金外衣。雅羅斯拉夫回到諾夫哥羅得城，亞庫恩出走至海外。雅羅斯拉夫迎向初陽，看著自己遭砍

p. 203　殺的榭維良兵和雅羅斯拉夫的瓦良格兵，他說：「誰樂見這個場面？這兒躺著榭維良人，那兒是瓦良格人，還有我的整批隨扈軍隊。」於是姆斯提斯拉夫派人傳話給雅羅斯拉夫：「你入主你的基輔吧，你是哥哥，就讓我待在得涅伯河的另一邊。」雅羅斯拉夫已決定，尚未平息和好之前，先不回基輔。因此姆斯提斯拉夫握有切尼哥夫，雅羅斯拉夫留在諾夫哥羅得，基輔城則是由雅羅斯拉夫的屬下掌管。同年，雅羅斯拉夫再得一子，取名伊夏斯拉夫。

　　6534年（1026）雅羅斯拉夫召集大量軍隊，來到了基輔城，他和位於格絡捷茲城的兄弟姆斯提斯拉夫立下約定。他們沿著得涅伯河切割羅斯國土：雅羅斯拉夫取得這邊，姆斯提斯拉夫則擁有另一邊。之後，他們過得安定和睦，停止動亂和爭戰，全國一片安寧。

　　6535年（1027）雅羅斯拉夫得第三子，取名斯為托斯拉夫。

　　6536年（1028）天空出現蛇形的景象，到處都可見得。

　　6537年（1029）太平盛世。

　　6538年（1030）雅羅斯拉夫取得貝兒茲城。另，雅羅斯拉夫得第四子，取名夫榭瓦洛得。同年，雅羅斯拉夫出兵攻打秋德人，擊敗他們，並新建尤里耶夫城。[51]同時波蘭王柏列斯拉夫去世，隨後波蘭境內發生一場暴亂：人們群起抗爭，殺害主教和神父，及貴族。

　　6539年（1031）雅羅斯拉夫和姆斯提斯拉夫召集大批軍隊，進軍攻打波蘭人，再度佔領切爾文地區的城鎮，再進入波蘭作戰，擄走大批波蘭人。雅羅斯拉夫擄來的波蘭人置於羅斯河流域；直到今日他們還在那生活。

　　6540年（1032）雅羅斯拉夫開始大興城鎮於羅斯河流域。[52]

　　6541年（1033）艾夫斯達菲·姆斯提斯拉維奇去世。

　　6542年（1034）

　　6543年（1035）

　　6544年（1036）姆斯提斯拉夫外出打獵，生病去世。人們把他安置於神聖救世主教堂，這是他自己建造的；他在世時為教堂築起極高的牆，要站在馬匹上才可用手碰到。姆斯提斯拉夫身體健壯，相貌俊美，有雙大眼睛，在戰場上英勇有膽量，與同袍情

51　秋德部族生活範圍在羅斯國北境外，雅羅斯拉夫擊敗秋德人後，以自己的教名尤里耶夫紀念於秋多湖邊新立的城市。該城市現名為塔爾圖（Тарту），屬愛沙尼亞。而羅斯國南方另有一尤里耶夫城，同樣成立於雅羅斯拉夫任內，位於基輔南方約84公里的羅斯河上；波落夫茲人曾入侵至此，見1095年條。此尤里耶夫城現名為白教堂（Белая церковь），屬烏克蘭。

52　羅斯河是得涅伯河南方右岸的支流，離基輔城不遠。於此造城鎮的目的為形成保護首都的屏障，免於外族入侵。

誼深厚，對於隨扈軍隊毫不吝惜給予財產，也不禁止他們飲酒或飽食。後來，雅羅斯拉夫佔得擁有的一切，成為羅斯國的唯一統治者。雅羅斯拉夫前往諾夫哥羅得，派駐兒子弗拉吉米爾於諾夫哥羅得，任命朱加達為主教。此時，雅羅斯拉夫得一子，取名唯契斯拉夫。正當雅羅斯拉夫位於諾夫哥羅得，有消息傳來，珮切尼格人圍攻基輔城。雅羅斯拉夫召集大批士兵，有瓦良格人和斯洛文人，返回基輔城並進入城裡。而珮切尼格人數量眾多。雅羅斯拉夫由城裡挺身而出，把侍衛軍隊部署好，調度瓦良格兵到中列，基輔兵在右列，諾夫哥羅得兵在左列；隨後下起冰雹。珮切尼格軍進攻，取得一塊地方，是現在的聖索菲雅教堂和羅斯區主教所在：當時這塊田野還在城外。這是一場殘酷的大戰，雅羅斯拉夫幾乎到晚上才戰勝。珮切尼格四處逃竄，不知逃往何處，有些溺斃在西桐姆河及其他河川，其餘餘黨至今還在逃亡。同年，雅羅斯拉夫把兄弟蘇迪斯拉夫打入普茲科夫的大牢——因他當面詆毀他。

p. 204

6545年（1037）雅羅斯拉夫為一座偉大的城市奠定了穩固基礎，他的這座城市有座金門[53]；他還興建聖索菲雅教堂，[54]立主

---

53 金門（Залатые ворота）是雅羅斯拉夫時期新產生的防禦功能建築，為木造或土石築起的高牆，當時長度綿延超過3公里，參考君士坦丁堡早期軍事用途的城牆。出入口特別建造約10公尺的高塔，最底下兩扇對開大門因鋪有金箔，稱金門。基輔的「金門」幾經修復後，現仍立於基輔市內，一旁有雅羅斯拉夫的紀念雕像。

54 聖索菲雅教堂是雅羅斯拉夫為紀念前一年（1036年）戰勝珮切尼格人而建造。教堂命名與建築風格皆參考君士坦丁堡的聖索菲雅教堂。現位於基輔市中心的聖索菲雅教堂經過修復，距離古蹟「金門」不遠。

教，之後另有金門之上的一間教堂——聖母報喜教堂，以及後來的聖格歐爾治與聖伊莉娜教堂。他在位時基督教開始流傳普及，僧侶人數增加了，修道院林立。雅羅斯拉夫遵從教會的章法，深深敬愛眾神父，尤其是潛修的僧侶，喜好經典書籍，時常日以繼夜閱讀。他還召來許多抄錄士，讓他們將希臘文的經典譯成斯拉夫文。他們編寫了大量書籍，信眾得以獲得教誨，並因教誨而感受到醍醐灌頂般喜樂。好比假使一塊土地上有人先犁地，有人來播種，再有人來收割，然後享用不虞匱乏的食物，這是一樣的道理。正是他的父親弗拉吉米爾先犁地，修好了一塊土地，就是接受神聖洗禮。然後這一位大王公在信眾的心裡播下經典的種子，接著由我們來收穫，領受經典的教誨訓示。

　　經典教誨給予無窮無盡益處；懺誨的路上需要經典協助和提示，我們從經典文字獲得高深智慧，學習循規蹈距。這是普羅萬物兼容並蓄的水流，智慧的泉源；經典涵蓋高深莫測的道理；在悲傷藉此尋得慰藉；加強禁欲和自制。如此廣大的智慧；所羅門王曾歌頌著：「我是無窮智慧，散發光明與理智，我潛心冥想。要敬畏天主……我的良知，我的睿智，我的堅毅，我的力量。我授予君王統治，使堅毅者訂定律法。我使強者更強大，折磨人者掌控大地。我愛愛我之人，尋我者將尋得幸福。」若孜孜不倦，在經典中尋求智慧，將尋得心靈的偉大成就。閱讀經典的人，正與上帝或聖賢對話。閱讀至聖先賢的談話、福音書、末日的訓示和聖賢行傳，將成就偉大的心靈。

　　就像我們曾說的，雅羅斯拉夫喜好經典，編纂許多書籍，放置在自己建造的聖索菲雅教堂，他在教堂加以金飾、銀飾和禮拜

器皿，他也依規定的時間安排獻給上帝的聖歌。又在其他城鎮和
．地方的教堂派駐神父，由個人的財物捐贈奉獻，親自教誨人們，
是上帝賦予他這份職務，他經常出入教堂。神職人員和基督徒都
增多了。雅羅斯拉夫看到教堂林立和眾多信徒，他感到非常快
樂，另一方面，敵人惡魔因新來到的基督徒而避走呻吟。

　　6546年（1038）雅羅斯拉夫征討亞特維吉人。[55]

　　6547年（1039）主教費歐平特主持聖母教堂，這座教堂由雅
羅斯拉夫的父親，也就是弗拉吉米爾所建，因而無比聖潔。

　　6548年（1040）雅羅斯拉夫出兵立陶宛。

　　6549年（1041）雅羅斯拉夫乘艦隊征討馬左夫尚部族。[56]

　　6550年（1042）弗拉吉米爾‧雅羅斯拉維奇征討芽米人，獲
p. 205 勝。後來，弗拉吉米爾所屬軍隊的馬匹倒地；把還奄奄一息的馬
匹剝下皮；因為發生了一場馬瘟！

　　6551年（1043）雅羅斯拉夫派遣兒子弗拉吉米爾攻打希臘
人，供給他大量軍力，委任楊的父親維沙提為長官。於是弗拉吉
米爾乘艦隊出發，航向多瑙河，往沙皇城前進。遇上一場大風
暴，羅斯艦隊遭擊毀，王公的那艘船遭狂風吹毀，於是雅羅斯
拉夫的軍隊長伊凡‧特瓦林米瑞奇把王公救上船。弗拉吉米爾
的其餘約六千士兵，被衝向岸邊，到他們決定返回羅斯時，王
公的隨扈軍隊當中已沒有任何人得以同行。維沙提說：「我與他
們同行。」於是他隨他們登上船艦說：「我若是生還，就與他們
同行，若是遇到不測，則與隨扈軍隊同死。」他們出發了，希望

55　亞特維吉（ЯТВЯГИ）是立陶宛人中的部族。

56　馬左夫尚（МАЗОВШАНЕ）屬波蘭的一支部族。

能抵達羅斯。希臘人接到通報說，大海擊毀了羅斯艦隊，所以沙皇，他名叫莫那莫赫，馬上派出十四隻船艦追趕羅斯人。弗拉吉米爾和隨扈軍隊眼見追兵在後，調頭返回，擊沉希臘船艦，再乘自己的船隻回到羅斯。而維沙提和落難於岸邊的士兵一同被虜獲，被送到沙皇城，許多羅斯人遭到挖眼失明。過了三年，平息下來後，維沙提才獲釋放，返回羅斯到雅羅斯拉夫那兒。那些年裡，雅羅斯拉夫把自己的妹妹許配給卡吉米爾，而卡吉米爾把先前被柏列斯拉夫俘虜的八百名羅斯士兵交還，以此作為婚聘，那是雅羅斯拉夫當年被擊敗時失去的士兵。

6552年（1044）斯為托斯拉夫的兩個兒子，即兩名王公雅羅波克與阿列格，在墓地被尋獲，人們為他們的遺骸行禱告禮，然後安置在聖母教堂。同年柏良奇斯拉夫，即伊夏斯拉夫之子，弗拉吉米爾之孫，夫喜斯拉夫之父，去世。接著，夫喜斯拉夫，也就是他的兒子繼承了王位。他的母親借助巫術的力量，生下了他。他母親在生產時，他的頭上有一塊瘡疤，巫師們告訴他的母親：「這個瘡疤要留給他，就讓他一輩子都帶著。」所以夫喜斯拉夫至今還把它留在身上；他因此性喜屠殺嗜血。

6553年（1045）弗拉吉米爾在諾夫哥羅得城著手興建聖索菲亞教堂。

6554年（1046）

6555年（1047）雅羅斯拉夫征討馬左夫尚部族，將之擊敗，殺死他們的大王摩依斯拉夫，將他們歸予卡吉米爾。

6556年（1048）

6557年（1049）

6558年（1050）雅羅斯拉夫的夫人去世。[57]

6559年（1051）雅羅斯拉夫召集僧侶修士們，任命羅斯人出身的伊拉里歐恩為區主教，掌管聖索菲亞教堂。

現在我們來說說彼修拉修道院名稱的由來。崇敬上帝的雅羅斯拉夫大公很喜歡貝瑞斯托夫村及當地的教堂，還有那裡的僧侶，所以很支持那些神父，包括其中一位名叫伊拉里歐恩的僧侶，一位受人尊敬、博學且齋戒苦修的人。他從貝瑞斯托夫村走向得涅伯河，往現在是彼修拉修道院的山丘處，在那裡撰寫祈禱文，那裡有大片的森林。他離開了貝瑞斯托夫村至此，鑿了個約兩丈[58]的小山洞，禮拜時刻可吟唱，默默的對上帝祈禱。後來上帝傳遞給大王公一個想法，任命他為聖索菲亞教堂的主
p. 206 教，小山洞就這麼開始發展了。幾天後，一位來自柳別區城的世俗之人前來，是上帝傳遞訊息給他，讓他徒步行走。於是他走向「聖山」，[59]看見幾個修道院，座落其間，很欣羨出家生活，進入一座修道院，請求院長讓他剃髮為僧。院長聽了，為他剃髮，給他起個名字安東尼，教導他如何修行過生活，並告訴他：「你再重新去一趟羅斯，你將得到聖山的祝福，許多人會因為你而出

---

57 這位王后名為依麗娜（Ирина），又名英佳格達（Ингегерда），是來自瑞典王國的公主。雅羅斯拉夫之後，接任王位的兒子均為與她生育。

58 古俄時期各地區的長度度量不盡相同，一丈（сажень）大約都兩公尺長。

59 編著者稱的東正教「聖山」為「阿索斯山」（Афон），十世紀開始有拜占庭僧侶聚集修行，並築修道院，很快成為希臘正教重要修行地。位於現今希臘北部。

世修行。」院長為他祝福送行，對他說：「一路順風。」安東尼來到基輔，他想著該在何處落腳；他走訪幾間修道院，並不覺得喜歡，因為上帝也不喜歡。所以他開始在樹林和山間徘徊，找尋上帝指使的地方。後來他來到伊拉里歐恩挖鑿洞穴的山丘，很喜歡這個地方，就在那兒安頓下來，含淚向上帝禱告：「天主！讓我於此地堅強有力，讓聖山與為我落髮的院長所給予的祝福來到。」於是他住下，向上帝祈禱，吃乾糧裹腹，一天之後他節制飲水，挖鑿洞穴，日以繼夜不眠不休，努力苦修和祈禱。後來有一些善良百姓知道了，前來看他，給他帶來必需品。他偉大的安東尼名聲傳開來：人們走向他，向他祈求祝福。後來斯拉夫大王公去世後，他的兒子伊夏斯拉夫接任王位，入主基輔城。安東尼在羅斯國已聲名遠播；伊夏斯拉夫得知他的聖賢生活，帶著隨扈軍隊抵達，請求他的祝福和祈禱。偉大的安東尼也隨之更是家喻戶曉，人人愛戴，眾多僧侶追隨他，他也開始接納大家，為他們剃度，在他這兒聚集的僧侶達十二人，他們再挖出一個大山洞，內有教堂，有修行小房間，直到今天都還保存在舊修道院下方的山洞裡。僧侶們集合時，安東尼對他們說過：「弟兄們，上帝把你們聚集起來，你們在這裡得到聖上的祝福，我也是因此獲得聖山修道院長為我剃度，而我又為你們剃度——你們將得到祝福，首先來自上帝的，其次來自聖山。」他又對他們說：「請你們獨善其身，我為你們找來一位修道院長，而我自己要到山裡去隱身獨居了，因為我已經習慣過去出世清修的生活。」他請來瓦拉罕當修道院長，自己則走進山區，在新的修道院下方挖出一個山洞，過離世清高的生活，直到終老，四十年期間他都不曾離開

這個山洞；他的遺骸直到今日還橫躺在那兒。僧侶們隨著修道院長，仍住在先前的洞穴裡。那些年間，僧侶人數增加，洞穴已經不夠住，他們計畫在洞穴之外設立一座修道院。於是院長與僧侶們來找安東尼，對他說：「父親，修行的人增多了，山洞已容不下我們；假使上帝有意，我們將藉助你的祈禱，在洞穴外興建一座教堂。」安東尼就給了他們些指示。他們則向他鞠躬致意，然後在山洞上方以聖母升天（Успение святой Богородицы）之名，蓋了一座小教座。後來，上帝依聖母祈願，修行人數增加了，眾僧侶和本堂神父商討成立修道院。於是僧侶們來到安東尼面前，說：「父親！修行的人變多了，我們希望成立一座修道院。」安東尼很高興地說：「上帝會祝福一切，聖母與聖山神父的祈願將與你們同在。」他說完這些話，再派其中一名僧侶去拜見伊夏斯拉夫，這麼說：「我的大王公啊！上帝讓修行人數增加，而地方太少：把洞穴上方的山丘給我們吧。」伊夏斯拉夫聽了很高興，派出一名屬下，把那座山丘交予他們。修道院長和僧侶們動手興建一座大教堂，用木樁圍出一座修道院，蓋許多修行小房間，教堂完工後擺放聖像。此後開始了彼修拉修道院[60]：因為洞穴裡有僧侶居住過，所以就命名為彼修拉修道院。彼修拉修道院為紀念聖山而建。瓦拉罕當修道院長的時候，修道院興起，伊夏斯拉夫設立了另外一間名為聖迪米崔的修道院，請瓦拉罕來到聖迪米崔任修道院長，希望以自己的財富支持，讓這間修道院超越彼修拉

p. 207

---

60 「彼修拉」為俄文пещера的音譯，意為「洞窟」。安東尼挖鑿洞窟修
　　行，為修道院的前身，因此以「洞窟」為修道院名，作為紀念。基輔
　　的彼修拉修道院是羅斯最早成立的修道院之一。

修道院。許多的修道院都是依賴皇帝，或貴族，或是有錢人而設立，不像他們，以淚水打造，長期的齋戒和祈禱。畢竟安東尼既沒有黃金，也沒有白銀，用淚水和齋戒達成一切，如我以上所說。瓦拉罕來到聖迪米崔時，弟兄們點起燭火，走向長老安東尼：「給我們一位修道院長。」他則回答他們：「想要誰呢？」他們則說：「上帝跟你想要的那一位。」他又對他們說：「你們當中有誰比費歐多西更順從、溫和、謙遜，就讓那一位做為你們的修道院長。」弟兄們很高興，向長老鞠躬；任命費歐多西為修道院長，帶領二十人。費歐多西掌管修道院，他謹守戒律，嚴格齋戒，含淚祈禱，許多僧侶紛紛前來，增加至一百人。他想要在修道院立章法，當時找來了米海爾，他是篤勤修道院的僧侶，跟隨格歐爾治主教遠從希臘而來。費奧多西和他請問篤勤僧侶的章法。由他那裡取得了（章法，譯者），也抄寫下來了，並執行於自己的修道院——如何吟唱修道院詩歌，如何舉行儀式，如何讀頌經書，如何禮拜，所有修道院的規矩，應對進退，各種節日的飲食——一切均需按照章法。費奧多西得到這份章法，把他交給自己的修道院。從這間修道院再傳給其他多間修道院，彼修拉修道院也因此受眾人尊敬。費歐多西還住在修道院時，過著品德高尚的生活，謹守出家人規矩，也善待所有前來的人，包括我這個瘦小又低賤的奴才，他接受了我，當時我17歲。我寫下這些，釐清彼修拉修道院何時開始、命名從何而來。至於費奧多西的生平，我們晚點再談吧。

　　6560年（1052）雅羅斯拉夫的長子，弗拉吉米爾去世，埋葬於諾夫哥羅得城，在他自己所建的聖索菲亞教堂內。

6561年（1053）夫樹瓦洛得與希臘女子，即沙皇之女，生得一子，取名弗拉吉米爾。[61]

6562年（1054）羅斯偉大的王公（великий князь）雅羅斯拉夫去世。他生前曾訓示諸子，告訴他們：「我的孩子們，我即將辭世；你們要友愛彼此，因為你們全是同父同母的親兄弟。若你

p. 208 們相親相愛，上帝將祝你們常勝敵人。和睦相處。若你們彼此仇恨、爭吵，即將自我毀滅，也將喪失先父先祖得來不易的國土；和睦相處，聽從大哥的話。我把基輔的王位傳給長子，也就是你們的大哥伊夏斯拉夫；要聽命於他，就像聽命於我，由他代替我帶領你們；斯為托斯拉夫取得切尼哥夫城，夫樹瓦洛得領得佩瑞雅斯拉芙，伊戈爾有弗拉吉米爾城，唯契斯拉夫得到斯摩連斯克。」[62]各城市就這樣分給他們，並禁止他們越過別的兄弟邊界，

---

61 夫樹瓦洛得是雅羅斯拉夫之子，娶拜占庭皇帝公主為妻，她是君士坦丁・莫那莫赫的女兒。他們的兒子因此冠上母系名，為弗拉吉米爾・莫那莫赫（Владимир Мономах）。

62 根據柯留閼夫斯基（В. О. Ключевский, 1841-1911）的看法，雅羅斯拉夫遺囑式的訂下諸子據點，一方面，重新立下王位繼承方式；另一方面，也為了加強羅斯內部團結。在雅羅斯拉夫之前，並沒有制訂明確的王位繼承制度，以致基輔大王公去世後，常發生王位爭奪戰，雅羅斯拉夫本身也經歷了一番殘酷的爭奪過程。雅羅斯拉夫為避免歷史重演，特別在生前留下此遺願，讓子嗣日後有法可循。他這套安排保留了原有的長子繼承基輔王位的習慣，另加上分封其他城市據點的新規定。在那新規定中，雅羅斯拉夫巧妙安排了某種「順序」，次子以下每個人依照輩份等級的順序，得到的城市也剛好反映出那些城市大小等級的順序。而按照《往年紀事》之後的記載，無論任何城市的王公去世後，接任王位的人並非兒子，而是次一等級城市的王公（弟弟）來繼承。所以，分封至基輔之外的諸子事實上也算是

他對伊夏斯拉夫說：「假使有誰欺負自己的兄弟，你得幫助那個受欺負的。」他如此規勸兒子們要友愛。當時他已患病，來到維施城後，病情急轉直下。伊夏斯拉夫當時陪在他身邊。而斯為托斯拉夫人在弗拉吉米爾城。夫樹瓦洛得也在父親跟前，因為父親最疼他，老把他帶在身邊。雅羅斯拉夫的生命來到盡頭，在聖菲多爾齋戒的第一個禮拜六，靈魂交給了上帝。夫樹瓦洛得為父親遺體換裝、入殮，抬上雪橇，送進基輔城，數名教士沿途高唱送葬曲。百姓為他哀悼流淚；隨後將他放進大理石棺木，安葬於聖索菲亞教堂。[63]夫樹瓦洛得和所有百姓為他哀悼。他享年76。

王儲，基輔的長子去世後，可由第二大城的次子接任，依序類推，每個兒子都有機會成為大王公。雅羅斯拉夫的遺訓因此被認為徹底改變了過去的習慣，將長子繼承制改為兄終弟及制。（詳參閱：В. О. Ключевский, Курс русской истрии // Сочинения в девяти томах. М., 1987, т. 1, с. 179-186.）

63 雅羅斯拉夫的棺木現仍停放於原位。

伊夏斯拉夫於基輔稱王

　　伊夏斯拉夫於基輔稱王。伊夏斯拉夫來到城裡，登上基輔王位，而斯為托斯拉夫在切尼哥夫，夫樹瓦洛得在佩瑞雅斯拉芙，伊戈爾在弗拉吉米爾，唯契斯拉夫在斯摩連斯克。同年，夫樹瓦洛得征討托爾及人，擊敗他們。同年，柏路斯帶領波落夫茲人前來，夫樹瓦洛得與他們立下和約，波落夫茲人退回原處。

　　6564年（1056）

　　6565年（1057）雅羅斯拉夫的兒子，唯契斯拉夫於斯摩連斯克去世，所以伊戈爾受命從弗拉吉米爾遷往斯摩連斯克。

　　6566年（1058）伊夏斯拉夫擊敗果良吉人。

　　6567年（1059）伊夏斯拉夫、斯為托斯拉夫和夫樹瓦洛得釋放叔父蘇季斯拉夫，他坐了二十四年監牢。他行十字架親吻禮後，出家成為僧侶。

　　6568年（1060）雅羅斯拉夫的兒子，伊戈爾去世。同年，伊夏斯拉夫、斯為托斯拉夫、夫樹瓦洛得、夫喜斯拉夫召集軍隊，騎乘無數馬匹和船隻，征討托爾及人。托爾及人聽到消息驚嚇不已，四處逃散，至今尚未返回，在逃亡中受到上帝憤怒責難，死於交迫飢寒，或死於瘟疫和上帝的審判。上帝將基督徒從壞人手中解救。

　　6569年（1061）波落夫茲人首度率軍進犯羅斯國；夫樹瓦洛得於二月的第二天前去抵抗。夫樹瓦洛得為保衛國土戰死於沙

場，敵軍也離開了。這是邪惡異教仇敵首度行惡。他們的大王是
伊斯卡。

6570年（1062）

p. 209

6571年（1063）雅羅斯拉夫的兄弟，蘇季斯拉夫去世，埋葬
於聖格歐爾治教堂。同年，諾夫哥羅得城的瓦藿夫河水逆流了5
天。這是個不祥之兆，因為夫喜斯拉夫城在第四年遭焚毀。

6572年（1064）羅斯提斯拉夫，即弗拉吉米爾的兒子、雅羅
斯拉夫的孫子，逃往提木塔拉坎，和他一起出亡的還有波瑞亞，
和諾夫哥羅得將領，奧斯托密之子維沙提。他抵達後，將格列柏
逐出提木塔拉坎城，奪取了他的王位。

6573年（1065）斯為托斯拉夫前往提木塔拉坎城，征討羅
斯提斯拉夫。羅斯提斯拉夫棄城，他並非懼怕斯為托斯拉夫，而
是不想和親叔叔大動干戈。斯為托斯拉夫來到提木塔拉坎，重新
派駐兒子格列柏（為王，譯者），就返回了。而羅斯提斯拉夫又
再次逐出格列柏，格列柏投奔父親，羅斯提斯拉夫入主提木塔拉
坎。那一年，弗榭斯拉夫城裡開啟了戰爭。

那段時間西邊的天空發生徵兆，有好大一顆帶著血紅光芒的
星星；那顆星在太陽落下後的傍晚升上天空，如此一連七天。[64]這
是個不祥之兆，之後發生了多次王公內訌，和外族入侵羅斯國，
這顆星星因呈血紅色，正預示了流血事件。那段時間有一名嬰孩

---

64 按照原文本譯注，此天文現象為哈雷彗星經過。天文學家推估的時間
  為1066年3-4月，與《往年紀事》記載於1065年，可能因為編著者取
  得的資料有些誤差，也有意指為王公內戰的凶兆。

被棄置西桐姆河；這名嬰孩被漁夫撈上岸，我們仔細端詳他至傍晚，又把他丟入水裡了。他長相如此：他的臉上有著難以啟齒的器官，其他的也都令人無法開口。太陽在那之前也生異狀，不發光了，看似月亮，愚昧的人說是被吃掉了。這些都是惡兆。我們隨之想起遠古時期的一些事情，「安條克王[65]（при Антиохе）的時候於耶路撒冷：整座城的空中突然出現一群手拿武器、騎著馬、身穿金甲的騎士，顯像了四十天：這預告了安條克王將進犯，入侵耶路撒冷。之後尼祿王的時候，耶路撒冷上空也升起矛狀的星星；這預告了羅馬軍隊入侵。同樣的事也發生於查士丁尼王時期：一顆閃耀光芒的星星升上西邊，人稱燭火，照耀了20天；之後空中從夜間到清晨發生流星雨，人們都認為群星將殞落，太陽也再度失去光輝：預告了叛亂、疾病、死亡。再一次，已是模里西斯王時期：一名婦人生下沒有雙眼、沒有雙手的嬰兒，後方長出魚尾；有一隻六腳狗出生；非洲則有兩個小孩：一個有四隻腳，另一個是雙頭。然後另外，在里翁的兒子，即毀壞聖像的康斯坦丁王時期，空中曾下過流星雨，殞石毀壞了大地，看到的人以為世界末日來臨；當時氣流很旺盛；而在敘利亞發生過大地震，土地因而裂成三塊，荒謬的是，從地底跑出一隻會說人話的騾子，預告外族入侵，之後竟成真了」：薩拉丁人進攻巴勒斯坦，只要是空中的徵兆，或是星星，或是太陽，或是鳥禽或

---

65 安條克王是紀元前位於希臘西方的塞琉西王國（Seleucid kingdom）
　　君王。該國歷代君王名為安條克的有十多位，這裡指的是安條克四世
　　（西元前175～前164年在位）。（參見：《大英百科全書》，安條
　　克、塞琉西詞條。）

是任何事物都非吉兆；那些都是兇兆：預告戰爭，或飢荒，或死亡。

p. 210 6574年（1066）羅斯提斯拉夫佔得提木塔拉坎時，向嘉所吉人和其他部族收取稅貢，希臘人因此非常害怕，於是他們派一名將軍出使。當將軍晉見羅斯提斯拉夫，他投以完全信任，且羅斯提斯拉夫非常敬重他。有一回羅斯提斯拉夫宴請部屬，將軍對他說：「大王，我想舉杯敬你。」他回答：「喝吧。」他喝下了半杯，另外半杯則交給大王飲用，他在這之前還先把手指伸進酒杯；在他的指甲藏有可讓人七天內致命的毒藥，他交給大王喝下了。大王乾杯之後，將軍回到卡爾蓀，對大家說羅斯提斯拉夫在那一天將死亡，果真發生了。卡爾蓀人以石塊打死這名將軍。羅斯提斯拉夫個性英勇善戰，外型俊美，他有一張俊美的臉龐，對殘弱的人也很慈悲。他於二月三日逝世，埋葬至當地的聖母教堂。

6575年（1067）柏良奇斯拉夫之子，夫喜斯拉夫在波羅次克暴亂，奪取諾夫哥羅得城，雅羅斯拉夫的三個兒子伊夏斯拉夫、斯為托斯拉夫、夫榭瓦洛得，三人召集軍隊，嚴寒中討伐夫喜斯拉夫。他們來到明斯克，百姓躲在城裡。三兄弟攻下明斯克，殺光所有成年男子，俘虜女性和孩童，之後來到尼米加河，夫喜斯拉夫前來進攻。兩方勢力於三月三日相會於尼米加河畔；當時下著大雪，他們相互進攻。這場戰役非常殘酷浩大，許多戰士陣亡，伊夏斯拉夫、斯為托斯拉夫、夫榭瓦洛得得勝，而夫喜斯拉夫逃跑了。之後的七月十日，伊夏斯拉夫、斯為托斯拉夫、夫榭瓦洛得三人，輕吻十字架，向夫喜斯拉夫喊話：「過來我們這裡

吧，我們不會虧待你。」他相信了他們的輕吻十字架禮，越過得涅伯河，移往他們營帳。伊夏斯拉夫率先駐紮完畢，違背了親吻十字架的誓言，就在斯摩連斯克附近的瑞沙河擒捕夫喜斯拉夫。而伊夏斯拉夫把夫喜斯拉夫送至基輔，監禁他和他的兩個兒子。

6576年（1068）一群外族入侵羅斯國，那是為數眾多的波落夫茲人。伊夏斯拉夫、斯為托斯拉夫、夫樹瓦洛得在雅爾塔河附近抵抗。兩方在夜裡相互進攻。上帝因我們的罪惡，遣來卑鄙的異族，羅斯王公因此落敗逃跑，波落夫茲人勝利。

上帝的憤怒使外族入侵國土，人們唯有此刻才在苦難中想起上帝；往往內戰來自於魔鬼的誘惑。畢竟上帝希望人們幸福，不要行惡；惡魔卻煽動紛爭和嫉妒心，使兄弟鬩牆、彼此仇恨，因邪惡的殘殺和流血而幸災樂禍。每當某個民族犯了罪惡，上帝處以死亡，或饑荒，或外族入侵，或乾旱，或蟲害，或其他處罰，讓我們懺悔，上帝教我們要悔悟，透過先知告訴我們：「你們要全心向我，齋戒和哭泣。」假使我們如此行事，罪惡得以赦免；而我們如同一群豬沈淪於罪惡，永遠在罪惡的糞土自我玷汙，萬劫不復。天主曾以一位先知的雙唇告訴我們：「我知道你冥頑不靈，你有鋼鐵般的頸子」，所以「我不讓雨水在你們那裡落下，只有一塊地方得到甘霖，另一處無法降雨而乾涸」；「我以酷熱和其他懲罰擊潰你們，因你們不向著我。所以我毀掉你們的田園、你們的無花果樹、葡萄園和橡樹林，天主說，我仍無法消滅 p. 211 你們的邪惡。我給你們下了各種疾病和恐怖的死亡，也對牲畜施以處罰，你們仍不向著我，卻說：『我們不投降。』你們何時才會厭倦邪惡？你們已經偏離了我的道路，天主說，許多人沉淪於

誘惑」；所以「很快的我將成為見證，我指的是那些仇敵、姦夫淫婦、假我之名誆騙者、雇傭人卻不給薪的、對孤兒和寡母施暴力的、助人逍遙法外的。為什麼你們不懺悔自己的罪惡？曲解我的戒律，也不遵守它？你們朝向我，我就朝向你們——天主說，直到你們一無所有，無論果園或田地即將荒蕪，我為你們闢出升天之道，抑制對你們震怒。你們只以流言蜚語攻擊我說：『服從上帝者將自我毀滅。』」所以「雖然嘴巴呼喚我，真心卻遠離我。」願意祈求，卻不願相信。「將如此，天主說，當你們呼喚我，我將不聆聽。在苦難中尋找我吧，不用想到我，因為你們原本就不願按照我的指示前進」，蒼穹會因此而關閉，或向地面崩塌，冰雹取代雨水降落，收成不敵寒害，大地遭酷暑煎熬，全因我們罄竹難書。假使我們為自身的惡行懺悔，「將如對待親生兒女般」，對我們有求必應，早晚必降甘霖。「你們的糧倉將充滿麥子。酒莊和油桶會取之不竭。一點小損失是幾年的蟲害；我所給你們的是我無比的力量。」——無所不能的天主如是說。聽了這番話，就得向善；尋求公正的裁決，為無辜者伸冤；得自省悔改，而非以惡報惡，怒言相向。敬愛我們的天主，以齋戒、慈悲、淚水洗滌所有的罪惡，而不是名為基督徒，實則為異教徒。假使現在我們違背信仰，不就實為異教徒？若有人遇見修士，就願意回歸，那麼他碰到牲畜時也如此反應，難道不是異教徒？這全怪罪魔鬼設下的陷阱；有些人相信不過是打個噴嚏，事實上卻攸關頭腦健康。魔鬼就是用各式各樣的障眼法，像是笛子、江湖

術士、弦琴和祭拜（русалии）[66]，把基督徒偏離了上帝之途，那些魔鬼所障眼的地方可以看見皆萬人空巷、你爭我奪，而教堂卻人煙稀少；該是禮拜祈禱的時間，教堂不見人影。我們才會因此受到上帝的懲罰和敵人入侵；我們因過錯而得到上帝的懲罰。

　　再回到這篇紀事。當伊夏斯拉夫和夫榭瓦洛得逃往基輔時，斯為托斯拉夫正前往切尼哥夫，基輔居民跑向基輔城內，在市集開起市民會議，[67]派人告訴大王公：「波落夫茲人來到我們的國土，給我們武器和馬匹，我們再和他們大戰一場吧。」伊夏斯拉夫當時不聽取意見。人們就誣陷這位寇司尼奇克將軍；大家從會議地點出發至山上，來到寇司尼奇克的宅邸，因找不到他，就來到柏良奇斯拉夫的住所，說：「我們要把我們的軍隊從牢裡釋放。」他們分成兩路：一半的人走向監獄，另一半的人就過橋來 p. 212 到大王公的宅院。伊夏斯拉夫此時和隨扈部隊在樓上，下方群眾朝著王公辱罵。王公從窗戶向外觀望，一群隨扈士兵站在他旁邊，楚金的兄弟圖基對伊夏斯拉夫說：「大王公，你看人們在搞亂，我們走，找人去殺了夫喜斯拉夫。」正當他這麼說的時候，一半的群眾已經先破壞了監獄，正從監獄那過來。隨扈軍隊跟大王公說：「事情不好了，我們快去夫喜斯拉夫那裡，把他騙到窗邊，舉劍刺死他。」但大王公並沒聽取這個意見。人們一邊咆哮，一邊走向夫喜斯拉夫的牢房。伊夏斯拉夫見狀，和夫榭瓦洛

66　祭拜（русалии, 或русальные дни）是古羅斯接受基督教之前即存在的節慶，於春季舉行紀念已故者的祭祀活動。除了羅斯國，附近的斯拉夫民族也大多有此信仰儀式。

67　關於市民大會，參見997年條註解。

得一同逃出官邸，他們把夫喜斯拉夫從牢裡釋放──九月十五號，大家在王公的庭院祝賀他。接著又把王公府洗劫一空，搶走不計其數的黃金白銀，有錢幣，也有金條、銀錠。而伊夏斯拉夫則逃亡至波蘭。

後來，波落夫茲人入侵羅斯國時，斯為托斯拉夫在切尼哥夫城，等到波落夫茲人打到切尼哥夫附近，斯為托斯拉夫帶著一小撮隨扈部隊，前進至斯諾夫斯克。波落夫茲人看到前來的部隊，準備好埋伏迎接他們。斯為托斯拉夫眼看對方為數眾多，告訴自己的隨身士兵：「作戰吧，我們已無處藏身。」他們驅馬前進，斯為托斯拉夫帶領三千人，波落夫茲人共計1萬2千人；結果把他們擊敗了，一部份跌落斯諾夫河溺斃，九月一號俘虜了他們的大王。斯為托斯拉夫凱旋而歸。

夫喜斯拉夫仍佔有基輔城。這是上帝展現出十字架的力量，因為伊夏斯拉夫先對著夫喜斯拉夫親吻了十字架，之後又囚禁他：上帝為此遣來可惡的外族，夫喜斯拉夫多虧了神聖的十字架而得救！夫喜斯拉夫因為在聖十字架日（день Воздвижения）[68]祈求：「神聖的十字架！我如此信仰你，你就把我從牢裡釋放吧。」上帝因此將十字架的力量展現於教訓羅斯國，既然親吻了十字架，就不應違反對他的承諾；任何人違背十字架，無論何地，無論何時，永遠都要受到懲處。十字架的力量無與倫比；十

---

68 聖十字架日（Воздвижение）宗教節日，四世紀下半葉東正教會訂九月十四日為聖十字架日，紀念羅馬皇帝君士坦丁大帝的母親伊蓮娜（Елена, Saint Helena）發現釘耶穌基督的真十字架。（參閱：О. Г. Баранова и другие, Русский праздник, с. 80-84.）

字架一向擊敗惡魔，十字架也總在戰場上支援王公，人們在戰爭中有十字架保命，信徒依賴十字架打敗敵人，在最需要的時刻十字架立即為人消災解厄。魔鬼什麼都不怕，唯獨害怕十字架，若撞見了魔鬼，在面前畫個十字架就可驅逐。夫喜斯拉夫於基輔城稱王有七個月之久。

　　6577年（1069）伊夏斯拉夫和波蘭的柏列斯拉夫朝夫喜斯拉夫進軍；夫喜斯拉夫正面迎戰。夫喜斯拉夫走向白哥羅得城，暗中從白哥羅得脫離基輔人逃向波羅次克。翌日清晨，大家發現大王公逃出，他們在基輔城裡集合開會，[69]請教斯為托斯拉夫和夫榭瓦洛得，他們說：「我們把自己的大王公趕走，真是行為愚蠢，這下他帶著波蘭人來我們這裡：你們去父親的城鎮那兒吧；假如不願意，那麼自己這座城將不得不被攻陷，到時只好投奔希臘國了。」斯為托斯拉夫對他們說：「我派人到我兄弟那兒；假如他要聯合波蘭人來攻打你們，那我們只好和他開戰，畢竟不能侵犯自己父親的城市；假如他願意談和，應該只會和小部份的隨扈軍隊前來。」基輔人稍微平靜下來。斯為托斯拉夫和夫榭瓦洛得派人去見伊夏斯拉夫，對他說：「夫喜斯拉夫逃跑了，不要帶波蘭 p. 213 人攻打基輔城，這裡已經沒有敵人了；假如你心中怒火還在，要報復這個城市，必須知道，我們很為父親的王位感到難過。」伊夏斯拉夫聽了這番話，和柏列斯拉夫離開波蘭軍隊，帶了一小部份人，派兒子姆斯提斯拉夫早先自己一步出發，前往基輔城。姆斯提斯拉夫來到基輔，大肆砍殺先前營救夫喜斯拉夫的基輔人，

69　關於市民會議，參見997年條註。

約七十人，另把一些人弄瞎了，還有一些無辜的也被殺害。伊夏斯拉夫來到城裡時，人們爭相迎接，鞠躬致敬，擁護他為基輔人的王公；五月二日伊夏斯拉夫登上王位。後來他又讓波蘭人到各處覓食，人們暗中把他們殺害；於是柏列斯拉夫只好回到自己的國家波蘭。伊夏斯拉夫把市集遷往山上，又將夫喜斯拉夫逐出波羅次克，派兒子姆斯提斯拉夫掌管波羅次克；但他卻在當地沒多久就死了。所以又派另一個子侄輩的斯維托波克進駐，夫喜斯拉夫則已逃走。

6578年（1070）夫樹瓦洛得得一子，命名羅斯提斯拉夫。同年，夫樹瓦洛得修道院裡的聖米海爾教堂落成。

6579年（1071）波落夫茲人入侵羅斯托唯賜和尼亞欽附近。同年，夫喜斯拉夫將斯維托波克逐出波羅次克城。是年，雅羅波克在葛羅提車司克附近擊敗夫喜斯拉夫。那時，一個受魔鬼誘惑的巫師來到基輔，他向人們散播謠言，說五年之後得涅伯河將逆流，各國土地將混亂，希臘國會在羅斯國土上，而羅斯國會換至希臘國的地方，其他國家也將移位。一些愚昧之人聽信他，上帝的信徒則一笑置之，對他說：「魔鬼正在拿你的生命開玩笑。」後來果真應驗了：某天夜裡他沒消沒息的不見了。魔鬼只會害人，引人行惡，再嘲笑他們、毀滅他們；現在再告訴各位一些魔鬼誘惑的事情。

有一回，羅斯托夫地區收成不好，從雅羅斯拉維爾來了兩名巫師，告訴大家，「我們知道誰有存糧」。他們沿著窩瓦河走，在來到一個繳稅站之前，他們先指出一些富貴人家的婦女，跟大家說他們那裡有麥子、蜂蜜、水產、毛皮。那些人家就把

家裡的姊妹、母親和妻子帶來。兩名巫師向人們耍了些把戲，切開雙肩，取出麥子、水產，殺了許多婦女，人們把那些東西各自取走。[70]他們又來到白湖城，有民眾300人跟隨他們。這事情同時也發生在維沙丁的兒子，楊的地方，斯為托斯拉夫遣他來收取稅貢；白湖城的人告訴他，有兩個巫師在窩瓦河和雪克斯納河附近殺了許多婦女，現已來到這兒。楊去追查，看他們是誰的農夫（смерд），後得知他們是大王的農夫，就派人到巫師附近的居民那裡，告訴他們：「把巫師交給我，因為他們是我們大王的農夫。」人們不聽從他。於是楊隻身前往，沒帶武器，他的少年士兵告訴他：「不可不帶武器，他們會殺了你。」他們吩咐少年兵佩帶武器，帶了十二名少年兵前往森林找他們。他們也為了對抗他而戒備。當楊帶著戰斧攻打他們，三名勇士站出來，對楊說：「你看，你正要送死，別去。」楊下令殺死他們，又走向其他人。他們朝著楊撲過來，其中一人拿戰斧揮向他，而楊奪下斧 p. 214 頭反擊那個人，要求少年兵殺死他們。他們跑向森林，在那裡殺了楊的神父。楊進入城裡，走向白湖城居民，對他們說：「假使你們不把巫師抓起來，就算等一年，我也不會離開。」白湖城市民只好逮捕他們，交給了楊。他問他們：「什麼理由殺了那麼多人？」他們回答，「那些人囤積存糧，殺了他們，大家就不虞匱

---

70 按照原文本譯注敘述，看起來類似巫術的行為，在當時是一種異教徒禮拜儀式。當時羅斯托夫附近的外族習慣禮拜摩爾多瓦神祇（мордовские боги），他們會縫製幾個小布袋，裡面裝進幾樣不同的農產品，再將這些小布袋掛在女人身上，再用祭祀用的刀一一切開。譯者認為，《往年紀事》編著者可能不瞭解此禮拜儀式，而視為巫術。

乏；要是你願意，我們就在你面前找出食物，或是魚，或是任何其他可吃的。」楊就說：「這根本一派胡言；上帝用泥土造人，做出了骨頭和血肉，人身上就沒有其他東西了，人什麼都不知道，只有上帝明白一切。」他們又說：「但我們知道人如何造成的。」他問：「如何？」他們再答：「上帝原先在澡桶沐浴，冒出汗滴，用塊布擦汗時，把它從天上丟至地面。於是，撒旦和上帝爭論，誰可用這塊布造人。魔鬼就做出一個人，而上帝把靈魂置入人的身體。這就是為何人死的時候，身體進入地面，而靈魂走向上帝。」楊對這兩人說：「你們根本給魔鬼騙了；你們信哪個神？」他們回答：是「反基督」（Антихрист）！他問他們：「他在那裡？」他們說：「不見天日的地獄裡。」楊對他們說：「藏身地獄，這算什麼神？他是魔鬼，而上帝在高高的天上，坐在祂的王位，一群天使畢恭畢敬圍繞他，甚至不能直視他。曾經有一個天使遭遺棄──就是你稱的那個反基督；他因過度傲慢而從天堂遭遺棄，現在只能在地獄，如你所說──他正期待上帝從天而降。上帝會把這個反基督抓到，打入地獄，連同那些相信他和聽從他的人。你們此時此地在我面前吃苦頭，到死亡那一刻也將會到那裡。」他們說：「諸神告訴我們：你對我們莫可奈何！」他對這兩人說：「諸神欺騙你們了。」他們則回答：「我們將會到斯為托斯拉夫面前，而你卻不能拿我們怎麼辦。」楊派人鞭打他們，並揪他們的鬍鬚（борода）。[71]手下在鞭打他們和

---

71 古俄時期男性基於舊習慣和宗教因素蓄鬍，他們認為鬍鬚代表男性的尊嚴和生命力。碰觸或傷害他人鬍鬚在當時是極大羞辱。十一世紀的俄羅斯法典（Русская правда）規定，傷人鬍鬚賠償12格里夫納錢，

拔他們鬍鬚時，楊問他們：「眾神跟你們怎麼說的？」他們就回答：「我們一定會到斯為托斯拉夫跟前。」楊又命人找木塊塞進他們嘴裡，把他們綁在桅桿上，帶到船上，他自己乘船尾隨在後。他們行至雪克斯納河口停下，楊問他們：「現在眾神又怎麼說？」他們就說：「眾神這回說的是，我們不會活著離開你。」楊告訴他們：「這回他們說真話了。」兩名巫師告訴他：「假若你放我們走，你將好運不斷；如殺了我們，將永遠禍患連連。」他則回他們：「要是我放了你們，上帝將對我不仁，我若殺了你們，將獲得榮耀。」楊問村民：「你們當中誰的家人被他們殺死了？」他們紛紛回答：「我的母親死了，那個人的妹妹被殺了，還有另一人的女兒也死了。」他們大家說：「為自己的親人報仇吧。」大家抓起兩人，把他們殺了，綁在一顆橡樹上：他們因上帝的公正而得到復仇！楊回到家裡，也就是第二天晚上，一隻熊把他們抓下來，把屍體給吃了。他們因受到魔鬼指使遭殺害，向人預知未來、妖言惑眾，卻沒預見將自食惡果。他們哪裡會知道，他們來到這個地方，注定會在此被擒；當他們被捕了，楊已 p. 215 經決定要殺了他們，又怎麼會說「我們不會死」？這全是魔鬼所指使：魔鬼不了解奧妙的事，不會知道人有什麼想法，只會把陰謀詭計帶給人。唯有上帝知道人的想法。魔鬼一無所知，他們軟弱無能，外型醜陋。

　　再來為大家說說他們的外貌和一些妖術。差不多就在那件事情的幾年間，有個諾夫哥羅得人來到楚得地區，找一名巫師，

　　等同以武器傷人的賠償金。

求他作法。巫師一如平常把魔鬼請來家裡。這個諾夫哥羅得人坐在他家門檻上，巫師僵直的躺著，忽然魔鬼擊中他們。巫師跳起來，對諾夫哥羅得人說：「神明不願過來，你身上有個他們害怕的東西。」他想起身上有個十字架，就走開，把十字架放在屋外。巫師再度呼喚魔鬼。魔鬼隨即降身，問諾夫哥羅得人為何而來。後來諾夫哥羅得人也問巫師：「這些鬼為什麼害怕我們身上佩帶的十字架？」他告訴他：「因為這是天父上帝的記號，我們的鬼神都害怕。」諾夫哥羅得人又問：「那你們的鬼神是什麼神，住在那裡？」巫師回答：「他們住在地獄。他們看起來黑黑的，身上長有翅膀和尾巴；可以飛到接近天空的地方，聽到你們眾神的命令。你們的眾神都在天堂。要是你們的人死了，就被帶往天堂，要是我們的人死了，就被帶往我們的鬼神地獄那裡。」事實如此，有罪的人待在地獄，得受盡煎熬，循規蹈矩的人就和天使在上天的國度幸福享樂。

　　魔鬼的力量雖然很充沛，卻很薄弱。他們用盡方法誘惑人，讓那些不忠於信仰的人或在睡夢中，或在幻覺看到他們出現，這就是魔鬼的妖術。魔鬼最常用女人來施妖術，魔鬼先誘惑女人，女人再誘惑男人，所以現在常見女人以法術、毒藥，或是其他手法蠱惑他人。也有信仰不忠誠的男人常受魔鬼誘惑，就像在古代的時候。在上帝使徒的年代，有一位巫師西蒙，他以妖術使狗仿人說話，他自己也變身為老年或是青年，或是變成別人的樣貌。雅尼和瑪夫里也是：他們行各種巫術阻礙摩西，但他們很快的都不能和他抗衡了；古諾普也用魔鬼的法術嚇唬人，像是在水面行走，還有一些魔鬼誘惑人的手法，卻害死了自己和別人。

　　格列柏以前在諾夫哥羅得任王公時，出現過一個巫師；中傷基督教，他要人們反對上帝，全城裡到處行騙，還說：「我可預見一切。」還說他可在大家面前橫渡瓦薰夫河。如此搞得城裡大亂，大家都相信他，甚至要殺死主教。主教拿起十字教，穿上禮拜大衣，說著：「相信巫師的人就跟他走，相信上帝的就來到十字架這兒。」人們分成兩邊：王公格列伯和他的隨扈部隊走向　p. 216主教，而所有居民走向巫師。兩方之間的場面非常混亂。格列伯身穿大衣手拿斧頭，走到巫師面前問他：「你知道明天和今天夜裡會發生什麼事？」他回答：「我什麼都知道。」格列伯又說：「那你知道你今天會怎樣嗎？」他說，「我會變出偉大的奇蹟。」格列伯伸出斧頭把巫師劈了，他就倒身而死，人們一哄而散。他的身體就這樣死了，靈魂出賣給魔鬼。

　　6580年（1072）人們將神聖殉道者包理斯和格列伯遷葬。雅羅斯拉夫的後輩集合，有伊夏斯拉夫、斯為托斯拉夫、夫樹瓦洛得，那時的都主教（митрополит）[72]是格歐爾治，還有佩瑞雅斯拉芙的彼得主教（епископ），尤里耶夫城的米海爾，彼修拉修道院院長費歐多西，聖米海爾修道院院長索夫龍尼，聖復活教堂的本堂神父赫爾曼，佩瑞雅斯拉芙修道院院長尼古拉，他們都來了，一同禮拜，行祭祀聖體，將兩人移往伊夏斯拉夫建造的新教堂，

---

72 都主教（митрополит）是東正教會內的職銜，也是羅斯地一位主教（епископ）的稱呼。羅斯時期，拜占庭東正教會劃分出羅斯國教區，名為「基輔與全羅斯」教區，都主教是教區的教會領導人。等到羅斯信眾增加，教堂與修道院逐漸興起，國內再劃分小教區，各小教區的代表稱為主教（епископ）。

就是現在看到的那一座。首先，伊夏斯拉夫、斯為托斯拉夫和夫樹瓦洛得把包理斯移入木造棺材，把棺材扛到肩上，開始搬運，持燭火的僧侶走在前頭，隨後有持香爐的助祭（дьяконы）跟著，再來是神甫（пресвитер），神甫後面有主教和都主教；這一行人的最後端是棺木。大家把遺體送進新教堂，打開棺木，教堂瀰漫著聖潔的芬芳氣味，神奇的芳香；所有人讚美上帝。都主教驚嚇不已，因為他原先不太相信他們（包理斯和格列伯）；他跪下請求寬恕。他親吻了包理斯的身體，再把他們移往石棺。格列伯被移入石棺之後，再把棺木放上大車，用繩索綑綁固定好載運。他們進門，棺木就停止不前。吩咐人們呼喚：「寬恕吧，天父。」此時又得以繼續移動棺木。五月二日重新安葬他們。他們唱完詩歌，兄弟們一同用餐，各自也都帶著隨扈部隊，一片祥和。當時統帥維施城的是楚金，掌管教堂的是拉札爾。禮拜完畢，大家各自打道回府。

　　6581年（1073）魔鬼陷害雅羅斯拉夫的子嗣，發生兄弟鬩牆。這場內訌是斯為托斯拉夫和夫樹瓦洛得一起欺負伊夏斯拉夫。伊夏斯拉夫離開基輔城，斯為托斯拉夫和夫樹瓦洛得在三月二十二號進入基輔城，又兼併貝瑞斯多夫城，他們違背了父親的遺願。斯為托斯拉夫是逼走大哥的元兇，他企圖握有更多的權力；他慫恿說，「伊夏斯拉夫和夫喜斯拉夫密談過，想來進攻我們；假如我們不採取行動，就要被他消滅了。」於是夫樹瓦洛得進攻伊夏斯拉夫。伊夏斯拉夫帶了大批財物來到波蘭，他說「要用這些錢組軍隊。」卻被波蘭人洗劫一空，並驅逐他。斯為托斯拉夫趕走兄弟後入主基輔城，這不僅違反了父親的遺願，更壞了

上帝的教誨。他違抗父命是罪大惡極：當年含的子嗣侵佔塞非的
地盤，過400年後才受到上帝的懲罰；塞非這邊的猶太人部族打
敗含的部族，搶回原屬自己的土地。之後厄撒烏違背父命也遭殺
害，超出自己的範圍，侵害別人就是罪惡！

　　這一年，彼修拉修道院院長費歐多西和米海爾主教成立了一
間教堂，都主教格歐爾治當時正在希臘國，基輔城由斯為托斯拉　p. 217
夫稱王。

　　6582年（1074）彼修拉修道院院長費歐多西去世。我們來
談一談這位賢人去世的情形。費歐多西非常嚴謹遵守齋戒，謝
肉節（Масленая неделя）[73]的那個禮拜日他一如往常和弟兄們道
別，告誡他們如何守齋：每天的日間和夜間都要祈禱，要摒除惡
念，拒絕魔鬼誘惑。他說，「魔鬼一向對修行人施以許多惡念、
幻想，破壞他們祈禱和修行；當那些惡念產生，要用十字架趕走
它們，嘴裡要說：『天主，耶穌基督，我們的上帝，寬恕我們，
阿們。』還要節制飲食，暴飲暴食會增加淫慾，淫慾就會產生罪
惡。」他還說，「你們要小心魔鬼的行徑，戒除怠惰和貪睡，保
持精神奕奕，唱聖歌，學習聖賢書的教誨；修行人最常朗誦的就
是大衛詩篇，驅趕魔鬼，喪其志，慈愛弱小的人，對長者要謙

73　謝肉節（Масленая неделя, Масленица）是羅斯建國之前即存在的俄
　　國古老節慶，在春分前後「送冬迎春」的多神教慶典。羅斯接受東
　　正教後，因復活節前行大齋戒，此節日前移至復活節前的第八週。
　　Масленица的字根масло是牛奶的意思，泛指乳製品，一方面，節慶
　　時慶祝活動中飲食增多，包括乳製品和肉類；另一方面，為了準備接
　　下來的齋戒，增加飲食可補充營養。此節日流傳下來的傳統習俗，仍
　　盛行於俄國，如焚燒稻草人偶、煎餅、各式體能競賽等。

卑和順從，長者要愛護幼者，做他們的榜樣，安慰他們，教導他們如何遵守齋戒。」他也說：「上帝給我們40天，淨化靈魂；上帝為我們訂下的十分之一奉獻：一年有三百六十五天，其中的第十天要奉獻給上帝，即十一稅——這也是四十天的齋戒，這些日子要自我淨化，靈魂要在天主復活日恭敬的祝福，為上帝感到喜樂。齋戒期幫助人的頭腦沉淨。齋戒是長久以來的典型：最初亞當誤食禁果；摩西因40天齋戒，得以在西奈山上獲得上帝的光榮戒律；撒慕爾的母親因齋戒而生產；尼尼微人因齋戒而免於上帝懲罰；丹尼爾因齋戒預見大事；依里亞因齋戒而進入幸福樂園；三個少年因齋戒撲滅熊熊大火；天主立下40天作為我們的齋戒期；使徒靠齋戒抵抗魔鬼教唆；因為有齋戒，世上才有我們的師父，他們發出光芒，到死後仍不滅，就像安東尼、耶菲敏、薩巴，還有其他的師父們立下的榜樣，我們都要好好學習遵守，我的弟兄們。」費歐多西訓示了所有弟兄，就和他們每個人道別，然後帶著少許糧食，走出修道院，進入一個洞穴，關上門，再用土封緊，就不再和任何人說話了；若有必要的事找他，只能在禮拜六或禮拜天的時候，從一個小窗格和他說話，他其他時間都守齋和祈禱，非常嚴以律己。禮拜五，也就是拉薩爾日前夕，他再回到修道院，這天是從費多爾禮拜週的禮拜一開始，為期四十天齋戒的結束日，結束於拉薩爾日；齋戒結束訂於此時，是為了紀念天主受難。費歐多西這次回來後，一如往常和弟兄們打招呼，和他們一同慶祝復活節前的禮拜日（Цветное воскресенье）。復活節（день Воскресения）來到，他也照例慶祝，後來卻病倒了。一連五天都重病不起，後來，他要人晚上把他送出門外；幾位弟

p. 218

兄把他移到車上，送到教堂對面。他要求集合所有弟兄，弟兄們就用敲打聲集合大伙。他對大家說：「我的弟兄，我的師父，我的孩子！我要離開你們了，齋戒的時候天主已通知我，那時我正在洞穴裡，我就要離開這個世界了，你們希望誰將來成為院長？我願給他祝福。」他們對他說：「你是我們所有人的父親，你自己希望是誰，他就是我們的父親和院長，我們會聽從他，一如聽從你。」我們的父親費歐多西說：「你們到離我遠一點的地方，想一想決定要誰，除了尼古拉和依格那這兩位弟兄；其他從年長到年輕的都好。」他們聽了他的話，走到靠近教堂的地方商量一下，隨後請兩個弟兄去告訴他：「上帝和你所祈願的那個人，你所喜愛的那個人，就命他做院長吧。」費歐多西又對他們說：「假如要照我的意思決定院長，那麼我不會按照我的意願，而是依上帝的安排。」他就跟大家說，是神甫雅各。但是眾弟兄不是很同意，他們說，「他不是在這裡剃度的。」因為雅各來自雅爾塔，和兄弟保羅一同來到這裡。所以眾弟兄請求費歐多西之前的弟子，也就是唱詩班班長（доместик）史提芳，他們說，「他由你一手帶大，跟著你學習，就指明他吧。」費歐多西說：「我依上帝旨意要指派雅各，而你們卻有自己的意見。」但他還是接受大家的意見，指明史提芳作為院長。他祝福史提芳：「這是個奇蹟，我要把修道院交給你，要好好守護，就像我服務的時候，你也要努力。不要改變修道院任何戒律，一切要遵從修道院的規矩。」之後，眾弟兄把他送進修行的房間，放置在床上。他到第六天情況惡化，大王公斯為托斯拉夫也帶著兒子格列柏來探視他，他們坐在他身邊，費歐多西說：「我要離開這個世界了，如

有什麼不能解決的事，我把修道院托給你照顧。我把院長的工作交給史提芳，不要給他任何為難。」大王公和他道別，答應照顧修道院，然後就離開。費歐多西到第七天已幾乎不醒人事，他叫來史提芳和眾兄弟，對他們說：「等我離開這個世界，如上帝接受我，那麼這個修道院將一切順利，人數增加；你們就知道上帝已收留我。如我死後僧侶和物資漸漸減少匱乏，你們就知道，我不被上帝接受。」當他說完，弟兄們哭泣著說：「父親！為我們向上帝祈禱，我們知道上帝不會不顧你的。」眾弟兄在他身旁守護一夜，等到第八天，復活節（Пасха）[74]的第二個禮拜六，下午兩點鐘，紀年十一年的五月三日，他的靈魂回到上帝手中。眾弟兄為他哭泣哀悼。費歐多西生前遺願，要葬在洞穴裡，他說：

p. 219 「把我的身體在夜裡埋了。」他們照辦了。夜晚來到，弟兄們一邊手持蠟燭唱著讚美歌，一邊安葬他入穴，讚頌我們的耶穌基督和上帝。

　　正當史提芳主持修道院，和帶領費歐多西吸引來的信眾……這些修道院僧侶光芒般地照亮羅斯：他們有的是虔誠茹素者，有

---

74 復活節（Пасха）——東正教最重要的節日，紀念耶穌基督復活。猶太人的復活節紀念出走埃及，獲得自由。基督教的復活節則源自於耶穌基督釘上十字架，死亡後又復活的禮拜日，象徵救贖與重生。四世紀於尼西亞（Nicaea）舉行的宗教大會明訂，每年春分第一個月圓後的禮拜日為復活節，大約於陽曆的3月21日至4月25日，但東正教的復活節比其他西方國家晚兩週。東正教復活節儀式於禮拜六至禮拜日的夜間舉行，午夜十二點整開始。依照傳統，信眾家中插銀柳，製作彩蛋和復活節蛋糕。（詳閱：參閱：О. Г. Баранова и другие, Русский праздник, с. 373-383.）

的堅持不眠不休修行，還有的則是下跪禮拜，也有的隔天或隔兩天齋戒，另還有只吃麵包、喝水，或只吃水煮蔬菜，或是僅生食者。這裡的年輕僧侶懷抱友愛，順服年長者，甚至不敢言語，但總是行為恭順，聽從長者。長者亦友善對待後輩，教導他們，像對待孩子般撫慰他們。要是弟兄間有人犯錯，旁人會安慰他，但也會施以宗教懲罰，他們出於偉大的友愛，三人或四人共同承擔：這就是他們弟兄之間的慈愛和極大的自律。要是有弟兄離開修道院，所有人會非常悲傷，把他找回修道院，再去懇求院長，歡喜地接納這位弟兄重返修道院。他們是這樣的人——博愛、律己和守戒；我點出當中傑出的幾位。

第一個是傑米揚神甫，謹慎守齋且律己，至臨死前除了麵包和水沒吃過其他東西。要是有人帶了生重病的小孩，或是病入膏肓的成年人來到修道院給聖潔的費歐多西，那麼他會囑咐傑米揚為患者祈禱，塗抹聖油，把前來求治的人醫治痊癒。而當他重病倒下，屢弱臨死前，一個費歐多西外貌的天使來到他面前，將他的功勞回報以上天的賞賜。然後費歐多西和弟兄們向前走來，坐在他旁邊；他無力的看著修道院長，說：「別忘了對我的承諾。」偉大的費歐多西明白了他所見，回答他說：「傑米揚兄弟，我允諾的一定會實現。」他就閉上雙眼，蒙主寵召了。隨後弟兄們把他安葬。

還有另一位弟兄，名叫葉瑞米亞，他在羅斯境內受洗。他受到上帝的恩賜：他能預告未來，如看到有人懷著不善陰謀，會暗中勸誡他，遠離魔鬼。若弟兄當中有人想要離開修道院，會勸導他打消念頭，撫慰這位弟兄。假使他對人預告好事或壞事，都會

成真。

　　還曾經有另一位名叫馬特維的長者：他是個有遠見的人。有一回在教堂裡，他站在自己的位置，抬眼看到一個人繞行於弟兄間，唱詩班的弟兄們站成兩側合唱著，他看到的那個人扮成波良人的魔鬼，穿一件下襬有花（名為лепок，譯者）的大衣。那個魔鬼在弟兄間走著、走著，從衣服下緣拿出花朵丟向人；要是唱歌的弟兄有人被花朵黏住，那他沒多久就頭昏，找個理由走出教p. 220　堂，回到修行室睡覺，到儀式結束都不回來；而要是被花朵丟到而沒黏住，那個人都會直挺挺站著禮拜到晨禱之前，才回到修行室。長者見狀，把事情告訴了弟兄們。還有一次，他看到了以下的事情：當長者一如平常結束晨禱，黎明前弟兄們走回各自修行室，而這位長者最後一個離去。那一次就正當他離開時，靠著凳子坐下休息，因為他的修行間離教堂比較遠，他看著人們從大門出來；他抬起雙眼看見一隻豬，豬上面有個人，其他人在旁邊走著。長者問他們：「你們上哪去？」騎在豬上面的魔鬼說：「去找米海爾‧托里貝可維奇。」長者畫了十字，走回自己的修行室。天亮時長者明白了是怎麼一回事，對同伴說：「去問問米海爾在不在房間裡。」他們說剛剛晨禱之後，他從圍牆跳出去了。長者就把他所知告訴修道院長和弟兄們。這位長者經歷了費歐多西，然後是史提芳修道院長，史提芳之後是尼康：這幾任院長都經歷過。他晨禱時站在那兒，睜眼要看尼康院長，卻看見一隻驢子站在院長的位置上；他就明白院長還沒起床。長者看見了許許多多的景象，他在修道院以高齡去世。

　　還曾經有過名叫以薩奇的僧侶（черноризец）；他還在塵世

時很富有，是個商人，出身自托洛波齊族，後來想要出家為僧，就把財產分給需要的人，和幾間修道院，就去找那位在洞穴裡的偉大安東尼，懇求讓他剃髮為僧。安東尼接受了他，為他穿上僧侶的衣服，給他取名以薩奇，而他原名是切爾尼。這位以薩奇過著嚴謹的生活：身上裹一件粗毛長衣（власяница），先請人買了一頭山羊，剝去羊皮再穿上毛皮衣，這樣風乾羊皮。他關在洞穴裡，在通道的一間小修行室，只有四個胳臂寬，在那兒流淚向上帝祈禱。而他的食物只有每隔天吃一塊聖餅（просфора），[75]再一點點水。偉大的安東尼給他送來食物，從一個小小的，僅容得下一隻手的窗戶送給他，他這樣接受食物。他苦修了大約七年，未入塵世，未曾無所事事、遊手好閒，鮮少睡眠。有一回一如平常，入夜了，他開始唱聖歌，禱告到半夜；後來累了，到座位上。那一次當他一如平常坐下，熄滅燭火，突然間山洞裡光芒閃耀，如陽光般耀眼。兩個俊秀的男孩向他走來，臉上如陽光般容光煥發，對他說：「以薩奇，我們是天使，基督向你走來了，快向祂跪拜。」而他不知道這是魔鬼的魔術，也忘了畫十字，就起身對魔鬼假扮的基督行禮跪拜。一群魔鬼叫囂著：「以薩奇你是我們的了！」魔鬼把他帶進修行間，抬起他，然後坐在他四周，擠滿他的房間和洞穴的走道。那個名叫基督的魔鬼說：「大家拿起笛子、手鼓、弦琴來演奏，讓以薩奇為我們跳舞吧。」那群魔鬼玩起笛子、弦琴、手鼓，捉弄他。他被搞得筋疲力盡、奄奄一息，魔鬼才離開，他們如此愚弄他。第二天天亮，安東尼前 p. 221

---

75 聖餅是領聖餐時的一種小圓餅，以麵粉、水、鹽製成。

來送麵包時，一如平常對著小窗戶說：「上帝祝福以薩奇。」沒有回音；安東尼就說：「他死了。」他請人去請費歐多西和弟兄們。弟兄們挖開封住的入口，走進去抬他，以為他已死；抬出來後橫放在洞穴前。大家一看，他還活著。費歐多西院長說，「這是魔鬼所為。」大家把他放到床上，安東尼開始照顧他。當時伊夏斯拉夫王子從波蘭回來，伊夏斯拉夫因夫喜斯拉夫而對安東尼懷恨在心。所以斯為托斯拉夫連夜把安東尼送去切尼哥夫。安東尼來到切尼哥夫，非常喜愛保丁山脈；就挖了洞穴，在那兒住下來。那兒的保丁山上聖母修道院至今還在。費歐多西得知安東尼前往切尼哥夫，也帶著以薩奇，和弟兄們前去，讓他和自己同一間房，照料他，因為他的身體極為虛弱，自己連翻身也不行，不能站不能坐，側躺一邊，又常把自己尿濕，以致他的大腿下因潮濕引來蛆蟲。費歐多西則用自己的雙手為他擦澡、更衣，如此過了兩年的時間。那是空前的神蹟，兩年之內沒吃過麵包，沒喝水，沒吃蔬果，沒吃過任何食物，嘴巴沒吞過任何東西，躺著的兩年他還耳聾了。費歐多西為他向上帝祈禱，日日夜夜地祈求禱告，直到第三年能說話也聽得見，還能站起來，像個小嬰兒開始走路。但他還沒力上教堂，大夥兒出力把他拖進教堂，一點一點地教導他。後來再引導他上食堂，把他和弟兄們區隔，要給他麵包，得放到他手裡，他才拿得了。而費歐多西則說：「把麵包放到他跟前，別塞進他手裡，讓他自己吃。」而那個禮拜他都沒吃，只看了看，還能咬一咬麵包；他學習進食，費歐多西帶他脫離魔鬼的詭計。以薩奇再度開始嚴格自律守戒。而當費歐多西去世，史提芳接替其位，以薩奇說：「惡魔，我獨自一人

的時候，你誘惑過我；而我現在已不關在洞穴裡，我要在修道
院戰勝你。」他穿上粗毛外衣，粗毛外衣上再披一塊粗布長袍
（свита），變得發狂瘋癲，去幫伙夫煮飯給弟兄們。他還最早走
去晨禱，一動也不動直挺挺站著。冬天來到的嚴寒時刻，他穿著
鞋底已磨破的皮短靴，冰凍的雙腳站在石頭上，等待晨禱儀式。
晨禱之後再去伙房起灶火，挑水、劈柴，其他廚夫這才過來。有
個廚夫也叫做以薩奇，嘲弄以薩奇說：「那兒有隻黑烏鴉，捉牠
過來。」以薩奇就向他磕了頭，跑去捉了烏鴉，在所有廚夫面前
交給他，大家很吃驚，轉述給院長和弟兄們，大家對他內心充滿
尊敬。而他卻不顧顏面，行為瘋癲又不時污辱院長、弟兄和俗
人，以致惹來人們毆打。他也走向俗世，同樣的行為瘋癲。他回 p. 222
到原先住過的洞穴住下來，此時安東尼已經去世了，他招來一些
子弟，給他們穿上僧服，不時受到尼康院長或他們父母親的打
罵。他挨所有人打，還日日夜夜衣不蔽體忍受風寒。一天夜裡，
他在洞穴旁的小木屋起灶火，爐子很破舊，火升起後卻從多處裂
縫燒出來。他沒有東西可堵住裂縫，就光腳踐踏火焰，他踩滅爐
火已淚流滿面。很多人傳說著他的事情，我自己也親眼見到一
些，他打敗了那些蟲蠅般的惡魔，不畏威嚇和魔法，對他們說：
「你們曾經在洞穴愚弄過我，因為我當時不懂你們的詭計或騙
術，如今耶穌基督、我的上帝，和我父親費歐多西的禱告與我同
在，我仰仗著基督，所以打敗你們。」魔鬼很多次羞辱他：「你
屬於我們，你向我們的老大和我們行過禮。」他則回說：「你們
的老大是反基督，你們是惡魔。」他在臉上畫了十字，魔鬼就消
失了。有時魔鬼夜裡用鬼魂嚇他，看起來像是一群人帶著鋤頭和

十字鎬，說：「我們把這山洞挖開，把他在這裡活埋吧。」也有
人說：「以薩奇，快跑，他們要把你活埋。」他則回他們：「如
果你們真是人，就白天過來，而你們晚上來，在夜裡行走，夜晚
把你們吞噬了。」他對他們畫十字，他們就消失了。魔鬼還有的
時候變成熊的樣子嚇他，時而變成凶猛野獸，時而是蠻牛，時而
蛇群爬向他，或蟾蜍、鼠輩和其他敗類。他們對他莫可奈何，只
好對他說：「以薩奇！你打敗我們了。」他則說：「你們曾以假
冒耶穌基督和天使打倒我，你們一點都不配那樣的外貌，而今你
們現出原形，一群野獸、畜生、毒蛇和敗類，你們事實上就是一
群下流又惡毒的東西。」頓時魔鬼從他身旁消失，從此再也沒對
他做過壞事。他自己訴說這些事，「我就這樣和他們纏鬥了三
年。」爾後他過著嚴謹自律守戒的生活，勤奮又齋戒。他過著這
樣的生活直到去世。他在洞穴裡患重病，弟兄們把他送進修道
院，過一個禮拜就安詳死去了。約翰院長和弟兄們把他安葬。

　　費歐多西修道院曾有過以上這些修行人；他們死後還照耀著
光芒，一如過去般閃亮，他們為住在這裡的弟兄們，為全世界的
弟兄們，還有為在修道院犧牲的弟兄們向上帝祈求，修道院裡的
弟兄們至今還一同過著安樂的生活，一同唱歌，一同祈禱，一同
聽講，共享上帝無比的榮耀，受到永遠榮耀的費歐多西祈禱保護
著，阿們。

　　6583年（1075）彼修拉教堂起始於史提芳院長打下的基礎；
史提芳在費歐多西努力之後，接著打下基礎的；完成於第三年七
月的第11天。同年，日耳曼人遣使拜見斯為托斯拉夫；斯為托斯
拉夫一邊說，一邊展示自己的財富。他們看著數不盡的黃金、白

銀和絲綢布料，說：「根本一文不值，不過是一堆沒有生命的東
西躺在那裏。軍隊比這些好太多了。畢竟戰士能得到的比這些還　p. 223
多。」猶大國王希則克雅在亞述國王的大使面前也如此自誇過，
而其所有物後來被奪走送到巴比倫：希則克雅的財產在死後就這
樣不見了。

　　6584年（1076）夫樹瓦洛得的兒子弗拉吉米爾，和斯為托
斯拉夫的兒子阿列格出兵，幫助波蘭人對抗捷克人。同年，雅羅
斯拉夫的兒子斯為托斯拉夫因切除腫塊，去世於十二月27日，埋
葬在切尼哥夫的聖救世主教堂附近。在他之後夫樹瓦洛得繼任王
位，於一月的第一天。

　　6585年（1077）伊夏斯拉夫帶領波蘭軍隊進攻，夫樹瓦洛得
領軍抵抗。五月的第4天，包理斯在切尼哥夫稱王，只坐了八天
就逃往提木塔拉坎，投靠羅曼。夫樹瓦洛得在瓦令抵抗兄弟伊夏
斯拉夫；後來他們談和了，七月的第15天伊夏斯拉夫來到基輔稱
王，斯為托斯拉夫的兒子阿列格則位於切尼哥夫的夫樹瓦洛得那
兒。

　　6586年（1078）斯為托斯拉夫的兒子阿列格，於四月的第
10天，從夫樹瓦洛得那兒逃往提木塔拉坎。就在這一年，斯為托
斯拉夫的兒子格列柏於札瓦洛圻遭殺害。格列柏是個對貧弱者親
切的人，敬愛朝聖者，關心教會，信仰虔誠，他性格溫和、相貌
清秀。七月的第23天，他的遺體安葬於切尼哥夫的救世主教堂後
方。當伊夏斯拉夫之子，斯維托波克，於諾夫哥羅得接替他的王
位，雅羅波克握有維施城，而弗拉吉米爾進駐斯摩連斯克，阿列
格和包理斯引來可惡的外族，進入羅斯國土，聯合波落夫茲人攻

擊夫樹瓦洛得。夫樹瓦洛得在索濟采出兵抵抗，而波落夫茲人打敗了羅斯，許多人當場戰死：被殺死的有伊凡‧濟爾斯拉夫、楚金的兄弟圖基、波瑞亞和其他戰士，於八月的第25日。阿列格和包理斯視為勝利，來到了切尼哥夫，他們實則給羅斯國引來一大浩劫，基督徒血流成河，上帝會為他們討回公道，他們將為基督徒的靈魂遇害而付出代價。夫樹瓦洛得來到基輔城，見自己的兄弟伊夏斯拉夫；他們互相寒暄後即就坐。夫樹瓦洛得把戰爭經過說了出來。伊夏斯拉夫對他說：「兄弟，不要悲傷。你看到了嗎，我遭遇了多少（磨難，譯者）：我不是先被驅逐，他們又把我的財產奪走嗎？後來的第二次，我又犯了什麼錯？我不是被你們這些，也就是我的兄弟驅逐了嗎？我不就以無名小卒之身流浪異地，我做錯了什麼？如今，兄弟，我們不再悲傷。要是我們在羅斯國土內擁有封地，那就是咱們兩人的；如果土地被奪走了，也是我倆的事。我願以我的腦袋換取你的性命。」他這麼一說，安撫了夫樹瓦洛得，於是下令招募年輕到長者的男性，整頓軍隊。伊夏斯拉夫帶著自己的兒子雅羅斯拉夫，夫樹瓦洛得帶著自己的兒子弗拉吉米爾，出發進軍。他們趕往切尼哥夫，而切尼哥夫市民躲進城裡。阿列格和包理斯不在城裡。因為切尼哥夫人把城門緊閉，他們就攻向城裡。弗拉吉米爾由東城門斯崔真河的方向進攻，攻破城門，占領了外城，再放火焚燒，人們跑進內城。伊夏斯拉夫和夫樹瓦洛得聽說阿列格和包理斯正過來救援，趕緊追上去，由城內攻打阿列格。阿列格對包理斯說：「我們別去打
p. 224 他們了，我們抵抗不了四個王公，我們去跟叔叔們求情吧。」包理斯回應他：「看著吧，我已準備好迎擊他們。」他如此自誇，

卻不知上帝不愛驕者，僅眷顧謙虛的人，以免強者過度自誇。他
們短兵相接，大戰於尼札丁田野，雙方展開一場殘酷大戰。唯契
斯拉夫的兒子包理斯過於自誇，最先戰死。而當伊夏斯拉夫站在
步兵陣中，突如其來的一把長茅從後方刺穿他的肩膀。雅羅斯拉
夫的兒子就這樣喪生了。大戰持續，阿列格帶著一小撮隨扈軍隊
逃跑，逃向提木塔拉坎，差點小命不保。伊夏斯拉夫死於十月的
第3天。大家把他的遺體用一隻大船運走，放在格洛捷茲城前方，
所有基輔城人出來迎接，把他的遺體放上雪車載走；許多神父和
修士吟唱聖歌，領他進城。基輔全城痛哭，無處不聽到哭聲和哀
嚎，雅羅波克前來迎接他，同隨扈軍哭著說：「父親，我的父親
啊！你受到別人、和自己的兄弟侵犯，在世上能過幾個無憂日
子。這下不是死於自己的兄弟之手，而是用自己的腦袋換取兄弟
的性命。」大家把遺體放入大理石棺內，安葬至聖母教堂。伊夏
斯拉夫是個俊美的男性，高大英挺，性情寬厚，厭惡謊言，愛好
真理。他不懂得耍詐，思想單純，不對人報復。基輔人對他做了
多少壞事：曾驅除他，把他家洗劫一空，他卻從不一報還一報。
要是有誰對你們說「有人砍殺士兵」，不是他所為，而是他的兒
子。最後那些兄弟驅逐他，他流浪於異地。再回到王位寶座時，
逃跑回來的夫樹瓦洛得來跟他說：「我為你們吃了多少苦頭？」
他也沒有報復，反而安慰說：「我的兄弟，因為是你，給我看看
你的友愛吧，送我回大王寶座，管我叫大哥，我就不計前嫌：你
是我的兄弟，我也是你的兄弟，我願用我的腦袋來換取你的性
命。」就這麼回事。而不是向他說：「你們對我做盡壞事，如今
我也要施加於你。」也沒說：「這與我沒關係。」反而收容可憐

的兄弟，展現偉大的友愛，遵守聖徒言：「安慰悲苦的人吧。」
事實上，如果他在世上罪孽深重，要原諒他，因為他為自己的兄
弟犧牲，不追求更大權勢、更多財富，只為兄弟抱屈。天主如是
說：「誰願用自己換取別人的性命。」所羅門王曾說：「兄弟之
間患難見真情。」因為友愛高於一切。約翰也這麼說：「上帝是
愛；顯現於愛——上帝有愛，愛中有上帝。」愛由此顯現，因我
們如此生活，只要我們在世上行上帝的愛。因愛而無懼，真正的
愛能阻擋恐懼，因為恐懼是痛苦的。「恐懼者的愛不夠徹底。若
有人說：『我愛上帝，但我恨自己的兄弟。』這是謊話。因為要
是不能友愛看得見的兄弟，又如何能去愛看不見的上帝？這個訓
p. 225　誡來自於他，希望愛上帝者能夠友愛自己的兄弟。」凡事都能在
愛中實現。罪惡因愛而消失。天主因為愛來到人世間，為我們的
罪惡受難；他把我們的罪惡攬在身上，釘上十字架，再把十字架
交給我們，用它消弭不道德的仇恨。殉難者為了愛灑熱血。這位
大王公因為愛，用自己的鮮血換取兄弟，履行了天主的訓誡。

　　夫榭瓦洛得在基輔繼任大王公。夫榭瓦洛得進駐基輔，坐上
父親和兄弟的王位，接掌統治羅斯國土的大權。他把自己的兒子
弗拉吉米爾派往切尼哥夫，雅羅斯拉夫則派往弗拉吉米爾城，杜
羅夫市也交給他。

　　6587年（1079）羅曼帶著波落夫茲軍隊攻向沃尹。夫榭瓦洛
得在佩瑞雅斯拉芙城附近和波落夫茲人談和。因此羅曼和波落夫
茲人撤回，而波落夫茲人把他殺害了，於八月的第二天。斯為托
斯拉夫之子，雅羅斯拉夫之孫的骨骸至今還留在那兒。哈札爾人
捉住阿列格，渡過海送往沙皇城。夫榭瓦洛得再派拉帝波爾任提

木塔拉坎的長官。

　　6588年（1080）佩瑞雅斯拉芙的托爾及人攻打羅斯，夫樹瓦洛得派兒子弗拉吉米爾鎮壓。弗拉吉米爾前往平定托爾及人。

　　6589年（1081）大維・伊戈爾維奇和瓦洛達爾・羅斯提斯拉維奇於五月的第18天出走。他們來到提木塔拉坎捉住拉帝波爾，佔領提木塔拉坎。

　　6590年（1082）波落夫茲大王歐獻去世。

　　6591年（1083）阿列格從希臘回到提木塔拉坎，逮捕大維和瓦洛達爾・羅斯提斯拉維奇，佔領提木塔拉坎。他砍殺了建議他殺死兄弟的哈札爾人，釋放大維和瓦洛達爾。

　　6592年（1084）雅羅波克於復活節逼近夫樹瓦洛得。此時羅斯提斯拉夫的兩個兒子從雅羅波克那兒逃走，再回來驅逐雅羅波克，夫樹瓦洛得派出自己的兒子弗拉吉米爾，趕走羅斯提斯拉夫兩兄弟，再把雅羅波克派駐在弗拉吉米爾城。同年，大維在歐列什打敗希臘人，奪取他們的所有物。夫樹瓦洛得派人去請他前來，把多洛戈布什分給他。

　　6593年（1085）雅羅波克聽取邪惡幕僚的話，想出兵夫樹瓦洛得。夫樹瓦洛得得知，派自己的兒子弗拉吉米爾鎮壓。雅羅波克把自己的母親和侍衛軍隊留在盧茲克，而自己逃往波蘭。當弗拉吉米爾來到盧茲克，盧茲克人投降。弗拉吉米爾就把位於弗拉吉米爾城的大維派駐到雅羅波克的位置，再把雅羅波克的母親、妻子和侍衛軍隊帶往基輔城，奪走他的所有物。

　　6594年（1086）雅羅波克從波蘭返回，和弗拉吉米爾談和，於是弗拉吉米爾回到切尼哥夫。雅羅波克則握有弗拉吉米爾城。

他等待了幾天，前往斯為尼哥羅得。他還沒到達該城，就被可惡的聶拉傑滋殺害了，他受到魔鬼和壞人教唆。十一月的第22日，他那時躺在運送車上，有個人從馬上拿著大長刀刺向他。雅羅波

p. 226　克正起身，要從身上拔出刀子，大喊一聲：「啊！這個仇人命中我的要害。」可惡的聶拉傑滋逃往佩瑞美施，投靠留立克，而雅羅波克的少年隨侍拉德可、渥金納及其他幾個，把他抬起，用馬匹載著，走在前方，先到弗拉吉米爾，再轉往基輔城。夫樹瓦洛得大王公和自己的兒子弗拉吉米爾、羅斯提斯拉夫，還有全部的貴族，以及大主教約翰，領著神父和僧侶，出來迎接他。所有的基輔人為他悲傷哀悼，吟唱聖歌、詩歌，送他至聖迪米崔教堂，十二月的第5日，懷著榮耀將其遺體置入大理石棺木，埋葬在那一座由他著手興建的聖保羅使徒教堂。他遭逢許多厄運，被自己的兄弟無辜驅逐，受到欺壓、洗劫，然後悲慘的死去，但他會得到永生和安息。他是個散發福氣的大王公，溫順又謙虛，寬厚博愛，每年撥出自己所有錢財的十分之一獻給聖母，向來祈求上帝：「天主，我的上帝！傾聽我祈禱，讓我和我的兄弟包理斯與格列柏一樣，死於外人之手，用所有的鮮血洗去自己的罪惡，脫離這個空虛又暴亂的塵世，脫離仇恨的網羅。」敬愛的上帝沒有遺棄他的祈求：他獲得的幸福是肉眼所不能見，耳朵無從聽聞，人心所不能預測的，上帝的眷顧。

　　6595年（1087）

　　6596年（1088）都主教約翰（Иоанн）於夫樹瓦洛得修道院的聖米海爾教堂舉行聖禮（освещена），當時的修道院長是拉札爾。同年，斯維托波克從諾夫哥羅得遷至杜羅夫居住。就在那一

年，彼修拉修道院的院長尼康去世。同年，（窩瓦）保加利亞人[76]
占領木隆市。

　　6597年（1089）費歐多西修道院院中紀念聖母的彼修拉教
堂由約翰都主教行聖禮，參加的還有白哥羅得的主教路加、切尼
哥夫主教以賽，以及統領此地的羅斯大公夫樹瓦洛得，與他的孩
子弗拉吉米爾和羅斯提斯拉夫，當時的千人部隊長官是楊，修道
院長則是約翰。同年約翰都主教去世。約翰是個學識淵博、飽讀
詩書之人，慈愛老弱婦孺，親切對待所有貧者、富人，謙恭又溫
順，冷靜沉穩又能言善道，他常以聖賢書撫慰悲傷的人；在羅斯
前無古人，後無來者。就在那一年，夫樹瓦洛得的女兒雅妮卡前
往希臘，之前曾提過她。雅妮卡把那位去勢的（скопец）[77]都主
教約翰帶去，看見他的人都說：「來了個死人啊。」他在一年過
後去世了。這個人並非學識深厚，但心思單純且談吐簡明。那
一年，佩瑞雅斯拉芙城的聖米海爾教堂由都主教依福瑞行聖禮，
那是他成立的大教會，因為佩瑞雅斯拉芙城原先是一個大規模教
區，周邊還興建了延伸的建築，佈上各式各樣華麗裝飾，擺滿教
堂的器物。這位依福瑞是個身材高大的去勢者。他那時候推動興

76　《往年紀事》裡很少指明保加利亞人係來自何方，此處特別註明位於
　　窩瓦河上游。保加利亞建立的王國位於羅斯西南方，另有一支比較小
　　的，在窩瓦河上游。另見858年條註。

77　譯者未找到閹割神職人員的相關研究，所以無法得知主教閹割的原
　　因為何。東正教至十八世紀以後才出現行閹割的教派，與此處記載
　　的人物並沒有關連。關於近代俄國的「閹割」，參閱：Панченко А.
　　А. Христовщина и скопчество: фольклор и традиционная культура
　　русских мистических сект. М.: ОГИ, 2002, с. 365-388.

建許多樓房；完成了聖米海爾教堂，在城門那兒蓋了以殉難者聖菲多爾為名的一座教堂，接著大門口旁又蓋了一間聖安德烈教堂，還有一棟在羅斯未曾見過的石造澡堂建築。聖殉難者菲多爾教堂的牆壁也是石造，用許多教堂和其他建築點綴佩瑞雅斯拉芙城。

p. 227

6599年（1091）修道院長和修士行聖禮時，說：「我們的父親費歐多西躺在修道院和他自己的教堂外面，這不是件好事，畢竟是他成立了這座教堂，還吸引許多僧侶過來。」聖禮結束後，大家決定好重新安置他遺體的地方。過三天之後便是聖母升天日，院長囑咐開挖我們的父親費歐多西遺體擺放處，依照他的吩咐，交給這個罪孽深重的我，我是第一個見證人，我敘述的非道聽塗說，因為我就是當事人。[78]修道院長來找我，說：「我們去埋葬費歐多西的洞穴。」我就和院長兩人秘密地走過去，看了看要挖掘的地方，就在入口的那一邊，初步了解那個位置。院長對我說：「千萬別告訴任一位弟兄，別給人知道了，不過你

---

78 《往年紀事》編著者於此處以第一人單數稱敘述事件經過，強調事件為親身經歷。比對1110年條，編著者寫出自己的身份為「聖米海爾修道院長席威斯特」，讀者容易誤解編著者就是席威斯特。根據歷史學家和語文學家考證，當時從事書寫工作的僧侶中，位於基輔彼修拉修道院人，比較可能掌握大多編年資料，作為撰寫依據。其中，轟斯特著有《費歐多西傳》（«Житие Феодосия»），敘述風格與此段落非常接近；另以他對費歐多西瞭解的程度，由他受命遷移遺體是非常合理。以上為最主要原因，原編著者直指轟斯特。而席威斯特則是增修版的抄寫者兼編著者。參閱：А. А. Шахматов, Нестор летописец, История русского летописания. СПб.: Наука, 2003, с. 413-427.

可以找人幫忙。」那一天我就預備好鋤頭要去開挖。禮拜二的夜晚，我在昏暗中帶了兩個弟兄，悄悄地走進洞穴，我們唱了聖歌就開挖。我們要是累了就換手去挖，挖到半夜已精疲力盡，卻還是沒挖到，所以傷起腦筋來，是不是挖錯方向了。我又再拿鋤頭，奮力再挖，我的同伴在洞穴前稍歇息，跟我說：「你們敲到板子了！」於是我在這一刻，挖到了費歐多西的遺體。當他又跟我說：「敲到板子了。」我說：「已經挖到了。」當我們挖出來時，一陣景象嚇到我，我驚叫：「天主，寬恕我。」此時修道院裡有兩個弟兄往洞穴這兒看著：那時院長還沒有跟任何人說已經找了人，要把費歐多西暗中移走。就在敲到板子時，他們看到三束圓弧狀的光芒，而這三道圓弧光移至教堂上方，也就是那個費歐多西之後要安放的位置。當時的修道院長是史提芳，就是他接任費歐多西的職務，而現在已是主教了，看見修道院後方田野萬丈霞光，籠罩洞穴；他知道有人正搬動費歐多西，前一天已有人通知他這件事，他很遺憾沒能親自搬遷他，史提芳趕緊坐上馬，還帶了後來他任命為院長的克里門。他們趕去時，驚見霞光萬丈。到了之後，看到洞穴上方點燃許許多多的蠟燭，但走近洞穴卻什麼也沒看見，再走進洞穴深處，我們正坐在遺體旁邊。我在挖出來後去找院長，跟他說：「過來吧，把他抬出來。」院長和兩位弟兄過來；我再使力挖了一挖，我們鑽進去後，看見橫躺的聖體（мощи）；身軀關節都完好，毫無散亂，頭上的髮絲乾枯糾結。我們把他放進法衣（монтия）包好，抬上肩，將他抬出，到洞穴前。第二天，幾位主教集合：有佩瑞雅斯拉芙的依福瑞、弗拉吉米爾的史提芳、切尼哥夫的約翰、尤里耶夫城的馬琳，所有

修道院院長也帶著僧侶；虔誠的信眾帶著祭祀香烟和燭火前來，幫忙搬運費歐多西的遺體。我們把他放置在教堂入口處的右邊，那天是紀年第14年八月的第14天，禮拜四的日間一時……那一天

p. 228 大家盛大慶祝。現在我再簡短說說費歐多西的預言是如何應驗。費歐多西生前擔任院長時，得上帝旨意帶領一批修士，他不只關心他們，也關心俗人，關心他們的靈魂，特別想為自己的子弟們救贖，教導並撫慰前來見他的人，有時候他會去人們的家裡給予祝福。有一回他來到楊家，找楊和他的妻子瑪麗亞，費歐多西很喜愛他們，因為他們謹守天主的戒律過生活，相親相愛，那回他去見他們，教導他們善待貧弱者，告訴他們，守教的人在死後才能進入上天王國，而罪惡者須承受苦難。當他說到擺放遺體入棺的時候，楊的妻子對他說：「誰會知道人家要把我埋在哪裡？」費歐多西告訴她：「說實在的，妳會安葬在我躺著的地方。」果真應驗了。院長比她早去世，而在第十八年事情果真如此：那一年，名叫瑪麗亞的楊之妻子過世，於八月的第16天，僧侶前來，唱了聖歌後把她帶走，安葬於聖母教堂裡面，放置在費歐多西的棺木對面，也就是入口的左邊。費歐多西埋葬於十四日，而她則是在16日。

　　我們德高望重的父親費歐多西的預言應驗了，他是慈善的牧羊人，恭敬放養一群聽從的羊，既溫和又專注，觀察他們，照料他們，為那些交給他的人群和基督徒祈禱，也為羅斯國土、為這世間之外的人而祈禱，為信眾和那些看著你的棺木的弟子們而祈禱，他們會記起你的訓誡和你的律己，榮耀上帝。而我，身為你的罪惡僕人和弟子，困惑著不知該如何讚頌你慈善又嚴謹的一

生。我再說一些吧:「你該欣慰,我們的父親和尊師!你以沉默面對世上的紛擾,你在修行生涯中默默的服侍上帝,帶來了上天的厚禮,守齋戒,厭惡肉慾和祥樂,拒絕這世上的浮誇和妄想,遵循著先賢父親們的腳步,與他們並駕齊驅,靜靜向上提升,並且待人謙遜,於聖賢書中尋求喜樂。你該欣慰,您在永久的幸福中滿懷希望,接納那些死於慾望的人,聖賢的你脫離無止境紛擾的源頭,以及罪惡的處罰和網羅。父親因祝福而獲得努力的回報,成為先賢繼承者,遵守他們的教導和傳承,恪遵他們的嚴謹和守則。你的氣息和生活最接近那位偉大的費歐多西,仿照他嚴以律己度日,依照他的習慣,每一件事更加完善,對上帝祝禱時,散發祭祀的香爐、芬芳的香烟,而非一般香氣。你戰勝世間的慾望和威權者——人世間的王公,打敗魔鬼敵人,你是勝利者,足以面對敵人的劍拔弩張和驕傲詭計,增強十字架的力量和無以戰勝的信仰,還有上帝的援助。為我祈禱吧,尊敬的師傅,我好免於敵人的網羅,用你的祈禱讓我遠離對立者。」

那一年五月的第21天下午二時許,太陽起了個兆頭,它就好像要熄滅了,變小小的,似月亮。[79]同年,當夫樹瓦洛得到維詩哥羅得城外狩獵,那時放置捕獸網,聽到斷斷續續的吼叫聲,從天而降一隻巨蛇,嚇壞了人們。[80]此時地上轟的一聲,很多人都聽到　p. 229

79　按照原文本注,這是完全正確一項記載。有天文學資料可證實,1091年5月21日早上出現日環蝕。(Д. О. Святский, Астрономические явления в русских летописях с научно-критической точки зрения.)

80　按照原文本注,這裡看見的景象應是隕石墜落。羅斯時期將隕石比喻為火蛇。

了。那一年，羅斯托夫城出現一位巫師，但很快就死了。

6600年（1092）波羅次克城發生了一個神奇的事件：夜裡出現腳步聲，路上有個東西低聲嚷叫，一群魔鬼像人一樣跑來跑去，如有人想走出屋外看看，會突然被魔鬼弄出個傷口，因而致死，所以沒有人敢走出家裡。然後白天則是在馬匹上有個什麼看不見的東西，只見馬匹和亂蹄；就這樣魔鬼在波羅次克城和附近傷害人。所以大家說，是死人來毆打波羅次克人。而這個事情也發生在德魯次克。那時空中還出現一個徵兆，空中有個大大的光環。那一年還發生乾旱，地面乾枯，許多森林和沼澤起火；還有多處也發生許許多多的異相；另有波落夫茲人在各處引發大戰：他們占領了三個城，佩索全、佩瑞瓦羅卡和埔里路可，沿著河的兩岸攻擊許多村落。同年，波落夫茲人聯合瓦西里科‧羅斯提斯拉維奇帶兵來犯。就在同一年，羅斯提斯拉夫的兒子留立克去世。那時候許多人死於各種重病，賣棺材的還說：「我們從菲力普日到謝肉節賣出了7千口棺材。」這是出於我們的罪惡啊，我們的罪惡和過錯增加太多了。這是上帝加諸我們身上的，要我們懺悔改過，放下猜忌，別再犯那些邪惡的罪行。

6601年（1093）紀年第一年，弗拉吉米爾之孫，雅羅斯拉夫之子夫樹瓦洛得於四月的第十三天去世，於第十四天下葬；那一天是受難週的禮拜四，他的棺木下葬於聖索菲亞教堂。夫樹瓦洛得是個信仰虔誠的王公，自幼崇敬上帝，愛好真理，救濟貧弱，授與榮耀給主教和神甫，敬愛修士，竭盡所能給予他們所需。他自己也戒酒戒慾，所以父親很喜歡他，曾對他說：「我兒！你是幸福的，我知道你的和善，我很高興你在我衰老時，給我欣慰。

假使上帝讓你在眾兄長之後依照法律，而非暴力，取得我的王位，那麼在你蒙主寵召的時候，就躺在我沈睡的地方吧，在我的棺木旁，因為你們兄弟當中，我最喜歡你。」他父親說的這番話果真應驗了。他在自己的幾位兄長之後繼承父親王位，哥哥死後任基輔大公。當時他原掌有佩瑞雅斯拉芙，內心非常感傷，當他進入基輔，他的悲傷因姪子們而起，他們使他失望懊惱，有的想要這塊地方（領地，譯者），有的要那一塊；他為了排除紛爭，把領地都分給他們了。這一連串心痛事件中他得重病，後來就去世了。他那時喜歡年輕人的建言，和那些人商討了一個想法：他們慫恿他拒絕老一派侍衛軍，大家因此無法取得大王公的指令，p. 230 這些年輕一派就去洗劫貧民，還加稅，連大王公生病了，也渾然不知。就在他病入膏肓時，派人招來位於切尼哥夫的兒子弗拉吉米爾。弗拉吉米爾趕緊前來，看到病重的他，哭了起來。在弗拉吉米爾和小兒子羅斯提斯拉夫面前，那一刻來臨，夫樹瓦洛得任基輔大王公15年，在佩瑞雅斯拉芙和切尼哥夫各一年，安詳地前往祖先那兒。弗拉吉米爾和弟弟羅斯提斯拉夫兩人哭著抬走他的遺體。許多主教、修道院長、修士、神父、貴族和平民聚集起來，抬著他的遺體，唱著聖歌把他安葬於聖索菲亞教堂，如同之前敘述。

　　弗拉吉米爾思考著，說：「要是我坐上父親的王位，勢必要與斯維托波克開戰，畢竟那原是他父親的王位。」他考慮到這一點，決定派人去杜羅夫把斯維托波克請來，而自己回到切尼哥夫，羅斯提斯拉夫則回去佩瑞雅斯拉芙。復活節過後的一個禮拜，四月的第二十四日斯維托波克來到基輔城。基輔人出來鞠躬

迎接他，熱烈歡迎他，他坐上了自己父親和叔叔的王位。波落夫茲人此時入侵羅斯；他們聽說夫樹瓦洛得去世，派使者去和斯維托波克談和平協議。而斯維托波克並沒有聽取父親和叔叔老一派侍衛軍的話，把那些使者抓起來，關進一間小木屋。波落夫茲人聽了，即大舉攻入。波落夫茲人為數眾多，包圍托爾切斯克城。斯維托波克釋放波落夫茲來使，想要談和。而波落夫茲人不願和解，展開大戰。斯維托波克只好召集軍隊，意圖反擊。幾位足智多謀的部下告訴他：「別貿然反擊，你的軍隊規模太小了。」他卻說：「我自己有700個少年兵，足以抵抗他們。」另有幾個缺乏謀略的部下則說：「出發吧，王公。」那些足智多謀者勸說：「就算你找來8千人也不夠啊：我們的國土因戰爭和賦稅衰弱太多了。不如去向你的兄弟弗拉吉米爾求援，靠他幫忙吧。」斯維托波克聽了他們的建議，派人去向弗拉吉米爾討救兵。於是弗拉吉米爾召集自己的軍隊，再派人去佩瑞雅斯拉芙城，到自己的兄弟羅斯提斯拉夫那兒，請他援助斯維托波克。當弗拉吉米爾到達基輔城，他們在聖米海爾修道院會合，起初先是一陣口角和責罵，後來說定了，就相互親吻十字架，那時，波落夫茲人持續踩躪國土，足智多謀的部下告訴他們：「你們何必起紛爭？可惡的異教徒正踩躪羅斯國土。既然和好了，趕緊迎擊可惡的外族吧，要談和，還是要奮戰。」弗拉吉米爾想談和，而斯維托波克主張奮戰。斯維托波克、弗拉吉米爾和羅斯提斯拉夫前往崔波里市，先來到了絲圖格納河。斯維托波克和弗拉吉米爾，還有羅斯提斯拉夫打算越過這條河，召來各自的軍隊，商討對策。弗拉吉米爾說：「我們暫且守在河的這一邊，對方勢力強大，和他們談和

吧。」深謀遠慮的部下，如楊和其他人贊同此建議。基輔人則不
接受，說：「我們要奮戰到底，越過這條河吧。」他們覺得這個 p. 231
提議不錯，決定穿越絲圖格納河，當時河水卻凶猛暴漲。斯維托
波克、弗拉吉米爾和羅斯提斯拉夫帶著侍衛軍向前挺進。斯維托
波克沿著右翼走，弗拉吉米爾走左翼，羅斯提斯拉夫則排中間。
他們避開崔波里市，越過土堤（вал）[81]。就在這時，波落夫茲大
軍劍拔弩張，迎面攻來。而我軍守在土堤間，舉起旗子，利箭從
土堤後飛來。波落夫茲人逼近土堤，也揮起旗子，首先推往斯維
托波克那兒，攻破他的軍陣。斯維托波克苦撐著，而他的軍隊潰
散，不敵波落夫茲大軍突擊，斯維托波克隨之逃跑。接著他們再
逼近弗拉吉米爾，展開一場大戰；弗拉吉米爾和羅斯提斯拉夫也
帶著軍隊跑了。他們跑向絲圖格納河，弗拉吉米爾和羅斯提斯拉
夫涉水前進，而羅斯提斯拉夫在弗拉吉米爾眼前滅頂了。他原想
抓住自己的兄弟，但他也差點溺斃。夫樹瓦洛得的兒子羅斯提斯
拉夫就溺死了。而弗拉吉米爾則跟一小撮隨扈軍渡過河水，那軍
隊中許多人不支倒地，他帶的貴族也就地倒下，他們來到得涅伯
河的另一邊，為自己的兄弟和隨扈軍痛哭起來，沈痛悲傷地前往
切尼哥夫。斯維托波克跑進崔波里城，直到晚上都把自己封鎖在
那兒，那一夜他再趕往基輔。波落夫茲人眼看著戰勝了，停止到
處破壞，一些人返回托爾切斯克。此悲慘事件發生於我們主耶穌
基督升天日（день Вознесения），五月的第26天。大夥兒在河
裡找到了羅斯提斯拉夫，撈起他，把他帶到基輔城，他的母親嚎

---

81 羅斯時期用土堆成的屏障，用途多種，可防衛城市，或也可建於河邊
　 做檔水牆。

嗣大哭，所有人也為他的英年早逝傷心哭泣。主教和神父，還有修士都到齊了，唱完聖歌，把他下葬至聖索菲亞教堂，放在他父親旁邊。而波落夫茲人持續包圍托爾切斯克城，托爾及人從城裡奮力迎戰，殺死許多敵人。波落夫茲人改為茶毒之計，把水源引走，城裡的人因飢渴而耗盡體力。托爾及人派人向斯維托波克說：「再不送食物過來，我們就要投降了。」斯維托波克趕緊送前去，但因為來者不善的敵軍為數眾多，無法進入城裡。就這樣守城達九個星期，分成了兩路：一部分人守在城邊和敵人對抗，而另一部分則前往基輔，他們來到了基輔和維詩哥羅得兩城之間。斯維托波克來到日蘭城，和敵軍狹路相逢，展開大戰，我軍後來不敵外族而逃跑，在敵軍前有的受傷，許多戰死了，死去的人比崔波里市那兒的還要多。斯維托波克回到基輔時剩三個人，波落夫茲人就回到托爾切斯克去了。這場災禍發生於七月的第23天。24日從一早，全城哀悼痛哭，那一天是聖包理斯和格列柏受難者的紀念日，沒有歡慶的喜樂，因我們的罪惡和不公不義，還有不斷增加的罪行痛哭。

上帝如此對待對作惡的我們，並非要友善對方，而是懲罰我們，要我們別再犯錯。祂要懲罰我們犯下的滔天大罪：這是祂的鞭策，要我們牢記戒除惡行。上帝為此在節日給我們施以警訊，如同今年第一次發生在天主升天日的崔波里市事件，第二次發生在包理斯與格列柏的紀念日；這是屬於羅斯的一個重要新日子。所以先知曾說過：「我要把你們的節日變成喪日，你們的歡唱轉為痛哭。」我們的土地上一片哀嘆，我們的城市和鄉村空無一物，我們在敵人跟前拔腿狂奔。如同先知曾說：「你們會落難

p. 232

於仇敵，仇恨你們的人追趕你們，即使無人追趕，你們也要拔腿奔逃。我要打敗你們驕傲的無恥心，你們的努力將徒勞無功，外來的劍會殺光你們，你們的國土將一片荒蕪，你們的住所將空無一物。因為你們的愚蠢和狡猾，我要把憤怒降臨於你們。」天主上帝對以色列人如是說。因為依斯瑪爾陰險的兒子焚毀了村落和穀倉，還把許多教堂付之一炬，也就沒有人會驚訝：「罪惡叢生之處必見無數懲罰。」全世界因此遭出賣，怒火於是蔓延，蒼生為此飽受苦難：有人淪為俘虜，有人慘遭殺害，有人受報復而慘死，有人眼見殺戮而顫抖，有人死於飢渴。時為責罰，時為極刑，各式各樣災難降臨，人們飽嚐哀痛和折磨，被綑綁或踐踏，忍受風寒並身負重傷。更驚奇而可怕的是，在基督徒處，恐懼動盪和災禍遍布各處。我們受到如此懲罰是罪有應得。如果我們受懲罰，我們將懷著信仰：我們應是在所有土地上出賣至最凶惡的外族手中。我們會高聲呼喊：「天主，你是公正的，你的裁決是正確的。」我們會對於那樣的打擊說：「我們因自己的作為而得到應得的下場。」我們會和約伯說：「就由天主任意指示，任其自然吧；就以天主之名永遠幸福喜樂。」透過可惡的異教徒來犯和荼毒，我們明白對我們發怒的主宰：我們原是受眷顧的，卻沒榮耀祂，我們得到聖禮，卻不尊崇祂，受到了歧視，卻一知半解，明白了，卻未身體力行，出生了，卻未尊他為父，犯了錯，如今受懲罰。過去種下因，總要承受苦果：所有城市洗劫一空；村鎮空無一物；我們走過田野，原是養牧馬匹、羊群和牛隻，如今所見空蕩蕩；原是耕種的田地卻有野獸窩藏。但我們仍寄望於上帝的憐憫，主宰對我們的公正懲罰是向善的，「不因我們枉

法，但因我們的罪惡而賜與我們。」萬物主宰理當對深沉罪惡施以懲罰。天主創造了我們：創造我們，並且拉拔墮落的人，寬恕亞當的罪，賜與永恆不朽，為我們流盡自己的鮮血。看到我們不仁不義，讓我們遭逢這場戰爭與不幸，讓那些即便是不抱希望的人，能在未來生命中獲得恩寵；因為在此受罪的靈魂將於未來尋得慈悲、脫離悲苦，上帝不會為同一件事情再次予以報復。眾子民阿！祂早看見不得不向上天祈求的我們。祂給我們無盡的愛！是我們自己偏離祂的訓誡。如今我們已經知曉，我們正忍耐著，我們需要且不得不忍耐著，這是我們的意願！我們曾經感動嗎？如今淚流滿面。我們曾經哀怨嗎？如今為無法無天的殺戮哀鴻遍野。

波落夫茲大軍多次進攻後，回到托爾切斯克，極為疲憊的人熬不過飢餓，向敵人投降了。波落夫茲人佔領這座城，焚燒破壞，p. 233 拆散人們，許多基督徒被帶到他們家人或親戚的住處；咬牙受苦、心痛悲哀、飽受嚴寒、身受飢渴與災禍，臉頰消瘦、身形憔悴，落難異地無法言語，赤腳徘徊於荊棘之路，他們相互含淚問答「我從這個城市來的」，或「我打那個村鎮來的」；他們如此哭泣相互問候，訴說自己的身世，仰天注視掌控世間奧妙的萬物主宰。

不會有人膽敢說上帝憎恨我們！絕不可能！上帝還會像愛我們那樣去愛誰？祂還會對誰像對我們那般祝福和奉獻？沒有任何人！正因為最眷顧我們，而我們卻罪孽至深，因此更加惱怒。我們深知主宰之意，深得禮讚，卻輕忽了這份美意，也應當受罰最重。罪惡的我在此，也時時觸怒上帝，也在每個日子犯罪！

　　同年十月的第一天，伊夏斯拉夫之孫，姆斯提斯拉夫之子羅斯提斯拉夫去世；十一月16日安葬於什一聖母教堂。

　　6602年（1094）斯維托波克和波落夫茲人締結合約，迎娶波落夫茲大王圖郭爾罕之女為妻。同年，阿列格聯合波落夫茲人，從提木托爾坎來到切尼哥夫，弗拉吉米爾守在城內。阿列格逼近這座城，沿著城四周放火，把各修道院燒毀。弗拉吉米爾只得和阿列格談和，出城前往佩瑞雅斯拉芙接任父親王位，而阿列格進入自己父親的城市。波落夫茲人在切尼哥夫附近侵擾，阿列格不予以制止，因為那是他自己引來的侵擾。這已經是他第三度把可惡的異教徒帶到羅斯國土。願上帝寬恕他的罪，許多基督徒受害了，還有人被俘，各地也有傷患。同年八月的第二十六天，羅斯還有蝗蟲過境，吃掉所有糧草和許多穀物。從羅斯第一天以來從沒聽聞過，從未見聞過，因我們的罪惡而受懲罰。那一年四月的第27天，夜間的第六個小時，弗拉吉米爾的主教史提芳去世，他曾任彼修拉修道院的院長。

　　6603年（1095）波落夫茲人聯合德夫吉尼維奇攻打希臘人，進攻整個希臘地區；沙皇抓到德夫吉尼維奇，下令挖其雙眼。同年，波落夫茲人依拉爾和克坦攻入，要和弗拉吉米爾和談。依拉爾來到佩瑞雅斯拉芙城，克坦則帶著軍隊守在土堤之間；弗拉吉米爾交出自己的兒子斯為托斯拉夫，給克坦作為人質，而依拉爾和最精良的隨扈軍留在城裡。當時斯拉維塔因有事，從基輔城的斯維托波克到弗拉吉米爾那兒，弗拉吉米爾的隨扈軍拉帝波爾想著要怎麼剷除依拉爾，但弗拉吉米爾卻不希望這麼做，他回說：「我怎能這麼做，我對他們下了誓約啊？」隨扈軍回覆弗拉吉米

爾：「王公啊！你當下沒有錯：他們還不老對你下誓約，卻踐躪羅斯國，讓基督徒流血不斷。」弗拉吉米爾於是聽從他們的話，那天夜裡弗拉吉米爾派出斯拉維塔和一小撮隨扈軍，再帶著托爾

p. 234 及人布陣在土堤間。他們先救出斯為托斯拉夫，然後殺了克坦，掃除他的軍隊。那是禮拜六的晚上，依拉爾和隨扈夜裡留宿在拉帝波爾屋內，渾然不知他們對克坦做了什麼。禮拜日一早，晨禱的時刻，拉帝波爾下令幾個武裝小兵去升火烤暖小木屋。弗拉吉米爾也派自己的少年軍邦杜克去請依拉爾他們，邦杜克對依拉爾說：「弗拉吉米爾請你們過去，他說：『到那暖和的小木屋穿好鞋子，再和拉帝波爾用早餐，然後過來我這邊。』」依拉爾說：「就這麼辦吧。」他們一走進小木屋，就鎖上了門。那些人爬上小木屋，撬開屋頂，歐里貝爾·拉提波瑞奇此時拉開弓箭，一箭射中依拉爾的心臟，他的隨扈也全被殺光。依拉爾就這麼悽慘地結束生命，發生於謝肉節，二月的第24天下午一時。斯維托波克和弗拉吉米爾派人去見阿列格，傳話要他一起去攻打波落夫茲人。而阿列格雖答應了，卻沒有加入他們的行列。斯維托波克和弗拉吉米爾進攻他們的營帳，掠奪他們的牲畜、馬匹、駱駝，還有奴僕，全部帶回自己的地盤。而他們因阿列格沒有一起攻打外族，對他懷恨在心。斯維托波克和弗拉吉米爾於是又派人到阿列格那兒，說：「你沒有和我們去攻打踐躪我們國土的外族，反而收留依拉爾的孩子，你要不殺了他，要不把他交出來。他是我們羅斯的仇人。」阿列格不聽他們的意見，仇恨也因此發生。

　　就在同一年波落夫茲人進攻尤里耶夫城，[82]駐紮在那兒整個夏天，差點就要佔領了，斯維托波克與他們談和，波落夫茲人再移到羅斯河邊，尤里耶夫人趕緊逃跑至基輔城。斯維托波克下令在維提切夫山上屯墾一個小城鎮，再用自己的名字命名為斯維托波克城，下令馬琳主教和尤里耶夫市民在那兒落腳，從其他城市過來的人也是；波落夫茲人就把被遺棄的尤里耶夫城給燒了。同年年底，大維・斯為托斯拉維奇從諾夫哥羅得移到斯摩連斯克；諾夫哥羅得人前往羅斯托夫找姆斯提斯拉夫・弗拉吉米爾維奇。把他帶到諾夫哥羅得，大維說：「不要過來我們這兒。」大維因此進攻斯摩連斯克，並於斯摩連斯克稱王，而姆斯提斯拉夫進駐諾夫哥羅得，就在此時，弗拉吉米爾的兒子伊夏斯拉夫從庫爾斯克來到木隆市。木隆市民接受了他，他就把阿列格派駐當地的首長抓起來。是年夏天蝗蟲入境，於八月的第28天，覆蓋大地，看來嚇人，那些蟲往北方飛去，吃光了糧草和黍糠。

　　6604年（1096）斯維托波克和弗拉吉米爾派人到阿列格那兒，說：「過來基輔城，讓我們在主教、修道院長、我們父親輩的部屬，還有各城市居民面前來訂個羅斯條約吧，讓我們保衛羅斯，防止可惡的外族入侵。」阿列格卻說出了既粗魯又高傲的話，他這麼說：「主教，或修道院長，或那些普通人都不配指示我。」他聽了壞人建議，拒絕前往自己兄弟那兒。斯維托波克和弗拉吉米爾對他說：「既然你不和我們攻打外族，又不同我們會商，表示你惡意抵抗我們，又想要援助外族，就讓上帝給我們裁

82　此尤里耶夫城是南方的，位於基輔成附近，羅斯邊的小城市。另見1030年條。

決吧。」於是斯維托波克和弗拉吉米爾前往切尼哥夫，攻打阿列格。阿列格於五月的第三天禮拜六，逃出切尼哥夫城。斯維托波克和弗拉吉米爾追趕他，阿列格逃進司塔爾度城，困守在那兒；斯維托波克和弗拉吉米爾把他包圍在城裡，並猛烈攻擊，雙方多人受傷。他們之間展開殘暴的血戰，對峙了三十又三天，城裡的人體力耗盡。後來阿列格走出城求和，他們答應他，說：「你先到兄弟大維那兒，再一起過來基輔城，接受我們父親和先祖的王位，因為基輔是我們全國最古老的城市；在那兒會面商談和訂和約是有意義的。」阿列格承諾會做到，他們為此親吻十字架。

此時，伯尼亞在一個禮拜日的晚上，帶著波落夫茲人趕往基輔，在基輔附近開戰，焚燒大王公的貝瑞斯托夫宮。同時，五月的第二十四天，古利亞帶著波落夫茲人在佩瑞雅斯拉芙附近開戰，焚燒烏斯契耶地區。阿列格從司塔爾度來到斯摩連斯克，但斯摩連斯克人不接受他，他又再前往梁贊。斯維托波克和弗拉吉米爾則已經回去了。那個月，五月的第三十日，斯維托波克的丈人圖郭爾罕來到佩瑞雅斯拉芙，於他駐守在城附近，佩瑞雅斯拉芙人則困守城裡，斯維托波克和弗拉吉米爾沿著得涅伯河來到薩魯比，在那兒涉水而過，上帝保佑他們，所以波落夫茲人沒發現，然後再往城裡走；市民見了，歡欣鼓舞出來迎接他們，波落夫茲人守在另一邊的楚別西城。斯維托波克和弗拉吉米爾涉水穿過界線，朝向波落夫茲人，弗拉吉米爾原想先整軍，他們卻沒聽命，騎著馬飛奔往敵軍那兒。波落夫茲人見了趕緊逃跑，我軍緊追在後，砍殺敵軍。是日，天主恩賜，拯救了我們：外族在七月的第十九天被擊潰，他們的大王圖郭爾罕遭殺害，他的兒子

和其他王子，還有我們許許多多的敵人陣亡了。大家一早尋得死去的圖郭爾罕，斯維托波克把他以自己丈人和敵人的身份帶走，運到基輔，埋葬在貝瑞斯托夫，位於往貝瑞斯托夫和修道院的兩條路之間。那個月的二十日禮拜五下午一時，喪盡天良的伯尼亞，像個滿身癩痢的禽獸，又偷偷地突然來到基輔城，波落夫茲人幾乎要闖進城裡，焚燒附近的土地，再轉往修道院，焚燬史提芳修道院和赫爾曼修道院，還有郊外地區。他們又來到彼修拉修道院，當時晨禱結束，我們在各自的房裡睡著，修道院附近哀嚎不斷，他們於修道院大門前豎起兩根旗幟，我們逃到修道院後方，還有些跑到樓上。伊斯麥爾的兒子們毫無良知，殺了院裡的人，跑進每個房間破壞門，把房間裡的物品丟出去；接著焚燒我們的聖母禮拜間，再走進教堂從南方焚燒門，然後是北方的門，破壞費歐多西棺木旁的前廊，抓起聖像，把所有門點上火，污辱我們的上帝和我們的戒律。上帝忍耐著，因為他們的罪行和無法無天之舉還未到盡頭，他們說：「他們的上帝在哪裡？來幫忙，來救他們啊！」他們竟對著聖像說些褻瀆的話，嘲笑著，卻不見上帝正用（外族，譯者）入侵教誨自己的僕人，好讓他們在熔爐裡鍛鍊成金，基督徒要經過無數的悲悽和攻擊，才得已進入天上 p. 236 王國，而這些野蠻的欺凌者於此世間擁有快樂與滿足，到那個世界得嘗盡苦頭，他們注定要和魔鬼墜入永不得超生的火焰。他們焚毀了紅宮，那是信仰虔誠的大公夫樹瓦洛得在名為為杜比奇山上建造的：全是可惡的波落夫茲人放的火。我們因此按照先知大衛的呼喊：「天主，我的上帝！讓他們好比輪盤，如同火焰在強風之前，吞沒一片橡樹林，用祢的風暴追趕他們；使他們深深懊

惱。」他們玷汙又燒毀了祢神聖的殿堂、祢母親的修道院，還有祢僕人的屍首。拿兇器殘殺我們弟兄當中的人，那些是伊斯麥爾不信上帝的兒子們，要承受基督徒的懲罰。

他們來自東方和北方之間的依提里夫荒漠，[83]共有四支民族：托爾克曼人、珮切尼格人、托爾及人、波落夫茲人。梅法帝親眼見證原有八支民族，當基甸屠殺他們的時候，這八支民族奔向荒漠，他殺光了其中的四支。也有人說：亞蒙的子孫是保加利亞人，薩拉丁人來自伊斯麥爾，他們去當薩拉的兒子，所以自稱薩拉丁人，因此他們說：「我們是薩拉丁。」依此緣故，赫瓦里斯人和保加利亞人來自於，和親生父親懷孕的羅特之女，他們的部族因而不潔。伊斯麥爾生了十二個兒子，從那些兒子分出托爾克曼、托爾及和庫曼人，也就是波落夫茲人，打荒漠那兒過來。他們原先被馬其頓的亞力山大扣留在深山裡，後來這8支民族在世界末日之時，以不潔子民之身逃出。

---

83 《往年紀事》編著者稱的依提里夫荒漠（пустыня Етривская）查無所獲。按照原文本注，此地名的切確位置資料不存在。編著者可能是根據波落夫茲人的口傳，推測印象中荒漠的位置在波落夫茲前來的東北方。

〈訓誡書〉[84]

---

84 訓誡（поучение）狹義為教會佈道時的講詞，廣義指所有教訓人的
言詞，具有勉勵、訓示目的。譯者譯為〈訓誡書〉，強調此「訓
誡」以文字表達。〈訓誡書〉是大王公弗拉吉米爾（Владимир
Всеволодович Мономах, 1053-1125）留給兒孫的訓言，類似中文所說
的治家格言。弗拉吉米爾的父親娶拜占庭公主，因母系家族傳承的名
字得封號莫那莫赫（另見1053年條）。他曾先後任斯摩連斯克、切尼
哥夫、佩瑞雅斯拉芙城的王公，後繼任基輔大王公（1113-1125），
因屢對抗波落夫茲人，是基輔羅斯時期少數政績輝煌的大王公。〈訓
誡書〉只收錄於《勞倫特編年史》（Лаврентьевская летопись），其
他編年史只有零星片段的文句，加上羅斯時期鮮少留下王公的創作，
更顯出〈訓誡書〉的史料地位。〈訓誡書〉和後面的「書信」、「祈
禱」其實是連貫的篇章，因主題不同，故分成三篇。為何〈訓誡書〉
安插於1096年，是許多學者探究的問題。按照原文注，儘管有學者，
如普里謝科夫（М. Д. Приселков, 1881-1941），推測為某位編年史
抄寫者誤植，但也有其他學者認為另有原因，如譯注者李哈裘夫（Д.
С. Лихачев, 1906-1999），和歷史學家齊列寧（Л. В. Черепнин, 1905-
1977）等。他們的論證主要在於，〈訓誡書〉談論的內容和1096年的
事件主題相近。而弗拉吉米爾何時撰寫〈訓誡書〉，無法得知。雖然
文中末段：「我無法容忍雅羅斯拉夫的惡行，前去弗拉吉米爾攻打
他。」此談論的是《往年紀事》1117年記錄的事件，仍無法確定〈訓
誡書〉完成時間晚於1117年，因有可能後人補述。但可以肯定的，
〈訓誡書〉的寫作目的不僅在於教導兒孫處世之道，也為了鞏固家族
血脈情感，維持國內和平，國家免於分裂。〈訓誡書〉一字一句看似
引用基督教經典，弗拉吉米爾引伸出自己的訓言，一方面顯示弗拉吉
米爾崇尚的價值，也正是羅斯民族的倫理道德觀。

　　瘦弱的我，祖父是那位充滿福氣又光榮的雅羅斯拉夫，受洗時教名為瓦西里，羅斯名為弗拉吉米爾，父親迎娶了來自莫那莫赫家族的母親……為了一群基督徒，謹守自身的慈悲為懷，以及父親的悲憫之心，多少人倖免於難。我將坐上雪橇[85]，內心深處仔細思量，讚頌上帝，祂至今仍護佑有罪惡的我。我的孩子們或是任何聽聞這份文字（грамотка）的人，不要訕笑，我孩子當中若有人喜歡，就謹記於心，將來不可怠惰，要勤奮不倦。

　　首先，看在上帝和我的靈魂，要內心敬畏上帝，對人要滿懷慈悲，這是百善之首。若誰不喜歡這篇文字，任其不嘲笑，就讓他們說：他就算上了雪橇，接下來的路上還不知所云呢。

　　兄弟派的使者在窩瓦河那兒對我說：「快跟上我們，一同去追殺羅斯提斯拉夫兄弟，奪取他們的地盤吧；要是不跟我們去，那我們還是會去，你就留下吧。」我回答：「就算你們憤怒不悅，我都不能同你們一道去，也不能破壞誓約。」

　　我讓他們（使者，譯者）走了之後，拿起《舊約聖詠集》，攤開來看，我看到了：「啊，我的靈魂在憂愁什麼？為何你使我焦躁不安？」──等等。後來我蒐集了這些金玉良言，再按順序
p. 237 排列抄寫。如果你們覺得後面（寫的，譯者）不夠好，至少也要聽開頭部分。

　　「我的心靈為何愁苦？你為何使我焦躁不安？仰望上帝，因我相信祂。」「不用羨慕那些狡猾的人，不用嫉妒為非作歹的

---

85 羅斯人常用雪橇運送遺體，也因此比喻為死亡。另見1015年條註腳。
　根據原文注，這句話可能有兩種意思：一指「冬季的旅途上」，另一
　指「行將就木」；以第二種意思理解，在全文中比較有意義。

人，因為惡人將消滅，聽從天主將握有大地。」再一小段：「惡人將不存在；看看他的所在，無法尋覓他。恭謙者將繼承大地。許多人因和樂而喜悅。處心積慮作惡的人，咬牙切齒咯咯作響，反對守戒律的義人；天主笑他，因已看見他的日子來臨。惡人現出武器，拉開弓箭，要射向卑微和貧弱的人，刺穿善人的心。他們的武器會刺向他們的心臟，且他們的弓箭即將折毀。義人的匱乏優於惡人的富裕。惡人的力量將耗竭，天主會加強那些義人。當惡人斃命，祂將憐憫並賞賜義人。那些福氣之人將接收大地，作惡者則一律消滅。大家要跟隨天主的腳步。他跌落時不會粉身碎骨，因天主扶持他的手臂。年輕的已衰老，未曾見過義人被拋棄，他的後代也不曾乞討。義人在每一天施予旁人，慷慨借出，他的後人將平安幸福。遠離罪惡，要行善，尋得和平，趕走邪惡，要永生永世如此過活。」

　　「當有人來欺凌，我們會被生吞活剝；當他的憤怒指向我們，大洪水足以將我們滅頂。」幸好上天護佑我們。

　　「上帝憐憫我，有人踐踏我，日日來欺凌我。我的敵人來犯，許多惡煞朝我呼天而來。」「要歡慶節日，當眼見報復之時，在敵人的鮮血中洗滌雙手。這個人會說：『假使對義人有所恩賜，代表著裁決大地的上帝存在著。』」「上帝，把我從我的敵人釋放，保護我免於加害的人。讓我脫離作惡多端，拯救我免於流血之痛，我的心靈已被擄獲。」「祂的震怒只有瞬間，一生都要在祂的旨意中：就算夜間哭泣，早晨就是歡喜。」「因為祢的慈愛比我的生命美好，我的雙唇要讚頌祢。我要在有生之年祝福祢，以祢之名舉起我的雙手。」「要我遠離奸惡狡詐之流，以

及那些作惡多端的人。」「用心使義人感到喜樂。我將永遠讚頌天主，永無止息讚美祂。」等等。

如同瓦西里對招來的年少者訓示：要有潔淨的心靈，適當的體格，言談恭謙，遵守天主之言：「飲食無聲，在長者面前沉默以對，聽取智者的話，順從長者，保有平等和幼年之愛，不可巧言令色，要多思考；切勿言語施暴，切勿言談指責謾罵，減少嬉笑，對長者懷有知恥的心，不與怪異女子交談，雙眼朝下，心靈向上，遠離世間虛幻，不要規避向熟悉治理的人學習，事事予以尊敬。你們當中若有人能夠帶給別人幸福，就讓上帝賜與永久的p. 238 喜樂。」「主宰一切的聖母！除去我心中的傲慢和粗魯，好讓我在此塵世間不自我誇大，平凡過一生。」

信上帝的人，要學會履行虔誠篤信，按福音之言，要學會「雙眼觀察，少言，少慾，身體力行，降低怒火，心思純淨，對行善興致勃勃，看在天主的份上；遇欺凌—— 不要報復，遭嫉妒—— 去愛他，被壓迫—— 要忍耐，逢謾罵—— 保持緘默，消滅罪惡。」「解救受屈辱的人，給孤苦無依者公道，還給寡婦清白。一同加入吧，天主說。假使你們的罪惡血紅，白雪將洗刷乾淨。」等等。「齋戒的春天和悔過的花朵閃耀；弟兄們，我們要潔身免於各種身體和心靈流血。對施予光明者呼喊：『祢是榮耀的！。』」

我的孩子們，須真切的仔細思量，愛人的上帝極為慈悲，極為寬大。我們這些有罪的人會死去，若誰對我們作惡，我們就想要傷害他，使他流盡鮮血；而我們的天主掌控了生命和死亡，我們的罪惡遠超過我們一生所承受。如父親慈愛自己的孩子，會鞭

打他，又重新撫慰他，我們的天主正如此顯示我們戰勝了仇敵，有三種善行可遠離他們並戰勝他們：懺悔、眼淚和憐憫。我的孩子們，交給你們這些，上帝的教誨一點也不沉重，就是那三件事可脫離自己的罪惡，將不失去天上王國。看在上帝的份上，我懇求你們不要怠惰，不要忘記那三件事，那些並不難；那倒不是至今還有人接受考驗的隱居修道、出家離世、挨餓受苦，做到一點點就可獲得上帝的慈愛。

「人是什麼，祢怎麼想呢？」「偉大的祢，天主，祢所作的一切，無比神奇；眾人無法思量祢的神奇。」我們要再一次說：「偉大的祢，天主，祢的作為無比神奇，祢光彩又榮耀的名字永留大地。」誰不會讚頌，或不歌頌，或是不讚美祢的偉大奇蹟，以及在這世間創造的喜樂，創造了天，太陽，月亮，星辰，黑暗與光明，土地至於水面，天主，全是祢的巧思！還有各式各樣的猛獸、飛禽和魚類，也在祢的構思下活靈活現，天主啊！奇蹟之後又以塵土造人，每個不同的面貌；若是把所有人集合起來，每個人有自己的樣貌，有自己的一張臉，均是上帝的智慧。空中還有來自樂園的鳥禽，首先到我們的手上，又不只棲息在同一個國家，大地上強者與弱者並行，尊崇上帝的旨意，佈滿森民和田野。這全是上帝給人類的恩賜，有糧食和歡樂。偉大的天主，祢對我們的慈愛，祢為有罪的人們創造幸福。還有那些受祢指點的天上鳥禽，天主：當祢指引時，人們將歌詠並無比歡樂；祢若不予以指引，那麼即便有口也無言。「天主，無比的光榮，無可比擬的光榮！」祢創造了，完成了所有奇蹟和幸福。「天主，誰不歌頌祢，不滿懷信仰，以聖父、聖子、聖靈之名，給他最大的詛

咒！」

　　　我的孩子們，讀了這些至理名言，要歌頌憐憫我們的上帝；接下來所寫的是我個人愚鈍之言。聽我的話；如果你們不全然贊同，至少也要聽一半。

　　倘若上帝撫慰你們的心，要為自己的過錯流淚，說：「祢對有罪的我們如同對蕩婦、強盜和收稅人般慈悲憐憫。」教堂裡所做的，臥躺時也要（做，譯者）。任何一個晚上都不要漏掉，如果能做到，鞠躬要著地；生病的時候要做到三次。千萬別忘記，不可怠惰，人因夜間禱告和禮拜而擊敗魔鬼，白天犯錯了，以此免除。若騎在馬上沒事的時候，如為別人禱告不知從何說起，那就不停默念「天主垂憐我」，這個祈禱勝過一切，比邊行進邊想些無謂之事要好。

　　不要遺忘那些貧弱的人，如有能力，盡可能填飽孤兒的肚子，替寡婦解圍，別讓強者欺凌他人。無論善人或惡人都不要殺害，也不要命令人去殺害；如果有人該死罪，也不要殺害任一個基督徒的靈魂。[86]無論說了什麼好的或壞的，不可劃十字和詛咒上帝，因為你並不需要。如果你們兄弟間要以親吻十字架立約，那麼先在心裡衡量是否做得到，才能親吻十字架，一旦親吻十字架，就必須遵守約定，不可毀約，免得破壞自己的靈魂。崇敬主教、神父和修道院長，用愛心領會他們的教誨，不可違背他們，以能力所及去敬愛和關心他們，才能由他們的祈禱獲得上帝的力量。內心和腦子裡萬萬不可驕傲，我們說：我們都會死，今天還

---

86 根據原文注，雖然羅斯法典中無死刑，但這裡並非指法律上的刑罰，而是訓示後輩，對待部屬、平民不可專制殘暴。

活著，明天就進棺材；所有的一切是祢賜予我們，不是我們的，而是祢的，祢只是把這些交付給我們一些時日。不把任何東西珍藏地底，這是我們極大罪惡。敬長者如父親，待後輩如兄弟。在家裡不要懶惰，自己照料好一切；不要依賴提溫（тиун）[87]或少年兵，以免旁人笑話你們不顧家庭，不顧三餐。別偷懶不上戰場，不可依賴軍隊；不可貪杯，不可暴食，不可嗜睡；要親自安排夜哨，夜裡要多佈署守衛，睡在士兵旁，早點起床；不要魯莽匆促抽出武器，不要眼神呆滯，有人會冷不防殺害。避免謊言、飲酒、淫蕩，那足以殘殺身體。你們在自己的土地無論走到哪，無論認識的或不認識的，對村莊或苗種，別讓年輕手下幹壞事，以免百姓咒罵你們。[88]無論走到哪裡或停留何處，要餵飽服刑人，款待來客，無論他從何處來，是平民、朋友或來使；如果沒能夠送禮，那麼拿出好吃和好喝的；因為他們走了之後，會在各地祝福人群，對善人或惡人都是。要探望病患，送死者最後一程，因為我們都難免一死。不要漏掉任何人，對他說出好話。愛自己的妻子，但千萬不可把自己的權力交給她。我要再一次對你們說：對上帝懷抱無比敬畏之意。　　　　　　　　　　　　　　　p. 240

　　如果你們記不住這些話，那麼就常常反覆閱讀：我不會難為情，對你們也有益。

　　你們會哪些好事，就不要忘記，而還不會的事，就要學會──就像我的父親，待在國內便通曉五種語言，因此得到各

87　提溫（тиун）是羅斯時期為王公貴族管理家務的部下。

88　這裡敘述的情況應是指任一王公在自己的領地內，除了不定時的出巡，或是每年秋後的收稅出巡，都不可侵擾平民。

國敬重。懶惰是萬惡之母：誰會什麼，如果忘了，就等於不會，而且再學也不會。要做善事，不要疏於做任何善事，特別是對教會。不要讓太陽照到你們還躺在床上。我那有福氣的父親和最優秀的手下都以此行之。晨禱時讚頌上帝，等到太陽升起看見陽光，要滿懷欣喜讚美上帝：「上帝，照亮我的雙眼，賜予我大好光明。」還有：「天主，助我增加一年再一年，讓我向前，我好懺悔自己的罪惡，改善我的生命。」當我和隨扈軍在一起，或是在庭上裁決人，或是狩獵和收取稅貢時，還有就寢時，我如此讚頌上帝。正午時刻小睡是上帝指示；無論是對野獸、飛禽和人，都如此安排。

我的孩兒們，我現在再和你們說說我自己的事蹟，我從13歲開始奮力南征北討，和勤於狩獵。首先，我經由維雅奇人的地盤前往羅斯托夫；父親派我前去，他自己則往庫爾斯克，我再次去斯摩連斯克，是和司達夫・郭嘉提奇一道，他後來和伊夏斯拉夫一起去貝瑞斯提，而我被派往斯摩連斯克，後來從斯摩連斯克趕往弗拉吉米爾。那年冬天兄弟命我到滿是火海的貝瑞斯提，那是波蘭人所焚毀，我繼而在那領導劫後餘生的一座城。之後，我前往佩瑞雅斯拉芙找父親，復活節過後，從佩瑞雅斯拉芙轉往弗拉吉米爾──在蘇台斯克和波蘭人簽下和平之約。從那兒再度前往弗拉吉米爾，待了一個夏天。

之後，斯為托斯拉夫派我去波蘭；我到了捷克森林那兒的葛羅果，在他們的國土遊走了4個月。同年，我的長子出生於諾夫哥羅得。我從那兒前往杜羅夫，春天時去了一趟佩瑞雅斯拉芙，然後再次去杜羅夫城。

　　後來斯為托斯拉夫去世，我就再次前往斯摩連斯克，那年冬天由斯摩連斯克前往諾夫哥羅得。春天到了，我去援助格列柏。夏天和父親來到波羅次克，隔年冬天和斯維托波克征討波羅次克，還燒毀了波羅次克；他前往諾夫哥羅得，而我在奧得瑞斯克和波落夫茲人開戰，才再往切尼哥夫。於是我再度從斯摩連斯克來到切尼哥夫見父親。阿列格從弗拉吉米爾出走，也來到那兒，我請他過來切尼哥夫的紅宮裡，和父親一同用餐，還送給父親300個金幣。然後又從斯摩連斯克來的途中，我迎戰波落夫茲人，破了軍隊圍堵，來到佩瑞雅斯拉芙，父親巧遇我從前線回來，同年我和父親再度聯合伊夏斯拉夫，前往切尼哥夫攻打包理斯，我們打敗了包理斯和阿列格。接著再前往佩瑞雅斯拉芙，停留在奧布羅夫。

　　後來夫喜斯拉夫火燒斯摩連斯克，我和切尼哥夫人駕馬飛奔過去，但沒趕上在斯摩連斯克的事。那一次出兵，我在夫喜斯拉夫之後燒了他的地盤，遠至路柯里和落戈什克，隨後征戰至德魯次克，又再度前往切尼哥夫。

　　那年冬天波落夫茲人搗毀整個司塔爾度，我帶著切尼哥夫人和我的波落夫茲人在蝶思納擄獲兩個王子，亞薩杜克和薩武克，把他們的侍衛軍殺光了。第二天在新城之外大破白可根的精銳部 p. 241
隊，奪走所有糧食和俘虜。

　　我連兩個冬季深入維雅奇，攻打哈多塔和他的兒子，我們第一年冬天先來到寇里諾城。然後我們再次對羅斯提斯拉夫的兒子們出兵，追趕至米庫林，但沒抓到他們。那年春天，還到布洛地和雅羅波克會談。

　　就在那一年，我們驅逐波落夫茲人，來到赫蘿，他們佔領了果洛參城。

　　是年秋天，我們聯合切尼哥夫、波落夫茲與奇切維樓人進軍明斯克，拿下該城，在那兒一文錢、一口牲畜都沒留下。

　　那年冬天，我們來到雅羅波克的布洛地這兒收取供品，還結下偉大的友愛之情。

　　到了春天，父親命我進駐那個地位高於其他兄弟的佩瑞雅斯拉芙城，[89]後來我們前往蘇波。往埔里路可城的途中，突然遇到波落夫茲王的八千大軍，我們原想與他們交戰，可是武器在前方的戰車上走遠了，於是我們進城去，只活捉了一個部下和幾個農夫，我們砍殺和逮捕到的波落夫茲人較多，而波落夫茲軍沒膽騎馬，連夜逃往蘇拉。第二天是升天日（Успение），我們攻進他們的營地白屋，上帝和聖母給我們力量：我們殺了九百個波落夫茲人，還抓到兩個王子，即巴古拔斯兩兄弟，歐獻和薩克喜，只有兩名手下逃跑。

　　後來，我們到斯為托斯拉夫列城追趕波落夫茲人，接著來到托爾切斯克城，後來又追著波落夫茲人抵達尤里耶夫城。在河的這一邊克拉森附近，再次打敗波落夫茲，後來聯合羅斯提斯拉夫，在瓦林附近拿下了一批營帳。此後我再度前往弗拉吉米爾，當時有雅羅波克奉命進駐，後來雅羅波克也死了。[90]

---

89 通常大王公分封兒子領地時，可從領地位置推測被分封者的地位。佩瑞雅斯拉芙是距離首都基輔最近的大城市，不僅規模大，因位置介於基輔和波落夫茲人之間，也具有保護首都的作用。

90 這裡敘述發生於1086年的事。見1086年條。

　　父親去世後，斯維托波克當大王公時，[91]我們重新和波落夫茲人在絲圖格納河邊，禾列普附近大戰至夜晚，後來我們和圖郭爾罕以及波落夫茲其它的王公談和，接著從格列柏的手下那兒奪走整個隨扈軍隊。

　　過些時候，阿列格帶著波落夫茲人來到我的切尼哥夫，我的隨扈軍和他們在小城堡那兒大戰了8天，我軍沒讓他們進入城池；我很疼惜那些基督徒，還有那些焚燒著的村落與修道院，我說了：「別讓異教徒得逞。」後來我把我兄弟父親的王位還給他，我自己則前往佩瑞雅斯拉芙，坐上我父親的王位。我們約有100人，在聖徒包理斯日那天帶著妻子兒女，走出切尼哥夫城，破了波落夫茲大軍。波落夫茲人原本對我們虎視眈眈，守在河口和山上，幸好上帝和聖包理斯沒讓我給他們活捉，毫髮無傷地來到佩瑞雅斯拉芙。

　　我和我的隨扈軍在佩瑞雅斯拉芙一待就是3個寒暑，[92]因戰爭和饑餓吃了許多苦頭。我們來到里莫夫城，與對方迎戰，上帝救了我們，我們把敵軍殺光，還俘虜許多人。

　　我再度擊破依拉爾的手下，來到郭塔夫城，拿下他們的城

91　弗拉吉米爾的父親夫榭瓦洛得（Всеволод Ярославич）去是於1093
　　年，同年弗拉吉米爾的堂兄弟斯維托波克（Святополк Изяславич）繼
　　任大王公。詳見1093年條。

92　佩瑞雅斯拉芙有兩個。弗拉吉米爾停留的佩瑞雅斯拉芙，就是他父親
　　當初分封給他的，離基輔城不遠的那一座城；而另一個比較小，位於
　　東北方羅斯托夫附近。弗拉吉米爾擔任佩瑞雅斯拉芙王公大約有十八
　　年（1094-1113），此期間常受波落夫茲人攻擊。根據原文本注，這
　　裡說的「三年」是最艱困的時候。

池。

　　後來我們前往司塔爾度征討阿列格，因為他勾結波落夫茲人。我和斯維托波克來到布格河，進攻待在羅斯河的伯尼亞。

　　我朝斯摩連斯克出發，去和大維談和。隨後又第二次從沃落尼察出發。

p. 242　　就在那時，又有托爾及帶著波落夫茲和奇切維樓人來犯，於是我們前往蘇拉河迎戰。

　　之後大夥再次來到羅斯托夫過冬，接連三年冬天往返斯摩連斯克。最後從斯摩連斯克來到羅斯托夫。

　　後來再次與斯維托波克追討伯尼亞，可是我們殺了……，還是沒能趕上他們。再一次追趕伯尼亞是來到了羅斯河，還是沒逮到他。

　　這回冬天我去了斯摩連斯克；復活節過後離開斯摩連斯克；然後是尤里的母親去世。[93]

　　（隔年）夏天之前，我回到佩瑞雅斯拉芙，把兄弟集合了一次。[94]

　　伯尼亞聯合所有的波落夫茲人來到科司尼亞丁；我們為與其對抗，從佩瑞雅斯拉芙跑到蘇拉河，上帝助我們一臂之力，把敵軍打得落花流水，抓到最大頭的幾個王公，到聖誕節我們和亞耶帕訂了和約，然後帶著他的女兒前往斯摩連斯克。過些時日又去

93　尤里（Юрий）的母親就是弗拉吉米爾的妻子。

94　弗拉吉米爾於1107年集合兄弟，為抵抗伯尼亞率領的波落夫茲軍隊。此次參與聯軍的王公有：弗拉吉米爾、斯維托波克、阿列格、斯為托斯拉夫、姆斯提斯拉夫、唯契斯拉夫、雅羅波克。詳見1107年條。

了羅斯托夫。

　　我再次聯合斯維托波克，從羅斯托夫進攻波落夫茲人至烏魯索柏，上帝還是站在我們這一邊。

　　過些時日我前往魯本，再一次征討伯尼亞，上帝幫了我們。

　　後來我和斯維托波克走了一趟渥尹，過些時日聯合斯維托波克和大維，攻戰至頓河，上帝幫了我們大忙。

　　亞耶帕和伯尼亞竟來到維爾，我們原本要去捉拿，我聯合阿列格，帶著孩子們出發前往羅門，他們得知消息，隨即逃之夭夭。

　　過些時日，我前往明斯克攻打格列伯，因他抓了我們的人，上帝助我，我得到我要的了。

　　我無法忍受雅羅斯拉維茲（Ярославец）的惡行，前去弗拉吉米爾攻打他。[95]

　　我從切尼哥夫到基輔城父親那兒走了近百回，在晚禱前（до

95　弗拉吉米爾刻意將雅羅斯拉夫說成雅羅斯拉維茲，在俄語中表低下或貶意。1102年原本弗拉吉米爾和堂兄弟斯維托波克約定，「諾夫哥羅得城為斯維托波克所有，所以把兒子（雅羅斯拉夫）派駐那兒；而弗拉吉米爾得把兒子（姆斯提斯拉夫）派駐弗拉吉米爾城。」但諾夫哥羅得拒絕接受，反而同意弗拉吉米爾之子姆斯提斯拉夫的統領。或許雅羅斯拉夫和弗拉吉米爾之間的嫌隙從此開始。但無論如何，1111年兩家父子仍並肩作戰，對抗波落夫茲人。雅羅斯拉夫更於1112年迎娶斯提斯拉夫之女，所以雅羅斯拉夫是弗拉吉米爾的姪子，也是孫女婿。雅羅斯拉夫後來掌有瓦林（Волынское княжество），此處的弗拉吉米爾城是指羅斯國西南方瓦林之內的大城市，而非東北的新城市。1117年弗拉吉米爾攻打位於弗拉吉米爾城的雅羅斯拉夫，歷史學家無法斷定切確原因為何。詳見1117年條。

вечерни）[96]一天之內走完路程。總共打了八十又三回大場面的戰役，其他小戰爭不記得了。父親在或不在的時候，和波落夫茲王公結過十九次和平約定，還發贈許多牲口和自己的衣物（給他們，譯者）。[97]我釋放了波落夫茲最高層的王公，只有沙魯坎的兩兄弟、巴古拔斯的三兄弟、歐獻的四兄弟，以及其他較大的王公約100人。上帝幫我活捉到手的有：寇蘇斯和他兒子亞克嵐·布切維奇，塔瑞夫的亞思古陸王，還有維雅奇的15名少年，我把這些人活生生帶走，殺光之後丟進薩里尼亞河裡。同時，另再消滅他們最精良的200名手下。

　　我勤於勞動，待在切尼哥夫的期間常去狩獵；從我離開切尼哥夫城到今年，輕而易舉地獵捕百次，這還不包括在杜羅夫城外，和父親捕回各式猛獸的狩獵次數。

　　我在切尼哥夫還做了以下的事情：我在森林裡徒手制伏十匹和二十匹活生生的野馬，此外，曾在大平原上奔馳之際，徒手追捕一模一樣的野馬。曾有兩隻大野牛用頭上的角，把我連馬一起拋出，被一隻鹿撞倒過，有一回碰到兩隻駝鹿，一支用腳踐踏我，另一支用頭角抵撞我；一隻大野豬扯下我大腿上的劍，熊曾咬下我膝上的護墊，還有一隻猛獸攻擊我下身，我當場人仰馬翻。上帝總保佑我完好無傷。我多次墜馬，兩度摔破頭，手腳都受傷過，我不愛惜自己的性命，不保護頭部，從年少時就常自我傷害。

96　古俄時期教堂晚禱儀式約於下午三點鐘開始，或太陽西下之前。

97　根據原文注，羅斯王公贈送衣物給游牧民族是雙方長久的習慣，維持至十七世紀。

　　我年輕部下份內的事，我會先以身作則，無論是上戰場，去　p. 243
打獵，夜晚或白天、酷暑或嚴寒，都一刻不得閒。不要倚賴地方
部下或通令官，我必要時親力親為；即便家務我也自己料理。還
有巡獵和馬廄的繁雜事項，我也自己安排，我還親自照料豢養老
鷹和鶻鷹。

　　對於莊稼漢和孤苦寡婦，我不曾欺負他們，教堂禮拜的事
物，我也親自監督。

　　我的孩子們或是任何人讀了這番話，不要責難我：畢竟我
並非自誇自喜，而是讚頌上帝，讚美他對我的慈悲，我這般罪惡
又不才，祂多少年來保佑我，免於那些要命的急難險惡，總適切
賜予我這笨拙的人所有好事。你們讀了這些文句，要盡一切所能
做善事，以上帝的榮耀歌頌祂。孩子們，不要害怕死亡、爭戰、
猛獸，放手去完成上帝賦予你們的戰士使命。既然我從戰場、猛
獸、大水和墜馬倖免於難，那麼你們當中就不會有人在上帝召喚
之前受傷或罹難。而假使上帝要你死，那麼即便是父親、母親、
兄弟們都無法挽救；若好事降臨，也要謹慎以對，那麼上帝的庇
佑會比人的努力還要好。

〈書信〉[98]

　　啊，我多苦多難又沈痛悲傷！我的靈魂與心智纏鬥許久，靈魂戰勝了我心；我們都將腐朽，所以我認為，若不經一番懺悔，不和平寬恕，何以面對那可怕的最終大審判。

　　若有人祈禱：「我愛上帝，但我不愛自己的兄弟，」這是謊言。或是：「假使不寬恕兄弟的罪惡，那麼你的天父也不會寬恕你。」先知說：「不用羨慕那些狡猾的人，不用嫉妒為非作歹的人。」「還有什麼比兄弟為伴還要幸福美好！」一切都是魔鬼煽動！明智的我們之間，還有我們善良又充滿福氣的父親之間會發生戰爭，全受到魔鬼操弄，因為魔鬼不樂見親人間的和善。我會寫這封信給你，因為我那現在（領地，譯者）離你不遠，又當初由你受洗的兒子來為難我；[99]他派手下給我帶來一紙書信，裡頭說著：「就讓我們談和吧，上帝已為我的兄弟（伊夏斯拉夫，譯者）指示妥當。我們將不會為此報復，等到在上帝面前，就依照

98　《往年紀事》1096年條中間插入弗拉吉米爾寫作，其中的第二部分是他寫給堂兄弟阿列格（Олег Святославич）的親筆信，標題為譯者附加。1096年，弗拉吉米爾和阿列格先因為攻打波落夫茲人意見不合，發生過戰役。後來阿列格為尋求領地，攻佔東北方的木隆城；而該城當時由弗拉吉米爾的兒子伊夏斯拉夫統領，伊夏斯拉夫不幸死於這一年的戰役。弗拉吉米爾出於悲痛，寫這封信給阿列格。（詳見1096年條）

99　這裡說的兒子是弗拉吉米爾的長子，姆斯提斯拉夫。

上帝的指示；我們不可毀了羅斯國。」我看見我兒的謙卑，我可憐他，我以敬畏上帝的心道出：「他是如此年輕又不夠聰敏，但能為上帝奉獻；而我是罪惡最深的一個人。」

我聽到自己兒子的這番話，寫下這封信：我將從你的文字得知回應，無論你善意接受或嗤之以鼻。我先前已經用這番話事先提醒過你，我期待上帝寬恕你的罪惡，你能夠以謙卑和懺悔回應我。我們的天主不是凡人，上帝是萬能的，祂能夠在眨眼瞬間完成祂所要的，祂承受了一切非難、屈辱和打擊，以死來回報，掌控生與死。而我們這些罪惡又愚蠢的人又算什麼。今天活著，明天就死了，今天得到光榮和名譽，明天就進入棺材，被人遺忘，我們得到的一切也會瓜分殆盡。

兄弟，回顧我們的先祖：他們儲蓄了什麼，又以何蔽體？是 p. 244 用他們僅有的，以一己靈魂達成的東西。兄弟，照理應由你傳這些話給我，預先知會我。當我的孩子，也是你的孩子，在你面前遭殺害，你看到了他的身軀和鮮血，如同首度盛開卻又枯萎的花朵，像隻慘遭殺害的羔羊，你站在他身上，應該要在心靈深處思考著：「嗚呼，我幹下了什麼事！我利用了他的年少無知，為世俗的罪惡給自己招惹過錯，讓他的父親和母親流淚！」

我必須用大衛之言告訴你：「我知道我的罪惡永遠在我面前。」塗抹了上帝油膏的大衛並非因屠殺流血垂首痛哭，而是因為觸犯姦淫罪，那一刻上帝寬恕了他的罪惡。你必須向上帝懺悔，給我寫來安慰的話語，再把我的兒媳送到我這兒，畢竟她既無惡也無善，讓我擁抱她，我好以哭泣代替歡唱，哀悼她的丈夫和他們的婚姻：因為我沒能親眼見到他們最初的歡喜和他們的婚

禮，要為我的過錯悲哀。看在上帝的份上，讓她快快隨第一位使者回來我身邊，好讓我陪她哭泣，幫她在我這兒安頓好後，她能像隻班鳩悲苦地棲息在乾枯樹枝上，而我也好在上帝那兒獲得安慰。

我們的父親們和先祖也都走過那條路：每個人由上帝裁決，而非自己。假使你當時按原意攻佔木隆市，而非奪取羅斯托夫，再派人跟我照會，我們不就從此和睦相處。你自己仔細想想，應該是我寫信給你，還是你得寫信給我？假使你當初囑咐我兒子：「去找你父親。」就算寫十次我都做得到。

戰士臥死沙場，何足為奇？我們最傑出的先祖都這麼死去。沒有必要假他人之手，讓我受盡屈辱和悲傷。他被手下教唆去搶奪什麼東西，得到的卻是罪惡。要是你派出使者或主教，你能夠向上帝懺悔，真心為善，那就寫下一封公道的信，到時候你將因良善獲得領地，我們也會真心向你，比從前還要好：我不是你的敵人，也不是復仇者。我並不想在司塔爾度見你流血；願上帝別讓我看見你因你的雙手，也不要因你的命令，或是兄弟中的任何人而流血。我若是說謊，上帝和聖潔的十字架會裁決我！我因抵擋異教徒前往切尼哥夫對你出兵，假使我有錯，我不只一次和自己的兄弟說過懺悔之意，還對他們說明了，因我身為人啊。

假使對你來說是好的，那麼⋯⋯假使對你來說不好，那麼在你之後，你的教子和他弟弟坐鎮在那兒，啃食先祖的糧食，而你自食其力，你來評判這件事吧；假使你想殺害他們，他們兩個就在你手上。我不想作惡，我要的是給兄弟和羅斯做些好事。你想要用暴力取得什麼，我們會照應你，會把你的領地司塔爾度交

給你。我們和你的兄弟談過了，上帝正是見證者，如果他不能和你一道談判，我們不會做任何蠢事，不會說：到我們和平相處之前，你和你的兄弟得再過來。倘若我們當中有誰不想為基督徒做些好事、帶來和睦，他的靈魂到那個世界就得不到上帝賜予的平靜！

　　我說這些話並非出於困頓，也非來自上帝降來的災難，你會 p. 245 有所領悟，我的靈魂勝過世間的一切。

　　我在終結的審判不需別人控訴，我自會揭發這一切。及其他事情。

〈祈禱〉[100]

　　睿智的長者，思想的傳遞者，愚人的導師，窮人的庇護者！主啊，容許我內心的理智！天父，賜給我文采稟賦，別讓我的雙唇阻礙對你的呼喊：慈悲的祢，憐惜沉淪墮落的我！「上帝——是我的希望，耶穌基督——是我的庇佑，聖靈，掩護我！」「我的希望和保護者，給我幸福，不要忽視我！我擁有祢，作為悲傷、病痛和所有災難時的救助者，我讚頌祢，呼喊祢！請仔細思考就會看見，上帝試煉真心並觀察意念，給予啟示，懲罰罪惡，給孤兒、弱者、貧者公正的審判。」俯首吧，我的心靈，為自己意念犯下的事情，用自己的雙眼檢視，讓自己流淚，向耶穌基督開誠佈公地說出自己所有的事情和想法，洗淨自己吧。聖潔的克里奇牧師安得烈，這位有福的父親！不要停止替我們這些敬重你的人祈禱，讓我們脫離所有的憤怒、悲傷、死亡腐朽、罪惡和災難，忠貞奉行你的教誨。聖潔的少女母親，保佑祢的城市，祢統治而興起的聖潔王國，讓它茁壯，所有戰役仰仗祢得勝，打敗仇敵並迫使他們屈服。「歌頌聖母，孕育了最神聖的至理名言！我們接受了大禮，保佑我們免於各種侵犯和眼前的苦難，呼喊祢。祢的奴僕祈求祢，我們以真心下跪祈求：請用你那聖潔的耳朵傾聽，拯救永久淪陷於哀傷的我們，聖母啊，保住敵人俘虜的那個

---

100 《往年紀事》1096年條中間插入弗拉吉米爾寫作，此為第三部分。
　　內容是弗拉吉米爾的祈禱詞，充滿基督教意味。標題為譯者附加。

屬於祢的城市！上帝，保佑你的遺產，寬恕我們所有罪惡，你看見我們正祈求祢，在生育祢的大地上，祈求祢垂憐大地，化為人們偉大的慈愛。」主啊，寬恕我，祢生來不朽，愛護生育祢的，當祢作為至善和慈悲的上帝，如同愛人者，坐上審判位置裁決我！聖潔的少女不受婚姻誘惑，得上帝寵愛，信守聖言！救贖垂死的我，我也對祢的兒子高唱：「憐惜我，天主，憐惜我！若你要審判，不要判我永世的火焰，不要以盛怒揭發我，生下祢的聖潔少女祈求祢，耶穌基督，許許多多天使和成群受難者。

　　以耶穌基督之名，我們的天父，賜予了名譽和榮耀，對聖父、聖子和聖靈，永遠、現在、永生永世！」

　　現在我想說些關於四年多前的事情，由諾夫哥羅得人古里亞特・羅郭維奇敘述給我聽的，他這麼說：「我先派了一個小隨從去彼修拉，找那些交稅貢給諾夫哥羅得的人。我的小隨從先是來到他們那兒，再從那兒前往尤格拉國。尤格拉是一群人，他們的語言不詳，而他們與北方各國的薩摩耶人比鄰。」尤格拉人對我的小隨從說：「我們找到了先前聽說過的一項偉大奇蹟，發生於三年前；有一群山脈綿延至海灣，高聳入天，山區裡吶喊聲不絕，人們開路入山，四處搜尋；在一座山裡闢出一個小路口，從 p. 246 那兒聽到了他們講聽不懂的語言，指著鐵金屬用手比劃著，跟我們討鐵器；若是誰給他們一把刀或是斧，他們會用毛皮來交換。至今因為隔著難以越過的斷崖、冰雪和森林，所以無法到達他們那兒；這群人只好繼續往北走。」我對古里亞特說：「這些人是當初被馬其頓王亞歷山大囚禁（在山區）的。」就是帕塔爾的梅法帝說到的那些人：「馬其頓王亞歷山大來到濱海的東方國家，

到達人稱的陽光地帶，看見那裡一群來自耶斐特族的不潔之民，看到他們骯髒行徑：他們吃下各種穢物，有蚊蠅、貓、蛇，他們不埋葬死人，卻取來嗛食，甚至女人流產物和各種骯髒的動物也拿來吃。亞歷山大見了，害怕他們人數增加和而汙染大地，所以把他們驅趕至北方各國，趕進高聳的山區；按照上帝的旨意把他們困在高山裡，不低於十二肘長的山上，在那兒立起銅製大門，並塗上蒜格力特油；沒人能夠拆下大門，火焰也燒不透，因為蒜格力特油的特性如此：火焰無法燒毀，金屬無法破壞。卻在最後幾天，有八個族人從依提里夫荒漠走出，這些不潔的民族走了出來，就依照上帝旨意住在北方山區裡。」

但我們再回到先前所說的事情吧。阿列格允諾來到斯摩連斯克找自己的兄弟大維，並且要和兄弟來基輔城談和，可是阿列格並不想這麼做，卻帶著軍隊來到斯摩連斯克，之後趕往木隆，而當時握有木隆的是伊夏斯拉夫·弗拉吉米爾維奇。伊夏斯拉夫得知阿列格正來到木隆的消息，於是派人到蘇茲達里和羅斯托夫，以及白湖人那兒討救兵，召集了為數眾多的士兵。阿列格派使者去見伊夏斯拉夫，說：「你去你父親的領地羅斯托夫吧，這是我父親的領地。我想坐鎮於此，和你的父親訂下和約。畢竟是他把我從我父親的城市趕出來的。而你在這裡是不是不願把我的麵包交給我？」伊夏斯拉夫仗著自己軍隊為數眾多，不接受這些話。而阿列格認為自有公道，這麼做才是正確，就帶著軍隊朝該城出發。伊夏斯拉夫在城前的原野上發動攻擊。阿列格用兵還擊，於是兩方交戰，這是場浴血大戰。伊夏斯拉夫，也就是弗拉吉米爾的兒子，夫榭瓦洛得的孫子，於九月的第六天遭殺害，他

的軍隊也隨之逃散，一些人穿過森林，另一些逃往城裡。阿列格
進入該城，市民迎他進城。他們把伊夏斯拉夫抬走，先放在聖救
世主修道院，再從那兒轉送至諾夫哥羅得，安葬於聖索菲雅教堂
裡面左邊的位置。阿列格取得該城，捕捉羅斯托夫人、白湖人和
蘇茲達里人，把他們上了鐐銬，就趕著去蘇茲達里。他來到蘇茲
達里，蘇茲達里市民對他投降。阿列格取得該城，捉了一些人，
又驅逐了另一些人，把他們的家產奪走。他再前往羅斯托夫，羅
斯托夫人也對他投降。他奪下木隆和羅斯托夫的所有土地，在各
處派駐官員，收取稅貢。姆斯提斯拉夫從諾夫哥羅得派了一個使
者去見他，說：「你該離開蘇茲達里去木隆，不要佔據別人的領
地。我會帶著隨扈軍去請求我的父親，也會和我的父親和好。你
殺了我的兄弟，此不足為奇：皇帝和勇士往往死於戰場。」阿列　p. 247
格無意聽從，反而算計著還要奪取諾夫哥羅得。阿列格派出自己
的兄弟雅羅斯拉夫前去營地，自己留在羅斯托夫附近的田野。姆
斯提斯拉夫和諾夫哥羅得人商量之後，派出多布林尼亞·拉古洛
維奇趕在自己前面先去營地；多布林尼亞首先把那些收稅官給抓
起來。守在米維及河旁邊營地的雅羅斯拉夫聽說了，那天夜裡趕
忙逃跑，來到阿列格這兒對他說，營地已被攻下，姆斯提斯拉夫
正前來，朝羅斯托夫前進。姆斯提斯拉夫來到窩瓦河邊，有人告
訴他，阿列格回去羅斯托夫了，於是姆斯提斯拉夫前去追趕他。
阿列格來到蘇茲達里，聽說姆斯提斯拉夫正追趕他，於是下令焚
毀蘇茲達里城，只留下彼修拉修道院的大樓房和聖迪米崔小教
堂，這座教堂是由依福瑞為修道院和幾個村落而建。阿列格逃往
木隆，姆斯提斯拉夫則來到了蘇茲達里，並鎮守那兒，他決定派

人和阿列格提議談和：「我年紀比你小，所以你該派人跟我父親談吧，而你捉到的隨扈軍得歸還：我將一切聽從於你。」阿列格假裝派人去跟他談和；姆斯提斯拉夫誤信謊言，把隨扈軍分派至各村落。等到費多羅夫齋戒週，費多羅夫週六那一天，當姆斯提斯拉夫正午餐時，有消息傳來說，阿列格在克兩濟瑪河附近，無聲無息地靠近。姆斯提斯拉夫因為信任他，沒有動身整軍，上帝也知道如何保護耿直的人不受騙上當！阿列格算計著進攻開打，布陣於克兩濟瑪河邊，姆斯提斯拉夫就逃跑了。就在當天和第二天隨扈軍集合好，和諾夫哥羅得人、羅斯托夫人和白湖人和姆斯提斯拉夫會和了。姆斯提斯拉夫在該城前方發動攻擊，阿列格無法朝姆斯提斯拉夫推進，姆斯提斯拉夫也動不了阿列格，雙方互攻了四天。有個消息傳來給姆斯提斯拉夫，「父親派出唯契斯拉夫帶領波落夫茲人（援助，譯者）。」唯契斯拉夫在費多羅夫週日後的禮拜四齋戒日抵達。阿列格於禮拜五進攻該城，姆斯提斯拉夫於是帶著諾夫哥羅得人和羅斯托夫人抵抗。姆斯提斯拉夫把弗拉吉米爾的旗幟交給一個名叫庫弩的波落夫茲人，再交給他一群士兵，安排他至右翼。庫弩領著士兵，揮舞弗拉吉米爾旗幟，阿列格看到弗拉吉姆爾旗幟嚇壞了，他和軍隊無不感到恐慌。雙方奔向戰場，阿列格攻打姆斯提斯拉夫，而雅羅斯拉夫攻打唯契斯拉夫。姆斯提斯拉夫帶著諾夫哥羅得人越過火場，諾夫哥羅得人帶著馬匹攻向可樂可沙河展開大戰，結果姆斯提斯拉夫得勝。阿列格看見弗拉吉米爾旗幟邁進，從後方趕了過來，阿列格嚇得魂飛魄散逃跑，姆斯提斯拉夫勝利了。阿列格逃到木隆，把雅羅斯拉夫關在木隆市，自己則前往梁贊。姆斯提斯拉夫來到木隆

市，和木隆市民談和，帶走自己的羅斯托夫人和蘇茲達里人，朝梁贊出發追趕阿列格。阿列格又逃出梁贊，姆斯提斯拉夫抵達之後，和梁贊市民立下和約，帶走那些被阿列格拘禁的人，他們原屬於姆斯提斯拉夫。他派人去和阿列格說：「你不要再跑了，我們會懇求自己的兄弟不把你從羅斯消滅。我也會去向父親為你求情。」阿列格答應了。姆斯提斯拉夫返回蘇茲達里，再依照尼其 p. 248 塔主教所託，轉往自己的城市諾夫哥羅得，這一切發生於6604（1096年，譯者）年，紀年的第4年間。

　　6605年（1097）斯維托波克和弗拉吉米爾、大維‧伊戈爾維奇、瓦西里科‧羅斯提斯拉維奇、大維‧斯為托斯拉維奇和他的兄弟阿列格，為了訂定和平會談集合於柳別區，他們彼此說著：「我們為何要破壞羅斯國，為何相互分裂？因我們內部相互攻擊，波落夫茲人正高得意地蹂躪我們國土。從今後我們要團結一心，保衛羅斯國土，就讓我們每個人管好各自領地：斯維托波克掌有基輔和伊夏斯拉夫的領地，弗拉吉米爾則有夫樹瓦洛得的領地，大維和阿列格、雅羅斯拉夫——握有斯為托斯拉夫的，還有那些由夫樹瓦洛得分得城市的：大維——擁有弗拉吉米爾城，羅斯提斯拉夫兄弟：瓦洛達爾——有佩瑞美施，瓦西里科——有特瑞波夫。」他們對此約定親吻十字架：「假使今後誰攻擊誰，我們所有人和神聖的十字架將討伐他。」大家說：「就讓神聖的十字架和全羅斯討伐他。」他們相互道別，即打道回府。[101]

101　自從1054年雅羅斯拉夫（Ярослав Владимирвич Мудрый）分派諸子
　　至各大城市，漸漸形成羅斯王公各自統治。而兄弟與父子間同時實
　　行的領地傳承，引發王公爭奪領地也日漸嚴重。有鑑於此，幾位權

　　斯維托波克和大維來到基輔，全民歡欣鼓舞，只有魔鬼因他們的友愛而嫉妒心痛。撒旦潛入幾個部下的心理，他們煽動大維・伊戈爾維奇，「弗拉吉米爾聯合瓦西里科，要攻打斯維托波克和你。」大維聽信了謊言，遊說斯維托波克攻打瓦西里科：「是誰殺了你的兄弟雅羅波克，如今又要聯合弗拉吉米爾攻打我和你？該小心自己的腦袋啦。」斯維托波克告訴大維：「如果你所言為真，上帝會為你見證；如果你心生嫉妒而說這些話，上帝會裁決你。」斯維托波克為自己的兄弟感到難過，心裡想著，此何以為真？他聽信了大維，大維欺騙斯維托波克，他們想起瓦西里科，而瓦西里科渾然不知，弗拉吉米爾也是。大維又說：「假使我們不把瓦西里科捉起來，那麼不只你無法在基輔稱王，我也不能留在弗拉吉米爾。」斯維托波克聽從了他的話。瓦西里科輾轉到維多別區，於十一月4日到達，他前往修道院向聖米海爾禮拜，在當地吃了晚飯，把自己的車隊留在茹地采；夜晚來臨，他的車隊已返回。第二天一早斯維托波克派人來他這兒，說：「別丟下我的命名節日而離去。」[102]瓦西里科則拒絕，說：「萬一有人來攻擊我家，我不能耽誤啊。」大維也派人來說：「兄

　　勢最強的王公集合，商議解決之道，促成了1097年的柳別區條款，此事件意義重大。在此之前諸王公即便對立，但仍深知違反政治傳統和宗族倫理。柳別區會議上王公首肯永久留在在各自領地上，目的是為了防止相互攻佔，卻也相對地為日後各自為政背書。然而，會後羅斯國不敵早已開始的分裂情勢，發生接下來的悲劇。

102 根據原文本注，斯維托波克（Святополк Изяславич）的教名是米海爾（Михаил）。而天使米海爾日，也就是斯維托波克的命名日在十一月八日。

弟，別走，不要違抗大哥。」瓦西里科不願聽從。大維就對斯維托波克說：「看到了吧，他心裡沒有你。等他回到自己的領地，你會看見他要佔得你所有的城市——杜羅夫、蘋斯克，還有你其他的城市。到時你就會想起我所說。你現在就把他叫來，逮捕他再交給我。」斯維托波克聽從了他的話，派人去追瓦西里科，說：「假使你不留下來過我的命名節日，那就現在過來，和我打個招呼，我們和大維一起見個面。」瓦西里科不知道這是個大維想出的騙局，就應邀前往。瓦西里科騎上馬出發，他的年輕隨從遇到他，對他說：「王公，別去啊，他們想捉拿你。」他沒聽進去，想著：「他們怎能捉拿我？大家才剛親吻十字架，說好了：如有誰進攻誰，十字架和我們所有人將討伐他。」他這麼想著，p. 249 畫了十字說：「就順著上帝的旨意吧。」他帶了少數隨扈軍來到王宮，斯維托波克出來走向他，他們進入一間小木房，大維也來了，他們坐下來。斯維托波克開始說：「留下來過節吧。」瓦西里科說：「兄弟，我不能留下：我已經下令車隊往前走了。」大維則像個啞巴坐著。斯維托波克又說：「兄弟，至少吃個早飯吧。」瓦西里科只好答應吃早飯。斯維托波克說：「你們在這兒先坐坐，我去安排。」他走了出去，大維和瓦西里科坐著。瓦西里科開始和大維談話，但是大維既不出聲，也聽不下去，因為他心裡藏著謊話而心生畏懼。大維坐了一會兒，問說：「兄弟在哪裡？」他們則告訴他：「站在棚台上（на сенях）。」大維就起身說：「我去叫他，兄弟你再坐一下。」他起身走了出去。大維匆忙走出，瓦西里科就被拘禁了，這是十一月5日，他們把他用兩個鐐銬銬上，徹夜看守。第二天清早斯維托波克把貴族和基輔市

民召來，告訴他們大維之前所言，「他殺了你的兄弟，又聯合弗拉吉米爾對付你，要殺了你，奪走你的城市。」貴族和人們說：「大王公，你該留意自己的腦袋啦；如果大維所言為真，就讓他懲罰瓦西里科；而如果大維說謊，就讓他得到上帝的報復，對上帝負責。」修道院長得知此事，向斯維托波克問起瓦西里科；斯維托波克回答他們：「這都要問大維。」大維知道了，就私下建議挖他雙眼：「如果你不這麼做，放了他，那麼不只是你，連我也不能當王公。」斯維托波克原想釋放他，但大維不願意，派人看守他。當天晚上他們把瓦西里科送到白哥羅得，一個距離基輔大約十里（верста）的小城；[103]他們把他銬著，用四輪大車運走，再帶他下了大車，關進一間小木屋。瓦西里科坐在那兒，看到一個托爾及人正在磨刀，他知道他們要挖他雙眼，於是對上帝嘶聲哭喊。後來由斯維托波克和大維派來的馬伏司維諾‧伊傑切維奇和迪米崔走進來，鋪上一條毯子，抓起瓦西里科，要扳倒他；他們和他劇烈拉扯，沒法扳倒他。其他人進來，扳倒他了，再綑綁起來，他們從火爐拿下一個平板放到他身上。司維諾‧伊傑切維奇和迪米崔坐在平板兩邊，還是擒不住他。另外兩個人過來，從火爐在拿下另一個平板，使勁地壓住再坐上去，造成他的胸部發出破裂聲。一個名叫貝倫吉的托爾及人，是斯維托波克的牧羊工人，拿起刀子要刺向他眼睛，揮向眼睛後卻劃破他的臉，瓦西里科的這個傷口至今還看得到。後來再刺向他的眼睛，挖出一隻眼，隨後再挖出另一隻眼。此刻的他已像個死人。他們把他放上

---

103 一里（俄里）約為1.066公里。「里」是古俄時期計算距離的單位，和「丈」（сажень）同為長度單位。

毯子，像包死人一樣裹好，裝進大車，前往弗拉吉米爾。當他們
載著他過了維日尖橋，停在一個市集，把他沾滿鮮血的襯衣脫
下，交給牧師的妻子清洗。牧師妻子洗好了，給他穿上，當時其
他人正在吃午飯；牧師妻子像哀悼一個死人，對他哭了起來。他
聽見哭聲，說：「我在哪裡？」他們回答他：「在維日尖城。」
他要了些水，他們給他水，他喝下水，靈魂回來了，他回過神摸 p. 250
摸襯衣，說：「為何要給我脫衣服？最好我就穿著那件沾滿鮮血
的襯衣死去，站在上帝面前。」那些人吃了午飯，和他趕忙上車
走上不平之路，當時是「不平」之月——格魯間月（грудень），
也就是十一月。[104]第六天，他們帶著他來到弗拉吉米爾。大維也和
他抵達，像是捉到個什麼樣的獵物。他被抓進瓦克耶宮，三十個
人看守他，還有王公的兩名少年兵伍藍恩和寇區可。

　　弗拉吉米爾得知瓦西里科被捕，還遭挖雙眼失明，他大感震
驚，哭了起來，說：「羅斯國無論在我們祖父的時候，或是我們
父親的時候，都未曾發生如此罪大惡極。」此時他派人去見斯為
托斯拉夫的兩個兒子大維和阿列格，告訴他們「你們去格洛捷茲
城，弭平發生在羅斯國和我們兄弟間的罪大惡極吧，一把利刃已
朝我們飛來。要是我們不弭平此罪大惡極，即將有更大的惡端降
臨我們，兄弟會自相殘殺，羅斯國將滅亡，我們的仇敵波落夫茲
人也會來奪取羅斯國土。」大維和阿列格聽了，哭得淚流滿面，
說，「我們宗族未曾如此。」他們立即召集軍隊，來到弗拉吉米
爾這兒。那時弗拉吉米爾帶著軍隊，守在松樹林裡。弗拉吉米爾

---

104 格魯間（грудень）是斯拉夫人過去稱的十一月或十二月。

連同大維和阿列格，派出自己的部下去見斯維托波克，說：「你為何在羅斯國作亂，朝我們發出利刃？你為何挖兄弟的雙眼？假使你有任何欲加之罪，大可向我們揭發，而你陷害他，那麼想必也會對我們這麼做。現在你倒是說說，你為何如此對付他。」斯維托波克告訴他們：「是大維・伊戈爾維奇先告訴我：『瓦西里科殺了你的兄弟雅羅波克，他還想殺你，奪取你的領地杜羅夫、蘋斯克、貝瑞斯提和波戈林那，而他已經和弗拉吉米爾親吻十字架約定好，弗拉吉米爾可得基輔城，至於瓦西里科則擁有弗拉吉米爾城。』我被迫要保住自己的腦袋。非我弄瞎了他的雙眼，是大維；還是他把他接過來的。」而弗拉吉米爾、大維、阿列格的部下則說：「不要找藉口卸責，說是大維弄瞎他的雙眼。他並不是在大維的城裡被捉、被挖雙眼，而是在你的城裡被捉和被挖雙眼。」他們說完就離開了。第二天早晨他們集合好之後，越過得涅伯河攻打斯維托波克，斯維托波克原想逃離基輔，但是基輔市民不讓他逃跑，不過他們派人去見夫樹瓦洛得死後留下的妻子和都主教尼古拉，請他們去見弗拉吉米爾，說：「王公，我們乞求你和你的兄弟，不要毀了羅斯國。倘若你們相互開戰，外族豈不樂見，並來奪取我們的國土，這是你們的幾位父親和祖父勞苦功高，英勇打下的江山，他們為羅斯國而戰，從外面掙來土地，而你們卻要毀滅羅斯國。」夫樹瓦洛得的遺孀和都主教來見弗拉吉米爾，把基輔市民的請求轉告他，請求他談和，保衛羅斯國，再攻打外族。弗拉吉米爾聽了淚流滿面，說：「我們的父親和祖父確實開闢羅斯國土，而我們卻要毀滅她。」於是弗拉吉米爾接受了王后的請求，因為他視她如母，他非常懷念敬愛的父親，他到

父親死前都不曾忤逆他；所以他對她就像母親般順從，他也尊敬地位崇高的都主教，不願違背他的請求。

　　弗拉吉米爾心懷慈悲：他敬愛各位都主教、主教和修道院 p. 251 長，他尤其敬愛修道院的修士和僧侶，他對待他們如同母親對孩子，給他們飲食和照顧。每當他看見誰落得不安或為難的處境，他從不指責，反而以愛相對，安慰旁人。但我們還是回到先前的事件吧。

　　王后在弗拉吉米爾那兒待完，就返回基輔城，把一切轉告給斯維托波克和基輔市民，告訴他們即將談和。於是他們相互派部下至對方，約定談和，並告訴斯維托波克：「這是大維出的計謀，你該去找大維，要不逮捕他，要不驅逐他。」斯維托波克同意此約定，他們相互親吻十字架，談和了。

　　當瓦西里科還在原先說的弗拉吉米爾城，那時正要大齋戒，而我也剛好在弗拉吉米爾城裡，一天夜裡大維派人來叫我。於是我前去見他；他的隨扈軍坐在他身邊，他要我坐下，對我說：「今天晚上瓦西里科告訴伍藍恩和寇區可：『我聽說弗拉吉米爾和斯維托波克正要攻打大維；如果大維聽我的，我會派自己的部下去請弗拉吉米爾退兵，因為我知道要跟他說什麼，他才不會進攻。』那麼瓦西里，我就派你和這些少年兵，到跟你同名的瓦西里科那兒，傳話給他：『如果你要派出自己的部下，而且假使弗拉吉米爾退兵了，把你中意的城市交給你——斯瓦洛什、甚波里或佩瑞美施。』」我去見了瓦西里科，把大維的話告訴他。他說：「我沒有說過那些話，我相信上帝自有公道。我要派人去弗拉吉米爾那兒，以免他們把我殺了。我很驚訝他要把自

己的城市送給我，但我的特瑞波夫城由我管轄，無論現在或將來都是。」這番話實現了，他很快地獲得自己的領地。他又告訴我：「去告訴大維：『把庫理枚送來我這兒，我再把他送交弗拉吉米爾。』」大維並沒有把他送來，再度派我來告訴他：「庫理枚不在那兒。」瓦西里科告訴我：「你再留下來待一會兒吧。」他吩咐自己的僕人退下，和我並坐，跟我說：「我聽說了，大維想要把我交給波蘭人；他喝我的血還不夠，想再吸更多血，要把我交給他們。畢竟我和波蘭人交惡很深，我還想為羅斯國向他們報仇。要是他把我交給波蘭人，我視死如歸，但我告訴你實話，這是上帝譴責我的傲慢才這麼做：我得知一個消息，比倫捷人、珮切尼格人和托爾及人正要來攻打我，我告訴自己：如果比倫捷人、珮切尼格人和托爾及人來到我這兒，我會跟自己的兄弟瓦洛達爾和大維說：你們只要給我一些隨扈軍，自己去飲酒作樂吧。我認為，我會在冬天和夏天進攻波蘭，我會取得波蘭國土，為羅斯國報仇。之後，我還要逮捕多瑙河的保加利亞人，把他們移到我的地盤。然後再請斯維托波克和弗拉吉米爾幫忙攻打波落夫茲人，我要不給自己取得榮耀，要不為羅斯國摘下腦袋。我心裡從沒陰謀要攻打斯維托波克，也沒要打大維。我在此以上帝和他的降臨發誓，我不曾算計自己的兄弟。不過上帝抑止我的傲慢，馴服了我。」

p. 252　　過了些時候，復活節到來，大維整軍出發奪取瓦西里科的領地；瓦西里科的兄弟瓦洛達爾在柏札斯克附近迎戰。大維不敢攻打瓦西里科的兄弟瓦洛達爾，躲在柏札斯克，瓦洛達爾把他圍困城裡。瓦洛達爾說：「你為何如此作惡多端，還不懺悔嗎？你

想想，你幹了多少壞事。」大維則誣賴給斯維托波克，說：「難不成是我做的，難道在我的城裡發生的嗎？我不過是害怕他們捉我，怕他們對我做壞事，我不得不配合詭計，聽從他們。」瓦洛達爾說：「上帝見證一切，而現在你釋放我的兄弟，我可以和你談和。」大維心感得意，派人去接瓦西里科，再交給瓦洛達爾，他們立下和約就各自離去了。瓦西里科擁有特瑞波夫，而大維來到弗拉吉米爾城。當春天來臨，瓦洛達爾和瓦西里科來到斯瓦洛什攻打大維，大維守在弗拉吉米爾城裡。他們佔領了斯瓦洛什附近城鎮，放火焚燒，居民逃散。瓦西里科下令殺光所有人，報復無辜的人們，流出清白的鮮血。他們隨後來到弗拉吉米爾城，大維躲在弗拉吉米爾城裡，他們攻下這座城。他們派人告訴弗拉吉米爾市民：「我們並非要進攻你們的城市，並非攻打你們，而是攻打塗里亞克、拉札爾和瓦希而，這些是我們的敵人，因為是他們勸進大維，而大維聽從了他們，才犯下大奸大惡。如果你們要為他們而戰，我們奉陪，不然就交出我們的敵人。」市民聽了，集合開會，[105]眾人對大維說：「你交出這些部下吧，我們不會為他們而戰，但我們願意為你戰鬥。不然，我們就要打開城門，你要保住自己的命啊。」所以不得不交出他們。而大維說：「他們不在這裡。」因為他把他們遣去盧茲克了。當他們前往盧茲克時，塗里亞克逃往基輔，而拉札爾和瓦希而回到了土里斯克，人們對大維大喊，說：「交出他們向你討的人吧！否則我們要投降啦。」大維只好派人把瓦希而和拉札爾送回來，交出他們兩人。

105　此為市民會議（вече），見997年條註。

就在禮拜日訂定了和平之約。至第二天黎明瓦希而和拉札爾被送走，瓦西里科兄弟用弓箭把他們處決了，才離開城市。這是他做出的第二次報復，他不應這麼做，使上帝只是個復仇者，他應該把自己的仇恨託付上帝，如同先知所言：「我們對敵人報仇，向仇恨我的人報復，因為上帝替自己的孩兒報復，對敵人和仇視他的人施以懲罰。」他們出城時，取下他們的遺體，埋葬了。

斯維托波克允諾驅逐大維，向貝瑞斯提出發，攻打波蘭人。大維得知，前往波蘭找弗拉吉斯拉夫尋求援助。波蘭人答應幫他，向他收取50格里夫納黃金，[106]對他說：「跟我們去貝瑞斯提吧，斯維托波克要我們前去討論，我們到了那兒會設法讓你和斯維托波克談和。」大維聽從他們的話，就和弗拉吉斯拉夫前去貝瑞斯提。斯維托波克已在城裡，波蘭人還在布格河，斯維托波克開始和波蘭人談判，送給他們一份大禮，換取大維。弗拉吉斯拉夫對大維說：「斯維托波克不想聽我的，你往回走吧。」於是大維前往弗拉吉米爾城，斯維托波克和波蘭人談了又談，向蘋斯克
p. 253 出發，派人召來軍援，於是他來到多洛戈布什，等自己的軍援到了之後，就出發攻打大維。大維封鎖在城裡，對波蘭人的援助抱以厚望。因為他們告訴他：「要是羅斯王公要來攻打你，我們將是你的得力助手。」看來他們對他撒了謊，還從大維和斯維托波克手上拿到金子。斯維托波克包圍該城，守了將近七個禮拜；大維只好哀求：「放我出城吧。」斯維托波克答應了他，他們雙方互相親吻了十字架，大維走出該城，來到切爾文；而斯維托波克

---

106 「格里夫納」是羅斯的貨幣單位，金幣或銀幣均以格里夫納為單位，見882年條註腳20。

在大齋戒的禮拜六進入弗拉吉米爾城，大維則逃亡至波蘭。

　　斯維托波克驅逐了大維，又盤算著要攻打瓦洛達爾和瓦西里科，他說：「這是我父親和兄弟的領地。」於是動身攻打他們。瓦洛達爾和瓦西里科聽說了，前去抵禦，拿了那一支他曾對他們親吻過的十字架，還對此起誓：「我為攻打大維而來，要和你們維持和平友愛。」斯維托波克卻仗著自己軍隊人數眾多，毀了十字架之約。他們相會於若植尼田野上，雙方相互進攻，瓦西里科舉起十字架，說：「你親吻過這支十字架，你先是剝奪我雙眼的視線，現在又要奪走我的靈魂。這支十字架在我們之間為證！」雙方接著向彼此移動進攻，兩軍交會，許多信仰虔誠的人看到瓦西里科軍隊高舉的十字架。就在大戰之時，雙方許許多多士兵陣亡倒下，斯維托波克眼看是場浴血大戰，拔腿離去，跑進弗拉吉米爾城。瓦洛達爾和瓦西里科勝利了，站在原地，說：「我們就站在屬於我們領地的邊界上。」他們哪兒也不去了。斯維托波克和兩個兒子，也就是雅羅波克的兩個兒子，還有大維‧斯為托斯拉維奇的兒子思維托薩，以及其他隨扈軍，一同跑回弗拉吉米爾城。斯維托波克把自己和妾所生的兒子姆斯提斯拉夫留在弗拉吉米爾駐守，把雅羅斯拉夫派去匈牙利，招來匈牙利人攻打瓦洛達爾，自己則前往基輔城。斯維托波克的兒子雅羅斯拉夫帶著匈牙利人，和國王（король）柯洛曼，[107]還有兩位主教，一同來到瓦格爾河附近的佩瑞美施城，瓦洛達爾只好困守在城裡。大維在那時從波蘭返回，把自己的妻子托給瓦洛達爾，自己則去攻打

107　此指波蘭國王柯洛曼。

波落夫茲人。伯尼亞與他會合，他們一同去攻打匈牙利人。當他
們行進到夜裡時，停下夜宿，伯尼亞起身離開陣營，學起狼嚎，
另一匹狼回應他，接著許許多多的狼也叫了起來。伯尼亞回來後
對大維說，「我們明天對匈牙利之戰將獲得勝利。」伯尼亞一大
清早派出了自己的軍隊，大維原有100名士兵，另還有300名；他
把這些士兵分成三支去攻打匈牙利人。他再派出阿圖諾帕帶五十
人襲擊，大維舉起了旗幟，他這一邊的士兵分成兩方，一邊各50
人。匈牙利人則擺出數個隊伍，他們擁有10萬大軍。阿圖諾帕對
第一排說，放下弓箭，逃離匈牙利人勢力範圍，而匈牙利軍緊追
在後。就在他們奔馳經過伯尼亞面前，伯尼亞再尾隨追趕，從後
方追殺，阿圖諾帕調過頭來不讓匈牙利軍往回跑，就這樣殺光了
敵軍。伯尼亞再把自己的軍隊分成三支，大肆砍殺匈牙利人，形
p. 254 同老鷹對寒鴨。於是匈牙利人落荒而逃，許多人掉進瓦格爾河滅
頂，另有一些溺死在沙恩河。他們沿著沙恩河逃往山區，相互推
擠著，追趕他們兩天。殺死了他們的主教古班和許多貴族，聽說
他們有4萬人送命。

　　雅羅斯拉夫逃亡至波蘭後，又來到貝瑞斯提，而大維已握有
蘇台斯克和切爾文，他又突如其來地逮捕弗拉吉米爾市民，使得
姆斯提斯拉夫和來自貝瑞斯提、蘋斯克和為戈什夫的埋伏軍隊困
在城裡。大維包圍該城，發動緊密的攻擊。有一回他們來到該城
的鐘樓下方，打擊城牆，雙方之間弓箭往來，箭如雨下。姆斯提
斯拉夫原打算再發出弓箭，不料在他站在牆邊時，突然一枝箭射
中胸懷而受傷，一枝箭從小洞向下射來，當天夜裡他就去世了。
人們守了三天，到第四天決定開市民會議。人們說：「看吧，王

公已遭殺害；要是我們投降，斯維托波克準會殺光我們。」於是
他們派人去見斯維托波克，說：「你的兒子被殺了，而我們也因
飢餓無力反抗。假如你再不過來，人們就會投降，大家已耐不住
飢餓。」斯維托波克就派出自己的將領布嘉達。布嘉達帶兵來到
盧茲克，見大維的兒子思維托薩，大維的部下和思維托薩在一塊
兒，思維托薩曾對大維起誓：「要是斯維托波克攻打你，我會
通報你。」但思維托薩並沒有這麼做，反而逮捕了大維的手下，
再親自攻打大維。思維托薩和布嘉達於八月的第五天抵達，就在
正午時分當大維的士兵在城外守著，而大維在睡覺；他們相互攻
擊砍殺。市民紛紛從城裡逃出，也砍殺大維的軍隊，大維和姪子
姆斯提斯拉夫逃跑了。於是思維托薩和布嘉達占領了該城，派斯
維托波克的官員瓦希而鎮守。思維托薩又來到盧茲克，布嘉達則
回基輔城。大維逃亡至波落夫茲，伯尼亞來迎接他。後來大維和
伯尼亞又再前往盧茲克攻打思維托薩，把思維托薩圍困於城裡，
結果談和了。思維托薩從城裡出走，來到父親的切尼哥夫城。大
維奪下盧茲克之後，再來到弗拉吉米爾，官員瓦希而立即逃跑，
於是大維奪下弗拉吉米爾，並進駐該城。次年斯維托波克、弗拉
吉米爾、大維和阿列格把大維‧伊戈爾維奇引來，他們不願把弗
拉吉米爾交給他，但答應給他多洛戈布什，他後來就在那兒去世
的。斯維托波克奪走弗拉吉米爾城，再把自己的兒子雅羅斯拉夫
派駐當地。

　　6606年（1098）弗拉吉米爾、大維和阿列格一同攻打斯維托
波克，他們到了格絡捷茲城附近，雙方談和，如我已在前一年敘
述。

　　6607年（1099）斯維托波克前往弗拉吉米爾城攻打大維，驅逐大維至波蘭。同年，匈牙利人在佩瑞美施被殺。同年，斯維托波克之子姆斯提斯拉夫在弗拉吉米爾城被殺，於六月的第12天。

　　6608年（1100）六月的第10天，姆斯提斯拉夫由大維處往海的方向出發進攻。同年八月的第10天，斯維托波克、弗拉吉米爾、大維、阿列格在烏為堤區相互立下和平約定。那個月的第30天在同一個地方，兄弟斯維托波克、弗拉吉米爾、大維、阿列格，召開會談，大維‧伊戈爾維奇來見他們，對他們說：「你們為何把我叫來？我這就來了。誰在我面前有什麼委屈？」弗拉吉米爾回答他：「是你自己派人來告訴我們：『兄弟們，我想要來見你們，我有委屈要訴苦。』是你來到這裡和兄弟們坐在同一張毯子上，為何不先發難？你對我們之中的誰有委屈要說？」大維沒有回答。兄弟們坐上了馬；斯維托波克就跟自己的隨扈軍，大維和阿列格也各自跟著自己的人馬。大維‧伊戈爾維奇坐在一旁，他們不讓他靠近，故意一起討論大維的事。他們做出了決定，派出自己的手下去大維那兒，斯維托波克派出布嘉達，弗拉吉米爾派出阿羅哥斯和拉帝波爾，大維和阿列格派出托爾欽。這些派出的部下來對大維說：「你的兄弟們要告訴你：『我們不願給你弗拉吉米爾的王位，因為是你向我們發出利刃，此乃羅斯前所未聞。我們不想逮捕你，也不想對你做出壞事，你就去柏札斯克城吧，這就是我們給你的，斯維托波克會讓你渡北恩和察多利斯克，弗拉吉米爾會給你兩百銀錢，大維和阿列格也會再給你兩百銀錢。』」他們當時也派出使者去見瓦洛達爾和瓦西里科，說：「把你自己的兄弟瓦西里科帶走吧，你們可擁有領地佩瑞美

p. 255

施。若你們喜歡，就兩個人一起治理，要是不喜歡，那麼就把瓦西里科送過來，我們會照顧他。但要交出我們的奴僕（холоп）和農夫（смерд）。[108]」但無論瓦洛達爾或瓦西里科都不聽從。大維進駐柏札斯克，後來斯維托波克再把多洛戈布什也交給大維，他後來在那兒去世，而弗拉吉米爾城則交給自己的兒子雅羅斯拉夫。

　　6609年（1101）波落夫茲王夫喜斯拉夫去世，於四月的第十四天早上9點。同年，雅羅斯拉夫·雅羅波維奇出兵貝瑞斯提，斯維托波克要攻打他，於該城圍堵他，逮捕他之後戴上鐐銬，送往基輔城。都主教和修道院長來為他向斯維托波克求情，於是他們帶他到聖包理斯和格列柏的靈前起誓，先卸下他的鐐銬，再放了他。同年，眾兄弟：斯維托波克、弗拉吉米爾、大維、阿列格及他們的兄弟雅羅斯拉夫，集合於左洛奇。波落夫茲人由諸王派使者求見這些兄弟，得以求和。羅斯諸王告訴他們：「你們若想談和，就來薩克府集合吧。」他們派人找來波落夫茲人，在薩克府附近會談，和波落夫茲人締結和約，交換人質，此於九月的第

108　「奴僕」和「農夫」是羅斯時期各領地重要的勞力來源，但兩者身份不同。「奴僕」在領地上無法擁有自由民權利（如參加市民會議），也沒有人身自由。從《羅斯法典》來看，奴僕是私人財產。而「農夫」則是自由民，以農業為生。《往年紀事》1103年的敘述，「弗拉吉米爾說：『隨扈軍，我很驚訝，你們可惜對方來搶走馬匹；怎麼不想想農夫要開始耕地了，波落夫茲人來了會把他們給殺死，到村落裡搶走他的馬匹，擄走他的妻兒、他的財產？你們可惜那些馬，怎不可惜農夫本身？』」可以看出農夫擁有獨立的生產能力和所有物，且王公有義務保護他們。

15天，隨後各自離去。

　　6610年（1102）雅羅斯拉夫·雅羅波維奇於十月的第一天從基輔城逃出。同月底，雅羅斯拉夫·斯維托波維奇對雅羅斯拉夫·雅羅波維奇設下騙局，在努拉河逮捕他，上了鐐銬，再送往父親斯維托波克那兒。同年的十二月第20天，弗拉吉米爾之子姆斯提斯拉夫帶諾夫哥羅得人前來（基輔，譯者），因斯維托波克和弗拉吉米爾原先講定：諾夫哥羅得城為斯維托波克所有，所以把兒子派駐那兒；而弗拉吉米爾得把兒子派駐弗拉吉米爾城。姆斯提斯拉夫來到基輔城，進入一間房舍會談，弗拉吉米爾的部下說：「弗拉吉米爾把兒子派來了，諾夫哥羅得人也在這兒，就讓他們把你的兒子帶去諾夫哥羅得，讓姆斯提斯拉夫去弗拉吉米爾城吧。」諾夫哥羅得人卻對斯維托波克說：「王公啊，我們為了你來到這兒，那兒（諾夫哥羅得，譯者）的人們交代我們：『我們不要斯維托波克，也不要他的兒子。如果你的兒子有兩個腦袋，那就派他來吧；現在夫樹瓦洛得給我們派人來了（即姆斯提斯拉夫，譯者），我們已經培養了自己的王公，而你也該離開我們。』」斯維托波克和他們爭吵許久，他們仍不願意，帶姆斯提斯拉夫回諾夫哥羅得城。[109]

---

109 雖然羅斯建國者留立克最初來到東斯拉夫部族北邊最大城市諾夫哥羅得，但建都基輔之後，該城反成為距離政治中心最遠的地方。即便如此，諾夫哥羅得周邊有得天獨厚的自然環境，物產豐富，又是王公心目中重要地帶。諾夫哥羅得因可自給自足，加上當地市民會議的功能比其他城市強大，常常形成居民主動選擇王公，而非其他城市等待王公進駐的情形。到十二世紀三〇年代，諾夫哥羅得甚至開始偏向自治，常常沒有王公進駐，也可維持城市生活。自由選

　　那一年天空出現個異兆，一月的第29天，由東方、南方、西　p. 256
方和北方閃耀著火紅光芒，連三天整個晚上都有這種光芒，就像
滿月時的月光照耀。同年二月的第5天，月亮也出現異兆。同月的
第7天太陽出現異兆：太陽由三個環圍住，另有其他光環一個接一
個。信仰虔誠的人們看到這些異兆，含淚驚嘆地祈求上帝，這是
好兆頭：通常異兆有好的也有壞的。隔年，上帝給羅斯諸王啟發
善念：他們計畫攻打波落夫茲人，進攻他們國土，他們所計畫的
如我在下一年紀事敘述。同年，雅羅斯拉夫·雅羅波維奇於八月
的第11天去世。同年，斯維托波克的女兒絲比斯拉娃嫁給波蘭王
柏列斯拉夫，於十一月的第16天。

　　6611年（1103）上帝進入了羅斯王公斯維托波克和弗拉吉
米爾的心房，他們在多落柏斯克集合會談。斯維托波克帶著隨
扈軍落腳，弗拉吉米爾則和自己的人待在另一營帳。斯維托波
克的隨扈開始說，「現在是春天，不利出兵，我們會危害到農
夫和他們的耕地呀。」弗拉吉米爾說：「隨扈軍，我很驚訝，
你們可惜對方來搶走馬匹；怎麼不想想農夫要開始耕地了，波
落夫茲人來了會把他們給殺死，到村落裡搶走他的馬匹，擄走他
的妻兒、他的財產？你們可惜那些馬，怎不可惜農夫本身？」斯
維托波克的隨扈軍怎麼也答不出來。斯維托波克又說：「我這就
已經準備好了。」於是，斯維托波克起身，弗拉吉米爾對他說：
「兄弟，你將會為羅斯國成就一樁好事。」他們派人告訴阿列格

　　擇或拒絕王公進駐，如十三世紀面臨來自瑞典和立陶宛進攻，當
　　時的諾夫哥羅得由市民決議邀請亞歷山大（Александр Ярославич
　　Невский）保護，為著名例子。

和大維：「你們也向波落夫茲人進攻吧，我們不成功便成仁。」
大維同意了這番話，但阿列格不太願意，回了個理由：「我身體
欠安。」弗拉吉米爾和自己的兄弟道別後，前往佩瑞雅斯拉芙，
斯維托波克也跟他去了，隨同的有大維·斯為托斯拉維奇、大
維·夫喜斯拉維奇、伊戈爾的孫子姆斯提斯拉夫、唯契斯拉夫·
雅羅波維奇、雅羅波克·弗拉吉米爾維奇。他們或乘馬匹、或搭
大船，來到邊境，停在邊境的藿爾齊茲島附近。他們騎上馬，步
兵下了船，一同走了四天，越過田野，來到蘇田河。波落夫茲人
得知羅斯人前來，無數群眾集合謀對策。烏魯索柏說：「我們該
向羅斯人求和，因為他們強大足以毀滅我們，是我們先在羅斯國
內作亂的。」年輕一批人對烏魯索柏說：「你害怕羅斯人，我們
可不怕。我們要把這群人殺光，進攻他們國土，掌控他們眾多城
市，誰能來解救他們？」羅斯諸王和全體軍隊向上帝禱告，對上
帝和聖母起誓，有的人供奉蜜粥，有的人佈施貧弱，也有的人進
修道院懺悔。正當他們誠心祈禱時，波落夫茲人率先派出的阿圖
諾帕先鋒部隊抵達，他是以英勇出名的。於是，羅斯諸王也派出
各自的先鋒。羅斯大軍先包圍阿圖諾帕，將其殺害，擊潰他們，
殺得精光，無一倖免。接著如森林般一望無際的大軍撲來，羅斯
軍挺身抵抗。偉大的上帝使波落夫茲人膽戰心驚，在羅斯軍隊面
前害怕不已，和他們的馬匹雙腳僵直，無法動彈。而我軍生氣勃
勃乘馬前進攻向他們。波落夫茲人看到羅斯大軍朝他們飛奔，還
沒碰到他們，就在羅斯軍隊前四處逃散。我軍全力追趕，一舉殲
滅。四月四日上帝解救了我們，幫我們擊潰敵人，獲得大勝。對
方二十個王公戰死：烏魯索柏、柯其、阿斯藍那、基坦諾巴、庫

p. 257

曼、阿蘇波、庫爾特、切尼格瑞、蘇巴爾，和其他王公，另逮捕
白久吉。打敗敵人之後，這幾位兄弟聚集會談，白久吉被送交給
斯維托波克，白久吉為了保命，獻出黃金、白銀、馬匹和牲口。
斯維托波克把他送交給弗拉吉米爾。他來到之後，弗拉吉米爾問
他：「你要知道，你們這是毀滅約定！你們多少次立誓，卻又攻
毀羅斯國土？你為何不教導自己的兒子和族人，不要違背誓言，
不要屠殺基督徒？就讓你頭破血流吧！」他下令處死他，再把他
分屍。之後，所有兄弟再集合，弗拉吉米爾說：「這是天主恩賜
的日子，我們得歡慶，享受這個日子，是上帝把我們從敵人之手
解救，剷除敵人，並『消滅那些毒蛇的頭，再把他們的財產分給
羅斯人。』」他們取走了牲口，有羊、馬、駱駝，房屋裡的財物
和金錢，再把珮切尼格人和托爾及人連同寶物擄走。他們帶著大
批俘虜歸來，頂著光榮和偉大的勝利。

　　同年八月的第一天，蝗蟲來到。同月的第十八天，斯維托
波克進攻原先被波落夫茲人燒毀的尤里耶夫城。同年三月的第四
天，雅羅斯拉夫和摩爾多瓦人開戰，雅羅斯拉夫戰敗。

　　6612年（1104）瓦洛達爾之女遠赴沙皇城，嫁給亞力克賽的
皇子，於七月的第20天。同年，斯為托斯拉夫之女普列斯拉娃嫁
給匈牙利王子（королевич），於八月的第20天。同年，大主教
尼基法於十二月的第6天來到羅斯。同一個月的第十三天唯契斯
拉夫·雅羅波維奇去世。那個月的第十八天尼基法登上都主教職
位。我們來說說一件事：這一年結束之際，斯維托波克派布嘉達
到明斯克，弗拉吉米爾派出自己的兒子，阿列格則是親自對格列
柏出兵，他們逮捕了大維·夫喜斯拉維奇，但沒有奪取任何物品

就返回了。另外，斯為托斯拉夫得一子，起名叫柏良奇斯拉夫。那一年還出現個異兆：太陽懸在一個圓環裡，圓環中央有個十字，十字的中心就是太陽，圓環的兩邊還有兩個太陽，太陽上方又有朝北方照耀的光環；如此異兆同樣發生於月亮，一模一樣的外觀，二月的第4天、第5天、第6天，連三天和三個夜晚則顯象於月亮。

6613年（1105）都主教任命安費洛西為弗拉吉米爾主教，於八月的第27天。同年十一月第12天，任命拉札爾至佩瑞雅斯拉芙上任。同年十二月的第13天米那前往波羅次克就任。

6614年（1106）波落夫茲人在札列切斯克附近攻入，斯維托波克派出楊和可薩林人伊凡‧薩哈里奇前去抵擋，他們驅逐了波落夫茲人，還帶回俘虜。同年這位和善的長老楊去世，得年九十歲，逝世於德高望重的年老歲數；他奉行上帝的誡律，不遜於先聖先賢。我從他那兒聽說許多故事，寫進這篇紀事裡。他是個善良的勇士，為人和藹又恭謙，不做惡事；他的棺木放置於彼修拉修道院的前廊，於六月的第24天下葬。同年，夫謝瓦洛得之女伊芙帕西亞於十二月的第6天削髮（修行，譯者）。同年，斯比聶夫投奔斯維托波克。同年，大維之子斯為托斯拉夫，也是斯為托斯拉夫之孫，於二月的第17天剃髮（為僧，譯者）。同年，茲米格拉人打敗夫喜斯拉夫諸子，他們的隨扈軍殺了9千人。

p. 258

6615年（1107）紀年元年，月亮圓周（круг луны）的第4年，太陽圓周（солнечный круг）的第8年。[110]這一年的五月第7天

---

110 拜占庭傳入羅斯月亮與太陽週期的曆法。月曆是以十九年為循環週期，陽曆則以二十八年為循環的計算方式。月曆第幾年的算法

弗拉吉米爾之妻去世。同月，大將伯尼亞在佩瑞雅斯拉芙奪取馬匹。那一年，伯尼亞和老沙魯坎，還有其他王公來到魯本。斯維托波克、弗拉吉米爾、阿列格、斯為托斯拉夫、姆斯提斯拉夫、唯契斯拉夫、雅羅波克前往魯本討伐波落夫茲人，他們下午六點鐘涉過蘇拉河迎戰。波落夫茲人心生恐懼，驚恐之餘連旗子豎不起，帶著馬匹逃散，還有些人徒步落荒而逃。我軍追趕他們，或是砍殺，或是徒手逮捕，幾乎追趕至赫蘿。他們殺了伯尼亞的兄弟塔薩，活捉蘇格爾及其兄弟，沙魯坎則僥倖逃跑了。八月的第12天，波落夫茲人丟下羅斯軍隊奪去的戰車，羅斯人大勝，凱旋而歸。斯維托波克接著來到彼修拉修道院參加聖母升天日晨禱，眾僧侶歡欣鼓舞地祝賀他勝利，說多虧聖母和我們神聖的父親費歐多西保佑，我們得以打敗敵人。斯維托波克歷來如此：每當他要出兵，先禮拜費歐多西的陵寢，請彼修拉修道院的院長祈禱，才踏上自己的征途。同年，斯維托波克之母於一月的第四天去世。那一年的同一個月裡，弗拉吉米爾、大維和阿列格攻擊亞耶帕和另一名亞耶帕，取得了和平。弗拉吉米爾將亞耶帕之女，也是歐獻的孫女，嫁給兒子尤里。一月的第12天，阿列格則將亞耶帕之女，也是吉耳真的孫女，嫁給自己的兒子。另外，二月5日黎明之前的夜間大地震動。

為：創世紀至基督誕生的5508年除以19，得到289個週期和餘數17，那麼基督誕生那一年就是月曆第十七年，而公元一年是月曆第十八年。（詳見：Л. В. Черепнин, Русская хронология, Москва: Главного архивного управления НКВД СССР, 1944, с. 53-54.）這句話的意思就是這一年是紀年元年，月曆的第四年，陽曆的第八年。

　　6616年（1108）七月11日，斯維托波克大王公下令建造的聖米海爾金頂教堂開始打造底座。另外，奉格列柏之命，由他奉獻支持的彼修拉修道院飯廳落成，此於費歐提司院長時期。這一年得涅伯河、蝶思納河、普里沛特河犯大水。這一年，上帝進入彼修拉修道院院長費歐提司的心房，他請斯維托波克下令把費歐多西列入先賢名冊（синодик）。[111]他欣然允諾，並實地下令主教將其列入先賢名冊。所有教區得到指令，各位主教均欣然寫上名冊，囑咐要在所有教堂追憶他。同年，夫榭瓦洛得之女葉凱特林娜於七月的第十一天去世。這一年，克落夫的聖母教堂屋頂完工，由彼修拉修道院院長史提芳興建。

　　6617年（1109）夫榭瓦洛得之女伊芙帕西亞於七月的第10天
p. 259　去世，安葬於彼修拉修道院朝南的門邊。在陵寢的上方安置了一個祭神台，她的遺體正安躺在那兒。同年十二月的第2天，德米特‧伊瓦洛維奇奪取頓河畔波落夫茲人的居住地。

　　6618年（1110）斯維托波克、弗拉吉米爾、大維於春天攻打波落夫茲人。他們抵達沃尹後返回。同年二月的第十一天彼修拉修道院出現異兆：冒出一個從地面直通天際的火柱，伴隨閃電照亮大地，夜裡一點鐘天空隆隆作響，所有人都看見了。這根火柱起先立於石造飯廳上方，所以連十字架也看不到了，過一會兒火柱移至教堂之上，豎在費歐多西陵寢的上方，接著又移到教堂的屋頂，看似面朝東方，然後就不見蹤影了。然而，此並非火柱，實際上是天使顯靈：天使以此顯現——有時以火柱，有時以火

---

111 東正教會用來紀念已故的神職人員名冊。

焰的外觀。如同大衛所言：「天使化為靈魂，奴僕化為炙熱火焰。」此乃依上帝旨意，走向主宰和造物主指示的方向。天使降臨於幸福之處和天佑之家，他鮮少現形讓人們看到他；因為人們不可能看見天使之貌，如同偉大的摩西無法眼見天使形體：白天出現雲霧柱子，夜間則是一根火柱，其實並非柱子出現，而是天使在夜間和白晝顯現在他面前。這些也預告了某種事件：那是隔年緊接著發生和應驗的事情，難道不是天使領導著攻打外族和仇敵？有曾明訓「天使引導你」，以及「天使與你同在」。

　　聖米海爾修道院長席威斯特，[112]一名編年紀事者，於弗拉吉米爾大王公統治基輔時寫下了這本書，期望上帝賜予憐憫，此期間當中，我於6624年（1116），紀年的第9年，任職聖米海爾修道院長，閱讀這本書的人，為我祈禱吧。

---

112 根據原文本注，米海爾修道院距離基輔彼修拉修道院不遠，席威斯特曾任院長。此修道院由弗拉吉米爾‧莫那莫赫的父親夫樹瓦洛得‧雅羅斯拉維奇興建。歷史學家沙赫馬托夫（А. А. Шахмотов）認為席威斯特是《往年紀事》第二版的編修者。但也有學者，如布格斯拉夫斯基（С. А. Бугославсий）認為，他只是《往年紀事》許多抄寫員的其中一位。另見1091年條註。

《依帕提編年史》之續編

　　如先知大衛所言：「上帝指示眾多天使護佑你。」如明智的耶比法尼所寫：「天使對著所有創造物現身；天使顯現於雲、霧、雪、冰雹、風寒，天使也顯現於聲響和雷電，寒冬與酷暑，於秋季、春季、夏季，天使顯靈給世上所有具靈性的創造物，無論神秘的深淵，或有人隱藏於大地，地獄幽暗中，或有人存在於深谷之底，遠古時代的天使存在於大地各幽暗深淵，天使顯現於傍晚或深夜，晨間或下午。」天使對所有創造物顯靈；天使為了保護每個國家，也對每個國度顯靈，即便那是異教的國家。假使上帝降怒於某國家，上帝會指示天使前往那個國家，天使不會讓這個國家違背上帝旨意。一如現今所見，上帝因我們的罪惡，指示異教外族攻打我們，他們依上帝旨意打敗了我們：因為他們由天使引領，遵照上帝的旨意。若有人說，異教徒沒有天使，那麼 p. 260 要知道，馬其頓的亞歷山大帶大軍攻打大流士，並且戰勝了從東方到西方的整個大地，打敗埃及國，殺了阿拉姆，又來到海上諸島嶼，之後又讓他擊敗猶太人，交還了耶路撒冷，因為他們和大流士訂有和約。他後來帶著所有軍隊駐紮營地，以便修養。一個漆黑夜裡，他臥躺在營帳的床上，睜開雙眼看見一名壯漢站在他上方，他手持光亮寶劍，如閃電般出現。他把劍揮向皇帝的腦袋。皇帝驚嚇之餘說：「不要殺我。」於是天使對他說：「上帝派遣我引領你，偉大皇帝和無數人們的力量，所以我帶領你，幫

助你。如今你要知道，你要死了，因你預謀進入耶路撒冷，對上帝的猶太人和他的子民行惡。」皇帝說：「天主，我請求你，免除你這個僕人的罪。假使你不同意，我便回家去。」天使又說：「不用害怕，你繼續邁向耶路撒冷之路，你會在耶路撒冷看見一個外貌與我相似的勇士，此時你要在勇士面前朝地面彎腰跪下，你要履行他對你所說的一切。不要違背他的命令。你違背他時，就是你亡命的那一天。」皇帝於是起身，朝耶路撒冷出發，他到了那兒問猶太人：「我該不該攻打大流士？」他們拿出一本先知丹尼爾的書給他看，告訴他：「你是山羊，他是綿羊，你將毀滅他，並奪取他的王國。」這難道不是天使帶領亞歷山大，難道不是異教徒和所有崇拜偶像的奴隸戰勝了嗎？此時異教徒也因為我們的罪惡，得以攻打我們。我們將見分曉，不僅只有一個天使位於基督徒之中，受洗的人有多少，天使就有多少，至少那些信仰虔誠的王公也都有一位天使；他們無法違背上帝的旨意，毫不鬆懈祈求上帝保佑，所以聖母和諸多聖潔的天使祈求上帝憐憫人們，派遣天使援助羅斯王公抵禦異教徒，如同上帝對摩西之言：「這是我那即將引領你的天使。」如我之前敘述，發生於第十八年二月十一日的異兆。

　　6619年（1111）上帝提醒弗拉吉米爾內心的一個想法，迫使兄弟斯維托波克春天時攻打異教徒。斯維托波克向自己的隨扈軍轉告了弗拉吉米爾的話。隨扈軍則說：「現在不是徵調農夫離開耕地的時候，那會妨礙他們。」於是斯維托波克派人告訴弗拉吉米爾：「我們該和隨扈軍集合，思考這件事。」使者來見弗拉吉米爾，轉告斯維托波克的話。於是弗拉吉米爾來到多落柏斯克

集合。斯維托波克帶著自己的隨扈軍，弗拉吉米爾也帶著隨扈軍，一同在營帳裡商量。弗拉吉米爾經過一段沉默後說：「兄弟，你比我年長，你先說吧，我們得怎麼保護羅斯國。」斯維托波克說：「兄弟，你已經開始說了。」弗拉吉米爾說：「要我怎麼說，你的隨扈軍不同意我，說我意圖破壞農夫和耕地。兄弟我感到驚訝，你們疼惜那些農夫和他們的馬匹，卻不想想農夫在春天開始騎馬耕地，要是波落夫茲人攻來，弓箭刺向農夫，搶走馬匹和他的妻子，再燒了他的穀倉。你們為什麼沒有想到這些？」所有的隨扈軍說：「的確是這麼回事。」接著斯維托波克說：　p. 261「兄弟，這一刻我準備好跟隨你（攻打波落夫茲人）。」他們派人去見大維‧斯為托斯拉夫，請他加入他們。弗拉吉米爾和斯維托波克在各自的地方整裝備妥，道別之後就出發攻打波落夫茲人，斯維托波克帶著兒子雅羅斯拉夫，弗拉吉米爾也帶著諸子，大維帶了一個兒子。他們深深寄望於上帝和祂聖潔的母親，還有那些天使。他們於大齋戒的第二個禮拜日出發，禮拜五來到了蘇拉河。禮拜六抵達赫蘿，他們在此處丟棄了雪橇。於禮拜天親吻十字架後，再次出發。來到了普楔河，由此地輾轉到果塔河。他們在這等到一批士兵，再往渥斯克拉河前進，於第二天禮拜三淚流滿面地親吻十字架，把所有希望寄託於十字架。他們在齋戒的第六個禮拜由此地越過許多條河流。禮拜二他們到達頓河。他們穿戴上盔甲，部署好陣式，攻向沙魯坎市。弗拉吉米爾王公騎馬走在士兵之前，命令神父唱祈禱歌和聖十字聖讚歌，還有聖母讚美歌。他們夜晚接近該城，市民在禮拜日從城裡恭敬地走向羅斯諸王公，獻上鮮魚和美酒。他們夜裡在當地過夜。第二天，禮拜

三，他們攻入蘇格落夫，焚燬該城，於禮拜四再向頓河走；第二天，禮拜五，三月二十四日波落夫茲人匯集，整軍出發迎戰。而我們的王公全心寄望上帝，說：「此乃我們葬身之地，背水一戰吧。」他們相互道別，雙眼望向天際，呼喊高高在上的上帝，當兩軍會合時，展開了一場浴血大戰，上帝對異教徒降下盛怒，他們因此在基督徒面前紛紛倒下。外族被打敗了，在結蓋河急流處，無數的敵人、我們的仇敵在羅斯諸王和士兵面前倒下。上帝幫了羅斯諸王大忙。當天他們讚美上帝。禮拜六一大清早，他們讚頌上帝，大肆慶祝拉札爾復活日，此為神聖的一天，度過了禮拜六，來到禮拜日。受難週的禮拜一，外族又重新集合數目更龐大的軍隊，這回如大片森林般，是成千上萬的大軍。他們團團包圍羅斯軍隊。上帝派出天使援助羅斯王公。波落夫茲軍和羅斯軍都向前移動，大軍和大軍交戰，巨大的聲響，一片部隊交戰打擊聲。他們糾纏於殘酷可怕的大戰，雙方人馬陸續陣亡。弗拉吉米爾帶著自己的大軍，聯合大維進攻，波落夫茲人看了立刻逃跑。波落夫茲人在弗拉吉米爾軍隊面前一蹶不振，被那看不見的天使殺光了，許多人看見人頭一一落地，由看不見的天使砍下。三月二十七日受難週的禮拜一大敗他們。薩尼札河畔剷除了為數眾多的外族。上帝拯救了自己的子民，斯維托波克、弗拉吉米爾和大維榮耀了上帝，上帝賜予他們戰勝異教徒，他們奪得許多俘虜、牲口、馬匹、羊隻，抓到許多戰俘。他們問波落夫茲人：「你們這麼大的力量，這麼大數目的軍隊，怎麼無法抵抗，這麼快就逃p. 262 跑了？」他們則回答：「那時在你們上方的空中有其他人騎著馬，帶著光亮又可怕的武器支援你們，我們怎麼能跟你們打？」

這只有可能是上帝派出天使來幫助基督徒。一定是天使進入了弗拉吉米爾·莫那莫赫心中，給羅斯王公的兄弟提點了主意，一舉進攻外族。這就是先前說過的，在彼修拉修道院看到的景象，一根火柱立於飯廳之上，接著穿過教堂來到格絡捷茲城，弗拉吉米爾就剛好在那兒的拉多森。那時天使啟發了弗拉吉米爾出兵的想法，於是弗拉吉米爾開始鼓動諸王，如先前敘述。

　　因此應當讚美天使，如同約翰·茲拉托斯特：他們永遠祈求上帝對人憐憫慈悲。我認為，天使是我們的守護者，正當我們全力對抗來犯的人，大天使米海爾成為他們的領導人。他為了保全摩西之身與魔鬼抗爭，為了人們的自由打擊波斯王。遵照上帝的旨意，區分出所有動物，立下古老民族，由於波斯人鄙視自己的（長者），於是上帝下令那些行割禮的人護佑米海爾，憤怒之下（下令）封起（並連接）他們的邊界，但這並非出於憤怒，此非言語可形容，也無人能獲得的旨意，有的天使讓猶太人為波斯人勞動，另有的天使努力不懈解救他們，向上帝祈求說：「天主，萬物的主宰，祢已經冷落他們70年了，至今還無法寬恕耶路撒冷和猶太人的城市嗎？」和他（米海爾）相像的還有丹尼爾——他那在空中的臉龐雙眼如閃電，如同火燭般光亮，肌肉和小腿和銅器般光亮，還有他的聲音，如同無以數計的人發出聲。這全為了防止瓦藍姆散漫的行為，所以囑咐約書亞·那文去幫忙抵抗敵人。他一夜之間剷除了18萬敘利亞人，粉碎蠻人的迷夢；再把先知瓦藍姆在空中運走，好讓處在獅群中的丹尼爾讓人餵飽，這些人總能戰勝敵人。這樣的人還有像是如神般的拉法易：他切下一塊魚油，治好了瘋癲的女孩，也讓盲眼的老人重見天日。那

些守護我們生命的偉大天使不是很值得尊敬嗎？天使不只受命守護人們，曾有人說過：「當天主區分出諸多語言，把亞當的後代隔離開來，他明訂各民族的住所，即是按照天使的數目，每個信眾也得到了一位天使。當那名少女在使徒彼得站立的門前開口說話時，連希律王也逃跑了，人們不相信他的話：並不是女孩在說話，而是他的天使開口說話。」天主也見證了這件事，說：「你們看，不要輕視那些微小力量的團結一致；我告訴你們，他們的天使正觀看天上聖父的那張臉。」耶穌基督在每個教堂也安排了守護者天使，就像他對約翰所說：「去告訴在耶路撒冷教堂的天使：『我看見了你的貧困和哀傷，其實你是富有的……。』」愛我們的天使深知如何代替我們向萬物主宰祈禱。他們守護著靈

p. 263　魂，如使徒所言：「他們被派給想獲得救贖的人。」他們是守護者和救助者，就像你現在得知的丹尼爾的故事，他帶著大天使米海爾，在（上帝）憤怒之時，為解救我們前往波斯。如上述，因為（米海爾）強迫人們為波斯人勞動，這個天使（丹尼爾）奮力解救被俘的人。米海爾戰勝了敵人，猶太人渡過幼發拉底河，重新定居，建造城市和教堂。偉大的耶比法尼也這麼說：「每個民族都有一個天使。」也有記載提到丹尼爾：「希臘人也有守護者天使，猶太人則有米海爾。」有一種說法流傳：「每個地方的居民都有天使。」

又如依波理[113]敘述的丹尼爾：「我這君王，丹尼爾，在基爾王統治的第三年，哭泣了三個禮拜；第一個月結束時我心灰意

---

113 根據原文本注，依波理（Ипполит）是西元二世紀至三世紀的作家。

冷，之後向上帝祈禱21天，祈求揭示奧妙。天父聽了我的祈求，作了回應，也果真在那偉大的河裡應驗了；上帝出現之處，罪惡消除，多麼美好。我抬起雙眼，看見那個全身穿戴紅色的男子；第一眼的確是天使加百利，他正飛躍著；而此刻則不同，我看到的卻是天主，看到的不是真正的人，而是透過人的外表，一如所云：『就是這個人，全身穿戴燦爛耀眼，大腿束有純金，他的身軀是黃色的晶體，臉龐閃閃發光，他燭光般火熱的雙眼，肌肉和臂膀彷彿銅造，他那如許多人發出的聲響。』我不支倒地，確實有一隻人的手扶起我，讓我跪下，對我說：『丹尼爾，別怕。你知道我為何來找你？我想要和波斯王開戰，我要告訴你真理之書所寫，沒有人能夠和我辯駁，除了你們的米海爾王；是我把他安置在這裡，從那一天起我努力對你的上帝祈禱，他聽到了你的祈求，所以派我來和波斯王上戰場；有些人認為不應釋放人們，你的祈求才能盡早實現：所以安排了你們的米海爾王。』人們面前出現的米海爾如果不是天使，那麼會是誰？」（上帝）也對摩西說：「因人們頑固無情，我不會和你們一道出兵，但我的天使會與你們同在。」

　　如今有上帝的幫忙，因聖母和神聖天使的祈禱，羅斯諸王帶著無比榮耀歸來，回到大家身邊，他們曾遠至遙遠的國家，希臘、匈牙利、波蘭和捷克，甚至到過羅馬，榮耀上帝，今天和永久的未來，永生永世，阿們。

　　就在這一年的十月7日，夫榭瓦洛得的遺孀去世，安葬於聖安得烈修道院。同年的十一月二十三日切尼哥夫主教約翰辭世。

　　6620年（1112）紀年第5年。斯維托波克之子雅羅斯拉夫出兵

攻打亞特維吉人，大敗對方；他凱旋而歸，五月十二日派人至諾夫歌羅德迎接姆斯提斯拉夫之女，也就是弗拉吉米爾的孫女，於六月二十九日成親。同年，愛菲米雅・弗拉吉米爾芙娜被送往匈牙利嫁給國王（король）。[114]同年，大維・伊戈爾維奇去世於五月二十五日，並於二十九日安葬至克落夫境內的芙拉海爾的聖母教堂。同年，夫樹瓦洛得之女雅妮卡，也是弗拉吉米爾的姊妹，於十一月三日去世，安葬於她父親建造的聖安得烈教堂；那也是她在少女時期削髮的教堂。

p. 264

這一年年尾彼修拉修道院院長費歐提司於一月十二日被派至切尼哥夫擔任主教，一月十九日正式任職。王公大維和王后對此感到欣喜，因為他是她的教父，貴族和所有百姓也歡欣鼓舞；因為在他之前的主教生病許久，生病的二十五年間一直無法執行禮拜；所以王公和百姓非常欣喜地等待主教主持禮拜儀式，榮耀上帝。弟兄們當時就這樣在沒有院長的時候修行；當時所有的弟兄還曾經集合過，請來神父普落霍爾擔任院長，向都主教和大王公斯維托波克稟告這件事。王公興奮地請都主教回派給他們一位修道院長。於是就在謝肉節的禮拜四，二月九號任命了。也因此弟兄們得以和修道院長一起齋戒。

6621年（1113）下午一時太陽出現了一個異兆。所有人都看見了：三月的第十九天太陽剩下小小一塊，就像圓弧向下的月亮，而月亮的異兆則出現於二十九日。這種異兆通常是好的；異兆有時發生於太陽或月亮，或發生於星辰，但不一定各地都有，

---

114 弗拉吉米爾之女遠嫁匈牙利國王柯洛曼。

如果異兆只出現在某個國家，那個國家就看得見，別的國家看不見。就像在遠古時期的安條克（Антиоховы）時代，耶路撒冷曾出現異兆，空中出現一群騎著馬、手持武器的人穿梭，手持武器嚇人，僅限於耶路撒冷裡面，其他地方則沒有。還曾有過太陽的異兆，預告了斯維托波克的死亡。那次異兆之後復活節到來，人們慶祝節日；節日過後王公就重病了。這位信仰虔誠的米海爾王公，也是人稱的斯維托波克於四月的第16天在維施城外去世，人們將他用大船載回基輔，大家為他的遺體整裝，再放進雪橇。貴族們和他所有的隨扈軍為他哀悼哭泣；唱完聖歌後，再把他安葬於他自己建造的聖米海爾教堂。他的王后（妻子）把他的財產慷慨捐給各修道院、神父們和窮人，人們感到驚訝，因為不曾有過如此慷慨慈悲之舉。之後的第九天，基輔市市民召集會議，他們派人去跟弗拉吉米爾（莫那莫赫）說：「王公，來坐上你父親和先祖的王位吧。」弗拉吉米爾聽了，為這位兄弟哭泣許久，但沒有前去（基輔）。基輔市民洗劫了布嘉達的宅院，打擊猶太人，搶奪他們的財物。於是有些基輔市民再次去見弗拉吉米爾，說：「王公，來基輔城吧；你如果不過來，會發生許多罪行，別說布嘉達或是官員的宅院，連猶太人也會遭打劫，王公，你的未婚妻、許多貴族和修道院也是，要是修道院也遇搶劫，你也要負起責任。」弗拉吉米爾這回聽取了，就往基輔城出發。[115]

---

115 弗拉吉米爾・莫那莫赫接受基輔市民陳情，前往基輔稱王，此舉違背了1097年的柳別區之約。根據原文本注，歷史學家認為弗拉吉米爾・莫那莫赫因得到群眾認可而受邀，市民認為他可對抗那些為所欲為的王公貴族。因此，基輔市民的支持是弗拉吉米爾・莫那莫赫

政治力的來源。假使沒有弗拉吉米爾‧莫那莫赫入主基輔，這次民亂無法平息，此需求為他的毀約行動增加了正當性。

弗拉吉米爾任大王公

　　夫榭瓦洛得之子弗拉吉米爾任大王公。弗拉吉米爾・莫那莫赫於禮拜日進駐基輔城。都主教尼豐帶領眾主教和所有基輔市民，以最高榮譽迎接弗拉吉米爾。他登上自己的父親和先祖的王位，所有人欣喜萬分，因作亂平息了。當波落夫茲人得知斯維托 p. 265 波克死訊，他們集合起來，來到維爾城。弗拉吉米爾召來諸子和姪兒們，聯合阿列格前往維爾城，波落夫茲人便逃之夭夭。

　　這一年（弗拉吉米爾）派自己的兒子斯為托斯拉夫進駐佩瑞雅斯拉芙，唯契斯拉夫則進駐斯摩連斯克。同年的九月14日，女修道院長拉札烈娃的聖潔生命結束，她在切尼哥夫度過了六十年，享年九十二歲。同年九月11日，弗拉吉米爾為自己的兒子羅曼迎娶瓦洛達爾之女。同年，姆斯提斯拉夫於諾夫歌羅德城，塔郭維西的王公宮殿處，為石造聖尼古拉教堂開工奠基。同年，（弗拉吉米爾）派自己的兒子雅羅波克進駐佩瑞雅斯拉芙。同年，丹尼爾主教任命於尤里耶夫城，而尼其塔任命為白哥羅得主教。

　　6622年（1114）弗拉吉米爾之子斯為托斯拉夫於三月16日去世，安葬至佩瑞雅斯拉芙城的聖米海爾教堂；他在那裡獲父親授與王位，把他從斯摩連斯克送過去。同年，姆斯提斯拉夫在諾夫哥羅德擴建（城市），形成前所未有之龐大。同年，姆斯提斯拉夫任內，地方官帕維爾在拉多加湖旁興建一道石頭防土牆。當我

來到拉多加時，拉多加市民告訴我說，「這裡起大霧的時候，我們的小孩會找到許多小小、圓圓的玻璃珠子，在瓦薈夫河旁也有人收集到水裡跳出的小珠子。」我收集了超過一百個，每個都不一樣。就在我驚奇的時候，他們又告訴我：「這沒什麼好驚訝；許多老居民攻打尤格拉和薩摩耶時，在北方諸國親自看到了大霧瀰漫時，大霧中掉下許多松鼠皮毛，就好像剛生下來的，長大之後散落於各地，另有一回起了大霧，從霧裡掉下一隻隻小鹿，長大後也散落各處。」拉多加的地方官帕維爾和所有的拉多加人，可以為我這件事見證。要是有人不信，就讓他去讀「史書」（Хронограф）吧。[116]「布羅甫統治時，在大霧瀰漫時下起麥子雨，混著水落下，收集起來再灑出去就收成了。雅弗列里的時代許多白銀顆粒降落（至大地），非洲曾有三顆巨石從天而降。」在創世大洪水和語言區分之後，「出身自含家族的梅司特龍開始統治，之後由耶列米雅繼任，接著是費歐斯塔，」埃及人又把他叫做司瓦洛格。「這位費歐斯塔統治時，埃及空中落下許多金屬夾子，人們因此開始用為工具，在此之前出現過槌子和石造工具。這位費歐斯塔頒佈了一道法令，讓女人只能嫁給一個男人，並須守本分度日，要是有誰通姦，他就下令處罰。人們因此封他為司瓦洛格神（бог Сварог）。[117]」「以前的女人和牲畜一樣，可

---

116 根據原文本注，所謂「史書」是過去以希臘編年史形式編寫的羅斯年代紀要，結合了翻譯和俄文的資料編寫而成。而其中又以兩位史家，格歐爾治‧阿瑪托（Георгий Амартол）和約翰‧馬拉拉（Иоанн Малала），他們所編著的年代紀要提供主要的資料。

117 鐵匠之神。

以任意和別人交媾。當一個女人生下了孩子，她就交給那位和她
戀愛的人，說：『這是你的孩子。』而那個人會特別慶祝，領養
孩子。費歐斯塔禁止了這個習慣，規定一個男人只能擁有一個妻
子，女人只能嫁一個丈夫；若是有誰觸犯這條法律，就把他處以
火刑。」「人們因此封他為司瓦洛格，埃及人很敬重他。在他之
後由他那名叫太陽的兒子繼任王位，人們稱他為大日神（Даждь- p. 266
бог），[118]統治7470天，共計二十又半個月曆年。埃及人計算的
方式不太一致：有些人用月亮計日，而另有些人則（……）的天
數來計年。司瓦洛格之子，太陽王（Солнце царь），也就是大
日神，是個有魄力的男子；要是從旁人處聽說，無論是富有的、
知名的埃及人，還是普通人，和女子通姦，他會捉拿她，要把她
（在犯罪現場）逮捕，決不破壞父親司瓦洛格王的法律。他會帶
著幾個自己的部下，掌握女子通姦的時間，趁她丈夫不在的夜
裡，逮到她和另一名偷來的男人睡覺。他捉到她之後施以酷刑，
把她送往埃及各地示眾羞辱，那個通姦的男子則砍頭處死。於是
埃及全國過著守貞的生活，全民皆愛戴他。」我們不再贅述了，
再說到大衛吧：「上帝希望創造的一切在天上、在地面、在海
中、在每個深谷，自大地邊緣升起雲霧。」這就是我們最初說過
的僅剩國度。

　　6623年（1115）紀年第8年。兄弟們集合了。羅斯大公弗拉
吉米爾，夫樹瓦洛得之子，又稱莫那莫赫，和大維‧斯為托斯拉
夫、兄弟阿列格決定搬遷包理斯和格列柏的遺體，他們為此建造

118　太陽神。

了一座石砌教堂，表示對他們的贊揚和崇敬。他們先在五月一日禮拜六為石造教堂行聖禮；然後在二日搬遷聖體。那時許許多多民眾自各地前來：尼基法都主教帶著諸位主教——切尼哥夫的費歐提司、佩瑞雅斯拉芙的拉札爾、白哥羅得的尼奇塔、尤里耶夫的丹尼拉，以及諸位修道院長——彼修拉修道院的普落霍爾和聖米海爾修道院的席威斯特，還有聖救世主教堂的薩瓦、聖安德烈教堂的葛利果裏、克洛夫城的彼得，和其他修道院長。大家行聖禮為石造教堂祝禱。他們為聖者行午餐禮，在阿列格旁吃聖餐、飲酒，這場宴席安排得相當盛大。連三天分食給行乞和朝聖的人。第二天大主教和主教、修道院長們穿上禮拜的祭服，點上蠟燭，拿著散發香氣的長鍊香爐，來到聖者遺體櫃旁，抬起包理斯的遺體櫃，再放上車子運走，諸王公和貴族用繩子牽著；修士手持蠟燭走在前方，緊接著是神父、修道院長、主教們走在聖體櫃前面，諸王公排在遺體櫃兩旁。由於民眾人數眾多，難以前進；周邊的護欄折壞了，城牆邊的木檯也垮了，民眾人數多得看來可怕。弗拉吉米爾下令給民眾散發裁成碎片的織錦和毛皮，另有些擁擠的地方丟灑銀幣；這才輕鬆地把聖體櫃送進教堂。好不容易將聖體櫃放置在教堂中央，大夥兒再去搬運格列柏。他們用同樣的方式把它搬過來，和兄弟並排放著。不過弗拉吉米爾和大維、阿列格兩人吵了起來；弗拉吉米爾希望把聖體櫃安放在教堂中間，再覆蓋白銀蓋子在他們上方，而大維和阿列格則想把兩人放在「我父親所指定的」拱門下方，右邊為他們建造的弧形高頂之下。都主教和主教們說：「你們抽籤吧，由兩位聖受難者決定安放的位置。」王公們同意了。弗拉吉米爾拿出自己的籤，大維

p. 267

和阿列格也把自己的籤拿到禮拜堂上；結果抽出的是大維和阿列格的籤。於是就把他們安置在右邊的拱門下方，即現今放置的位置。五月二日兩位受難者從木造教堂搬遷至維施城的石砌教堂。他們是我們王公的榮耀，也是羅斯國的守護者，他們的榮耀照亮這個世界，他們敬愛耶穌基督，依照上帝指引前進。他們是耶穌基督善良的羔羊，他們成為犧牲者時毫不抗拒，視死如歸！因此隨上帝永享天堂，從我們耶穌基督的救贖領會救助治療的能力，勤奮不倦分享給病痛的人，人們虔誠地來到他們的教堂聖殿，接受祖國守護者救治。諸王公、貴族和全體民眾慶祝了三天，恭祝上帝和受難者。結束後，每個人才打道回府。弗拉吉米爾用銀製的框覆蓋聖體櫃，再用黃金加以裝飾，拱門也鋪上黃金白銀，人們無不前來禮拜，祈求赦免罪惡。

這一年出現一個異象；太陽消失了，變得很像月亮，無知的人會說太陽被吃掉了。這一年八月第一天，阿列格・斯為托斯拉維奇去世，第二天安葬於聖救世主教堂，放在他的父親斯為托斯拉夫旁邊。（弗拉吉米爾）在這一年修了一座橫跨得涅伯河的橋。

6624年（1116）弗拉吉米爾出兵攻打格列柏（・夫喜斯拉維奇），因為格列柏和德列哥維契人打仗，燒了斯路切斯克城，他不但不知錯，也不知收斂，還怪罪、頂撞弗拉吉米爾。而弗拉吉米爾秉持天道和公理，帶著兒子們和大維・斯為托斯維奇，還有阿列格的兒子們趨往明斯克。唯契斯拉夫佔領了奧爾沙和卡培薩，大維和雅羅波克則獲得九斯克，弗拉吉米爾自己進入了斯摩連斯克；格列柏受困在城裡。弗拉吉米爾在自己的據點建一間木

房，好對抗那座城市。格列柏看了驚嚇不已，派人去向弗拉吉米爾求饒。弗拉吉米爾不願在大齋戒期間流血，所以和他談和。格列柏帶著孩子們和隨扈軍走出城，對弗拉吉米爾鞠躬，談和之後，格列柏允諾將一切聽從弗拉吉米爾。弗拉吉米爾原諒了格列柏，再交給他所有訓示，把明斯克城給了他，自己才返回基輔。雅羅波克給那一座擄來的久斯克城蓋了個木造的若吉市。這一年，姆斯提斯拉夫・弗拉吉米爾維奇聯合諾夫哥羅得人和普茲科夫人攻打秋集，佔領名叫熊頭的秋集市，奪取許許多多教區墓地（погост），帶著許多戰利品回家。這一年，弗拉吉米爾的女婿里翁皇子（царевич）繼承沙皇亞力克賽的王位，分給他幾個多瑙河的城市；八月十五日，兩個沙皇派駐的薩拉丁人在德列司特殺了他。同年，弗拉吉米爾大公委派伊凡・宛提申奇，他再派駐地方官至多瑙河。同年，弗拉吉米爾派出自己的兒子雅羅波克，大維則派自己的兒子夫喜斯拉夫出兵頓河，他們奪取了三個城市：蘇格洛夫、沙魯坎、巴林。那時雅羅波克捉到一位非常美麗的女子，是亞席王的女兒，娶她為妻。同年，斯為托斯拉夫之女，女僧普列斯拉娃去世。同年，唯契斯拉夫聯合法瑪・拉提波爾奇攻打至多瑙河，來到德列斯特，沒來得及達成什麼就打道回府了。同年，（弗拉吉米爾城附近）和波落夫茲人打仗，另和托爾及人，還有珮切尼格人於頓河開戰，打了兩天兩夜，托爾及人和珮切尼格人來到羅斯，逼近弗拉吉米爾。同年，羅曼・夫喜斯拉夫維奇去世。同年，伊戈爾的孫子姆斯提斯拉夫去世。同年，弗拉吉米爾的女兒亞佳菲雅嫁給夫樹瓦洛得。

p. 268 　　6625年（1117）弗拉吉米爾將姆斯提斯拉夫從諾夫哥羅得

送走，父親把白哥羅得城交給他，而他的兒子，即姆斯提斯拉夫之子，也是弗拉吉米爾之孫，則進駐諾夫哥羅得。這一年，弗拉吉米爾聯合大維和阿列格的兒子瓦洛達爾、瓦西里科，出兵弗拉吉米爾城，攻打雅羅斯拉夫。他們把他包圍在弗拉吉米爾城裡，守了大約六十天，結果和雅羅斯拉夫訂定和約。雅羅斯拉夫投降時，對叔父弗拉吉米爾磕頭謝罪，弗拉吉米爾給了他所有訓示，下令「每當召喚你時」，要立即前來。他們就這樣平靜地各自打道回府。當時波落夫茲人攻打保加利亞人，保加利亞王派人送了有毒的飲酒，亞耶帕和其他波落夫茲王公喝了，全都死了。同年，佩瑞雅斯拉芙主教拉札爾於九月六日去世。同年，白唯札人進攻羅斯。同年，弗拉吉米爾給安得烈迎娶圖郭爾罕的孫女。同年九月二十六日，大地震動。這一年，弗拉吉米爾將格列柏從明斯克送出，為這位受難者於里拓建造一座教堂……弗拉吉米爾派兒子羅曼治理弗拉吉米爾城。同年，沙皇亞力克賽去世，兒子約翰繼承王位。

致　謝

　　初出茅蘆，選擇了一份古代經典。從沒筆譯經驗的我，第一頁開始就嚐到苦頭。卻也因為這次練習，得到許多意外收穫。世界之大，認識位處「角落」的人，似乎也只能從這種冷門文獻入手。等到好不容易略知一些歷史人物，才發現那是一大片地方的人再熟悉不過的兒童故事。讀了這一本，深知還有無數本精彩的舊經典，值得去細細品味。獲得了就該貢獻，所以翻譯這部文獻也是一份職責。

　　這畢竟不是文學作品，娛樂性不高，想必市場也很有限。感謝當初國科會（現科技部）支持，通過這項譯注計畫，才得以執行。計畫審查人的寶貴建言，提供許多指導，還讓我找到後續研究方向。

　　具有豐富經驗的前輩張榮芳教授，和好友陳相如教授，大方傳授許多翻譯和編輯技巧，省去許多不必要麻煩，提早進入專業筆譯的狀態。初稿完成後，有彼薩列夫（Александр Андреевич Писарев）教授逐字逐句檢查，免得疑點重重。在這過程中耐心聽我發問的前輩，多不可數，請諒解我未一一提名。

　　打字慢又錯誤百出，這毛病我的助理最清楚，只能在旁默默收拾。幾任計畫助理，認真負責的精神，也值得我學習。胡璨文、張筱梅、吳清榕，都各有所長，無論是聽打、找資料、繪圖、解毒……樣樣精通，無所不包。其他臨時幫忙過的助理則人

數太多，一併感謝。

　　最後，當然要謝謝讀者，耐心讀完是我最大福份。如果看到錯誤，敬請不吝指正，是支持這本書的最大力量。

附　錄
名詞對照表

人名列表

俄文	中文
1 Даждь-бог	大日神
2 Дажьбог	大吉神
3 Дарий	大流士
4 Давыд Всеславич	大維‧夫喜斯拉夫
5 Давыд Святославич	大維‧斯維托斯拉維奇
6 Давыд Игоревич	大維‧伊戈爾維奇
7 Давид	大衛
8 Дан	丹
9 Данила	丹尼拉
10 Даниил	丹尼爾
11 Ченегрепа	切尼格瑞
12 Чернь	切爾尼
13 Исав	厄撒烏
14 Всеслав	夫喜斯拉夫
15 Всеволод	夫榭瓦洛得
16 Фрутан	夫魯斯坦

17	Юрий	尤里
18	Евагрий	尤阿格理
19	Евтихий	尤提希
20	Ювеналий	尤維那里
21	Багубарс	巴古拔斯
22	Исай	以賽
23	Исайя	以賽雅
24	Исаак	以薩克
25	Исакий	以薩奇
26	Гавриил	加百利
27	Каин	加音
28	Борис	包理斯
29	Казимир	卡吉米爾
30	Карлы	卡利
31	Кары Тудков	卡利 杜得可夫
32	Карлы	卡倫
33	Каган	卡根
34	Карл	卡爾（查理）
35	Каршев Тудоров	卡爾楔夫 圖多落夫
36	Куря	古利亞
37	Гюрята Рогович	古里亞特・羅郭維奇
38	Гуды	古帝
39	Купан	古班
40	Куци Емиг	古茲・葉蜜格

41	Куноп	古諾普
42	Стефан	史提芳
43	Стефан Венгерский	史提芳
44	Сварог	司瓦洛格
45	Стрибог	司特立神
46	Сфирка	司費卡
47	Станислав	司塔尼斯拉夫
48	Ставк Гордятич	司達夫・郭嘉提奇
49	Сновид Изечевич	司諾維・伊傑切維奇
50	Никола	尼古拉
51	Никита	尼其塔
52	Нефталим	尼非塔里
53	Неврод	尼洛得
54	Никифор	尼基法
55	Никон	尼康
56	Нерон	尼祿
57	Нифонт	尼豐
58	Путята	布嘉達
59	Пров	布羅甫
60	Владимир	弗拉吉米爾
61	Владимир Ярославич	弗拉吉米爾・雅羅斯拉維奇
62	Владислав	弗拉吉斯拉夫
63	Фрелав	弗萊拉夫
64	Василий	瓦西里

65	Василько Ростиславич	瓦西里科・羅斯提斯拉維奇
66	Василь	瓦希而
67	Воряжко	瓦良斯科
68	Варлаам	瓦拉罕
69	Володислав	瓦洛基斯拉夫
70	Володар Ростиславич	瓦洛達爾・羅斯提斯拉維奇
71	Волос	瓦駱斯
72	Валлам	瓦藍
73	Валаам	瓦藍姆
74	Белдюзь	白久吉
75	Белкатгин	白可根
76	Перун	皮倫
77	Иван Творимирич	伊凡・特瓦林米瑞奇
78	Иван Жирославич	伊凡・濟爾斯拉夫
79	Иван Захарьич	伊凡・薩哈里奇
80	Иван Войтишич	伊凡・宛提申奇
81	Игорь	伊戈爾
82	Иларион	伊拉里歐恩
83	Евпраксия	伊芙帕西亞
84	Изяслав	伊夏斯拉夫
85	Игелд	伊根得
86	Искал	伊斯卡
87	Искусеви	伊斯古賽維
88	Истр Аминодов	伊斯特爾・阿米諾多夫

89	Измаилов	伊斯麥爾
90	Вузлев	伍茲烈夫
91	Улан	伍藍恩
92	Левгия	列及亞
93	Лев	列夫
94	Гиргень	吉耳真
95	Дир	吉爾
96	Добрыня	多布林尼亞
97	Добрыня Рагуилович	多布林尼亞・拉古洛維奇
98	Домнин	多姆寧
99	Анатолий	安那托里
100	великий Анастасий	安那斯塔西亞
101	Анастас	安那斯塔斯
102	Антоний	安東尼
103	Шарукань	安娜
104	Андрей	安得烈
105	Антиох	安條克
106	Амфилохия	安費洛西
107	Торчин	托爾欽
108	Жудята	朱加達
109	Домициан	朵米祺安
110	Цимисхие	次米斯西
111	Мина	米那
112	Милахия	米拉西亞

113	Михаил	米海爾
114	Михаил Тольбекович	米海爾・托里貝可維奇
115	Михей	米歇
116	Серух	色魯格
117	Евстафий Мстиславич	艾夫斯達菲・姆斯提斯拉維奇
118	Еловит	艾洛唯
119	Еноховые братья	艾諾家兄弟
120	Илья	衣里亞
121	Синеус	西紐士
122	Симаргл	西馬革
123	Сильвестр	西維斯特
124	Симон волхв	西蒙
125	Боняк	伯尼亞
126	Борич	伯列奇
127	Бруны	伯魯尼
128	Даниил	但以理
129	Буда	佈達
130	Фотие	佛提
131	Климент	克里門
132	Кытан	克坦
133	Келестин	克雷斯汀
134	Константин Великий	君士坦丁大帝
135	Хам	含
136	Иезекия	希則克雅

137	Ирод	希律
138	Ирод	希若德
139	Либиар Фастов	李比阿爾・法思托夫
140	Лидул	李度
141	Туры	杜瑞
142	Волчий Хвост	沃奇・哈瓦斯特
143	Шарукан	沙魯坎
144	Берендий	貝倫吉
145	Бяндюк	邦杜克
146	Леон	里翁
147	Алексей	亞力克賽
148	Агафон	亞加逢
149	Авраама	亞伯拉罕
150	Авель	亞伯爾
151	Аклан Бурчевич	亞克嵐・布切維奇
152	Евер	亞貝爾
153	Агафюя	亞佳菲雅
154	Аполлинарий	亞帕里那瑞
155	Афанасий	亞法那希
156	Азгулуй	亞思古陸
157	Аепа	亞耶帕
158	Якун	亞庫恩
159	Адриан	亞得里安
160	Адам	亞當

161	Амон	亞蒙
162	Александр	亞歷山大
163	Асадук	亞薩杜克
164	Претич	佩列提奇
165	Предслава	佩瑞德斯拉娃
166	Иггивлад	依吉夫拉得
167	Инегелд	依年格
168	Ивор	依沃
169	Итларь	依拉爾
170	Ефранта	依法蘭
171	Ипплит	依波理
172	Игнат	依格那
173	Еммануил	依曼努
174	Измаил	依斯瑪爾
175	Ефрем	依福瑞
176	Исахар	依撒加爾
177	Елена	依蓮娜
178	Хорс	和爾斯
179	Мстиши	姆斯提西
180	Мстислав	姆斯提斯拉夫
181	Мстислав Владимирович	姆斯提斯拉夫・弗拉吉米爾維奇
182	Мутру Утин	姆圖爾・烏丁
183	Политиан	帕里提安
184	Мефодий Патарский	帕塔爾的梅法帝

185	Павел	帕維爾
186	Петр	彼得
187	Петр Гугнивый	彼得·古格尼夫
188	содомлян	所多瑪人
189	Соломон	所羅門王
190	Лазарева	拉札烈娃
191	Лазарь	拉札爾
192	Радосынь	拉多森
193	Рафаил	拉法易
194	Ратибор	拉帝波爾
195	Лаван	拉班
196	Рахиль	拉黑爾
197	Радко	拉德可
198	Ламех	拉彌黑
199	Голта	果塔河
200	Улеб	武列伯
201	Фарлаф	法爾拉夫
202	Фома Раиборич	法瑪·拉提波爾奇
203	Фараон	法羅翁
204	Позвизд	波斯維茲
205	Порей	波瑞
206	Поря	波瑞亞
207	Болеслав Польский	波蘭的柏列斯拉夫
208	Сиф	舍特

209	Фркстен	芙拉科斯提
210	Федор-стратилат	長官－菲多爾
211	Алдан	阿丹
212	Агамеенон	阿加門農
213	Аввакум	阿瓦庫姆
214	Алвад Гудов	阿瓦得·古德夫
215	Олег	阿列格
216	Олег Святославич	阿列格·斯為托斯拉維奇
217	Адонаи	阿多奈
218	Актеву	阿克天夫
219	Арам	阿拉姆
220	Адулб	阿度伯
221	Адунь	阿度恩
222	Аскольд	阿思科德
223	Асмуд	阿思慕得
224	Амос	阿莫司
225	Асир	阿喜而
226	Арсланапа	阿斯藍那
227	Апубексарь	阿普貝克薩
228	Арей	阿瑞
229	Алтунопа	阿圖諾帕
230	Авимелех	阿維梅列
231	Орогость	阿羅哥斯
232	Асуп	阿蘇波

233	Агарь	哈加爾
234	Ходота	哈多塔
235	Аарон	哈郎
236	Скевавел	思奇法維
237	Святоша	思維托薩
238	Брячислав	柏良奇斯拉夫
239	Блуд	柏路得
240	Болуш	柏路斯
241	Юитиниан	查士丁尼
242	Кчий	柯其
243	Коцел	柯采
244	Коломан	柯洛曼
245	Иов	約伯
246	Иисус Навин	約書亞・那文
247	Иосиф	約瑟夫
248	Иоанн	約翰
249	Иоанн Златоуст	約翰・茲拉托斯特
250	Епифаний	耶比法尼
251	Иеремия	耶列米雅
252	Иафет	耶斐特
253	Ездра	耶得拉
254	Иезекииль	耶傑基爾
255	Евфимий	耶菲敏
256	Иисус	耶穌

257	Гад	迦得
258	Гоморры	哥摩拉
259	Ева	夏娃
260	Шибрид Алдан	席伯利得‧阿丹
261	Шихберн Сфандр	席貝爾‧思方德
262	Симеон	席門
263	Сильвестр	席威斯特
264	Синко	席柯
265	Кунуй	庫弩
266	Куман	庫曼
267	Кульмей	庫理枚
268	Кура	庫爾
269	Куртк	庫爾特
270	Навуходоносор	拿武哈得諾所
271	Глеб	格列柏
272	Грим Сфирьков	格林姆 司費可夫
273	Георгий	格歐爾治
274	Турберн	涂貝爾
275	Урусоб	烏魯索柏
276	Фарра	特辣黑
277	Вениамин	班雅明
278	Рюрик	留立克
278	Григорий Богослов	神學士葛利果理
280	Настас	納司塔斯

281	Нахор	納曷爾
282	Софроний	索夫龍尼
283	Руальд	茹阿得
284	Сим	閃
285	Македоний	馬其頓尼
286	Матвей	馬特維
287	Марин	馬琳
288	Мал	馬爾
289	Малуша	馬露莎
290	Вячеслав	唯契斯拉夫
291	Вячеслав Ярополвич	唯契斯拉夫·雅羅波維奇
292	Кий	基
293	Кирилл	基利爾
294	Китанопа	基坦諾巴
295	Кир царь	基爾王
296	Митрофан	密托凡
297	Коснячок	寇司尼奇克
298	Кол Клеков	寇而·科列可夫
299	Колчк	寇區可
300	Коксусь	寇蘇斯
301	Каницар	康尼采
302	Константин	康斯坦丁
303	Андрих Чешский	捷克的安得瑞
304	Саул	掃羅

305	Местром	梅司特龍
306	Мелетий	梅列提
307	Мефодий	梅法帝
308	Менандр	梅南得
309	Фост	符斯特
310	Лия	莉亞
311	Моне	莫尼
312	Малк Любечанин	莫克‧柳貝查寧
313	Мономах	莫那莫赫
314	Гомол	郭莫兒
315	Рувим	陸本
316	Демьян	傑米揚
317	Каиафа	凱法
318	Фудри Туадов	復得利‧杜阿多夫
319	Тилен	提列恩
320	Аполлоний Тианский	提安國的阿波羅尼
321	Тимофей	提莫菲
322	Фермуфи	斐木菲
323	Збигнев	斯比聶夫
324	Стемид	斯坦密
325	Славята	斯拉維塔
326	Святослав	斯為托斯拉夫
327	Свень	斯韋尼
328	Свенельд	斯韋年德

(отроки Свенельда)

329	Слуды	斯陸得
330	Стегги Етонов	斯提吉・艾托諾夫
331	Стир	斯提爾
332	Святополк	斯維托波克
333	Предслава	普列斯拉娃
334	Парстен Акун	普拉斯登 阿古恩
335	Прастен Бернов	普拉斯登・貝爾諾夫
336	Прастен Тудоров	普拉斯登・圖多落夫
337	Путша	普特沙
338	Прохор	普落霍爾
339	Вонкина	渥金納
340	Иуда	猶大
341	Сбыслава	絲比斯拉娃
342	Фив	菲孚
343	Ляшко	萊施可
344	Фока-патриций	貴族－孚卡
345	Федоров	費多羅夫
346	Феофан	費奧凡
347	Феодорит	費奧多李
348	Феофил Синкел	費奧菲・辛凱爾
349	Феопемпт	費歐平特
350	Феодосий	費歐多西
351	Феоктист	費歐提司

352	Феост	費歐斯塔
353	Явтяг Гунарев	雅夫洽格‧古那列夫
354	Аний	雅尼
355	Аврелия	雅弗列里
356	Иаков	雅各
357	Янка	雅妮卡
358	Ярополк	雅羅波克
359	Ярополк Владимирович	雅羅波克‧弗拉吉米爾維奇
360	Ярослав	雅羅斯拉夫
361	Ярослав Святополвич	雅羅斯拉夫‧斯為托波維奇
362	Ярослав Ярополвич	雅羅斯拉夫‧雅羅波維奇
363	Талец	塔列茲
364	Тарасий	塔拉西
365	Таза	塔薩
366	Туряк	塗里亞克
367	Сифов	塞非
368	Ориген	奧里根
369	Остромир	奧斯托密
370	Ефимия Владимировна	愛菲米雅‧弗拉吉米爾芙娜
371	Янь	楊
372	Трувор	楚瓦爾
373	Труан	楚安
374	Чудина	楚金
375	святая Ирина	聖伊莉娜教堂

376	апостол Андроник	聖安卓尼克
377	святой Климент	聖克里門
378	святой Илья	聖依里亞
379	святой апостол Павел	聖保羅
380	святой Дмитрий	聖迪米崔
381	святая София	聖索菲雅教堂
382	Святой Мамонт	聖馬蒙特
383	святой Спас	聖救世主
384	Егри Евлисков	葉格立・艾福利斯可夫
385	Екатерина	葉凱特林娜
386	Еремия	葉瑞米亞
387	Иеровоам	葉羅寶
388	Горясер	葛良賽
389	Гедеоновые свновья	葛迪阿諾家兒子
390	Лука	路加
391	Дамас	達瑪斯
392	Редедя	雷傑嘉
393	Туробид	圖洛比得
394	Тукы	圖基
395	Тугоркан	圖郭爾罕
396	Мамврий	瑪夫里
397	Мокошь	瑪可許
398	Малахия	瑪拉西亞
399	Малфрида	瑪芙瑞達

400	Мария	瑪麗亞
401	Воист Войков	福伊斯特・沃可夫
402	Фуростен	福洛斯提
403	Вышатин	維沙丁
404	Вышат	維沙提
405	Вуефаст	維耶法思特
406	Вигилий	維基里
407	Вышеслав	維雪斯拉夫
408	Вермуд	維穆德
409	Хорив	赫立夫
410	Герман	赫爾曼
411	Девгеневич	德夫吉尼維奇
412	Дмитр Иворович	德米特・伊瓦洛維奇
413	Мустислав	慕斯提斯拉夫
414	Моисей	摩西
415	Моа	摩亞
416	Моислав	摩依斯拉夫
417	Сатанаил	撒旦
418	Сара	撒拉
419	Захария	撒迦利亞
420	Заулон	撒烏倫
421	Саул	撒烏爾
422	Самуил	撒慕爾
423	Маврикий	模里西斯

424	Ольбер Ратиборич	歐里貝爾・拉提波瑞奇
425	Осия	歐席雅
426	Ольга	歐莉嘉
427	Ореста	歐瑞斯特
428	Ольма	歐瑪
429	Осень	歐獻
430	Панфир-деместик	潘飛爾－首領
431	Лют	魯提
432	Рулав	儒拉夫
433	Руар	盧阿爾
434	Ноя	諾亞
435	Щек	薛克
436	Сергий	謝爾格
437	Нерадец	聶拉傑滋
438	Несторий	聶斯托利
439	Савва	薩巴
440	Салница	薩尼扎河
441	Сава	薩瓦
442	Сакзь	薩克喜
443	Саук	薩武克
444	Ровоам	羅波姆
445	Роальд	羅阿德
446	Рогволод	羅格瓦洛得
447	Рогнеда	羅格妮達

民族列表

俄文	中文
1	югра	尤格拉人
2	Палестинская земля	巴勒斯坦
3	немцы	日耳曼人
4	мурома	木洛瑪
5	берендеи	比倫捷
6	колодники	卡洛尼可人
7	корсунцы	卡爾松人
8	козарин	可薩林的人
9	ниневитяне	尼尼微
10	засаковцы	札薩克夫人
11	варяги	瓦良格人
12	беловежцы	白唯札人
13	белозерцы	白湖人
14	торопачане	托洛波齊人
15	торки	托爾及人
16	торкмены	托爾克曼人
17	кривичи	克里維奇人
18	толмачи	妥曼人
19	еллины	希臘人
20	туровцы	杜羅夫茲人

21	ляхи	良禾人
22	агаряны	亞加良
23	ясы	亞席人
24	ятвяги	亞特維吉人
25	ятвяг	亞特維亞吉人
26	пересвитреы	佩瑞司維特人
27	читеевичи	奇切維棲人
28	содом	所多瑪人
29	радиичи	拉吉米奇人
30	голядь	果良吉人
31	поляны	波良人
32	половцы	波落夫茲人
33	поляки	波蘭人
34	ямь	芽米人
35	болгары	保加利亞人
36	хазар	哈札爾
37	хорваты	哈瓦特人
38	хананейское племя	哈那尼
39	выгошевцы	為戈什夫人
40	чуди	秋德人
41	мадимьян	美迪揚
42	готландцы	哥德人
43	Гоморры	哥摩拉
44	куманы	庫曼人

45	уличи	烏里奇人
46	угры	烏果爾人
47	печениги	珮切尼格
48	англы	盎格魯人
49	зимигола	茲米格拉人
50	мазовшанин	馬左夫尚部族
51	весь	唯西
52	чехи	捷克人
53	сирийцы	敘利亞人
54	мери	梅利人
55	тиверцы	提唯爾人
56	славяне	斯拉夫人
57	словены	斯洛文人
58	шведы	瑞典人
59	касоги	嘉所吉人
60	северяны	榭維良人
61	волохи	窩洛和人
62	вятичи	維雅奇人
63	хвалисы	赫瓦里斯人
64	древляне	德列夫良人
65	дреговичи	德列哥維契人
66	моравы	摩拉瓦
67	мордва	摩爾多瓦
68	лучане	盧茲克人

69	норманны	諾曼人
70	Селунь	賽倫
71	сарацины	薩拉丁
72	сарацины	薩拉森人
73	самоядь	薩摩耶
74	руси	羅斯人

地理環境列表

俄文	中文
1	Дрютск	久斯克
2	Турийск	土里斯克
3	Турова	土若法
4	Ручье	小河區
5	Чернигов	切尼哥夫
6	Червен	切爾文
7	Юрьев	尤里耶夫城
8	Евтух	尤迪克
9	Вавилон	巴比倫
10	Балин	巴林
11	Вамская земля	巴摩地
12	Желань	日蘭城
13	Мурома	木洛瑪
14	Муром	木隆
15	Копыса	卡培薩
16	корсунь	卡爾松
17	Корсунская страна	卡爾蔟國
18	Капич	卡碧區
19	Колокша	可樂可沙河
20	Стародуб	司塔爾度

21	Никея	尼卡亞
22	Никомидийская	尼卡密迪
23	Нежатина нива	尼札丁田野
24	Немига	尼米加河
25	Неятин	尼亞欽
26	Никей	尼迦
27	Золотч	左洛奇
28	Броды	布洛地
29	Буг	布格河
30	Евфрат	幼發拉底河
31	Владимир	弗拉吉米爾
32	Заволочье	札瓦洛圻
33	Зареческ	札列切斯克
34	Василев	瓦西列夫城
35	Валынь	瓦令
36	Варин	瓦林
37	Волыня	瓦林尼亞
38	Воротислав	瓦洛提斯拉夫
39	Вагр	瓦格爾河
40	Волхов	瓦霍夫河
41	Белобережье	白岸
42	Белобережье	白岸區
43	Белгород	白哥羅得
44	Белая Вежа	白唯札

45	Белоозер	白湖城
46	Переяслав	皮列雅斯拉夫
47	Переяславец	皮列雅斯拉維茲
48	Пищан	皮相納河
49	Перунья отмель	皮倫尼亞淺灘
50	Халеп	禾列普
51	Литва	立陶宛
52	Эдем	伊甸
53	Ираклия	伊拉克里亞
54	Искоростен	伊斯寇爾斯提
55	Венгрия	匈牙利
56	Дорогобуж	多洛戈布什
57	Доростол	多若斯陀市
58	Долобск	多落柏斯克
59	Торческ	托爾切斯克
60	Доростол	朵羅斯托
61	Микулин	米庫林
62	Мадиамская земля	米得揚地
63	Медведица	米維及河
64	Фракия	色雷斯
65	Елеонская гора	艾雷翁山
66	Синайская гора	西乃山
67	Сетомль	西桐姆河
68	Вифлеем	伯利恆

69	Критский	克里奇的
70	Клязьм	克兩濟瑪河
71	Красен	克拉森
72	Клов	克落夫
73	Нура	努拉河
74	Константинополь	君士坦丁堡
75	Туров	杜羅夫
76	Воинь	沃尹
77	Вороница	沃落尼察
78	Царьград	沙皇城
79	Сан	沙恩河
80	Шарукань	沙魯坎
81	Диоскор	狄歐斯可爾
82	Белз	貝兒茲城
83	Вежил	貝菲爾
84	Берестов	貝瑞斯多夫
85	Берестовое	貝瑞斯多耶
86	Берестов	貝瑞斯托夫
87	Бересть	貝瑞斯提
88	Льто	里拓
89	Римов	里莫夫城
90	Листвен	里斯提文
91	Арий	亞里屋
92	Ассирия	亞述（亞細利亞）

93	Александрия	亞歷山卓雅城
94	Песочен	佩索全
95	Переволока	佩瑞瓦羅卡
96	Перемышль	佩瑞美施
97	Переяславль	佩瑞雅斯拉芙
98	Изборск	依思柏斯克
99	Етривская пустыня	依提里夫荒漠
100	Пасынчья беседа	帕辛
101	Пафлагнская земля	帕芙拉根
102	Паннония	帕諾尼亞
103	Поромонье	帕羅孟尼
104	Ладога	拉多加湖
105	Радосынь	拉多森
106	Ракомо	拉克莫
107	Минск	明斯克
108	Горошин	果洛參城
109	Голта	果塔河
110	Погорину	波戈林那
111	Почайна	波查納（河）
112	Понтийскаое море	波提海
113	Полоцк	波羅次克
114	Мерра	玫拉
115	Африка	非洲
116	Болдины горы	保丁山脈

117	Боричевый	保瑞切維
118	Халкидон	哈基頓
119	Харран	哈蘭
120	Хананей	客納罕
121	Божеск	柏札斯克
122	Боричев	柏李切夫山
123	Родна	柔德納
124	Любеч	柳別區
125	Выдубицкий	為杜比奇山
126	Шеполь	甚波里
127	Чудь	秋集
128	Кснятин	科司尼亞丁
129	Красная море	紅海
130	Иерусалим	耶路撒冷
131	Желди	若吉市
132	Рожнь	若植尼
133	Никифора двор	倪基佛
134	Египт	埃及
135	Эфес	埃菲司
136	Прилук	埔里路可
137	Курск	庫爾斯克
138	Лыбеди	栗貝吉
139	Городец	格絡捷茲城
140	Угорская гора	烏果爾山

141	Уветичи	烏為堤區
142	Устье	烏斯契耶
143	Урусоб	烏魯索柏
144	Теребовль	特瑞波夫
145	Назарет	納札瑞
146	Сожица	索濟采
147	Рудица	茹地采
148	Ручье	茹曲河
149	Македония	馬其頓
150	Печора	培丘拉
151	Корьдно	寇里諾城
152	Треполь	崔波里市
153	Днепр	得涅伯河
154	Гордяты	郭加塔
155	Голтав	郭塔夫城
156	Шексна	雪克斯納河
157	Щековища	雪克維楂
158	Тмутаракань	提木塔拉坎
159	Всеволожь	斯瓦洛什
160	Звенигород	斯為尼哥羅得
161	Святославль	斯為托斯拉夫列城
162	Стриженя	斯崔真河
163	Случеск	斯路切斯克
164	Смоленск	斯摩連斯克

165	Сновь	斯諾夫河
166	Сновск	斯諾夫斯克
167	Преславино	普列得斯拉為諾
168	Припять	普里沛特河
169	Псков	普茲科夫
170	Псел	普楔河
171	Дубен	渡北恩
172	Ворскла	渥斯克拉河
173	Дегей	結蓋河
174	Смядына	絲苗丁
175	Стугна	絲圖格納
176	Василиво	華西里村
177	Альта	雅爾塔
178	Ярославель	雅羅斯拉維爾
179	Черная река	黑河
180	Торговищ	塔郭維西
181	тарев	塔瑞夫
182	Ока	奧卡河
183	Обров	奧布羅夫
184	Одреск	奧得瑞斯克
185	Орша	奧爾沙
186	эфипоская (царица)	愛菲波
187	Новый Город	新城
188	Чудин	楚吉恩

189	Трубеж	楚別西
190	Чудская земля	楚得地區
191	Реша	瑞沙河
192	Рязань	梁贊
193	Логожск	落戈什克
194	Иеровоам	葉羅寶
195	Глогов	葛羅果
196	Голотическ	葛羅提車司克
197	Лукомль	路柯里
198	Дорогожич	道羅戈濟區
199	Дан	達吶
200	Дон	頓河
201	Чарторыйск	察多利斯克
202	Волга	窩瓦河
203	Вифинская страна	維文
204	Звижден	維日尖
205	Выдобечь	維多別區
206	Вышгород	維施城
207	Витичевский холм	維提切夫山
208	Вышгород	維詩哥羅得
209	Вырь	維爾
210	Хорол	赫蘿
211	Дерестр	德列司特
212	Друцк	德魯次克

213	Мст	摩斯特
214	Самария	撒瑪黎雅
215	Остр	歐司特
216	Олешье	歐列什
217	Овруч	歐孚如區
218	Оронта	歐容塔
219	Ольжичи	歐莉嘉村
220	Десна	蝶思納
221	Лубн	魯本
222	Луцк	盧茲克
223	Суд	穌德
224	Новгород	諾夫哥羅得
225	Селунь	賽倫
226	Несторий	聶斯托利
227	Салница	薩尼扎河
228	Саков	薩克府
229	Сальня	薩里尼亞河
230	Заруб	薩魯比
231	Ромн	羅門
232	Ростов	羅斯托夫
233	Ростовец	羅斯托唯賜
234	Рось	羅斯河
235	Хортицы	藿爾齊茲
236	Сутейск	蘇台斯克

236	Сутень	蘇田河
237	Судомири	蘇朵米里河
238	Сула	蘇拉
239	Супой	蘇波
240	Сугров	蘇格落夫
241	Суздаль	蘇茲達里
242	Пинск	蘋斯克
243	Луга	露加

事件年代對照表

	《往年紀事》大事紀錄
九世紀	852年 東斯拉夫人國號羅斯出現。 862年 東斯拉夫部族尋求瓦良格人協助,建立政權。 882年 羅斯定都於基輔。
十世紀	907年 阿列格南征希臘人(拜占庭)。 912年 羅斯與拜占庭戰爭結束,雙方締結和平條約。 913年 留力克之子伊戈爾稱王。 915年 珮切尼格人首度進犯羅斯。 941年 伊戈爾第一次南征希臘人,慘敗而歸。 944年 伊戈爾第二次南征希臘人,雙方於945年締結和平條約。 955年 羅斯王后歐莉嘉出訪拜占庭,於當地受洗,成為第一位羅斯基督徒。 988年 大王公弗拉吉米爾率領部下、人民受洗為基督徒,立基督教為國教。
十一世紀	1015年 大王公弗拉吉米爾病逝,羅斯陷入王位爭奪戰。期間鮑瑞斯及格列伯王子殉難,俄國史上首次封聖徒。 1016年 雅羅斯夫王子於基輔稱王,王位爭奪戰結束。 1037年 基輔城內興建聖索菲雅教堂。 1054年 雅羅斯拉夫病逝,臨終公佈新王位繼承制。 1061年 波落夫茲人首度進犯羅斯。 1065年 雅羅斯夫長子執政後,此時開始諸王公間戰爭,奪取王位。 1097年 諸王公集合於柳別區,決議各自掌管領地。
十二世紀	1113年 弗拉吉米爾‧莫那莫赫任大王公。

參考資料:往年紀事
大英百科全書電子版
《西洋文化史》(Edward McNall Burns著,周恃天譯,台北:黎明文化,民82年。)
《世界文明史》(Philip Lee Ralph 等著,文從蘇譯,台北:五南,民92年。)

西歐歷史大事	中國歷史大事
800- 西歐封建制發展（至十四世紀） 800年 查理曼由教宗加冕為皇帝。 850- 加洛林王朝統治的法蘭克王國分 　　　裂，持續半世紀以上。 871-899年 英格蘭阿佛列大王（Alfred 　　　The Great） 880- 維京人侵擾歐洲，持續約30年。	875-884年 黃巢之亂
911年 諾曼地公國初建。 936-973年 日耳曼鄂圖大帝，曾得「羅馬 　　　皇帝」封號，神聖羅馬帝國因 　　　此開始。 987年 法國君主制建立。	907年 朱溫篡唐建（後）梁。五代十國 　　　開始。 960年 陳橋兵變，趙匡胤推翻後周，建 　　　宋。 979年 宋滅北漢，結束五代十國，中國 　　　統一。
1046年 教皇改制開始。 1054年 東西教會分裂。 1066年 諾曼人征服英格蘭。 1096年 第一次十字軍東征開始。	1004年 宋、遼訂澶淵之盟。 1068年 王安石變法。
1100-1135年 英格蘭亨利一世。 1108-1137年 法國路易六世	1126年 靖康之難。 1127年 宋高宗於南京即位，南宋開始。

聯經經典

往年紀事：勞倫特編年史譯注

2016年1月初版　　　　　　　　　　　　　　　定價：新臺幣520元
有著作權・翻印必究
Printed in Taiwan.

著　　者	聶	斯	特
譯注者	陳	仁	姮
總編輯	胡	金	倫
總經理	羅	國	俊
發行人	林	載	爵

科技部經典譯注計畫

叢書編輯　陳　逸　華
封面設計　顏　伯　駿

出　版　者　聯經出版事業股份有限公司
地　　　址　台北市基隆路一段180號4樓
編輯部地址　台北市基隆路一段180號4樓
叢書主編電話　(02)87876242轉224
台北聯經書房　台北市新生南路三段94號
電　　　話　(02)23620308
台中分公司　台中市北區崇德路一段198號
暨門市電話　(04)22312023
台中電子信箱　e-mail：linking2@ms42.hinet.net
郵政劃撥帳戶第0100559-3號
郵撥電話　(02)23620308
印　刷　者　世和印製企業有限公司
總　經　銷　聯合發行股份有限公司
發　行　所　新北市新店區寶橋路235巷6弄6號2樓
電　　　話　(02)29178022

行政院新聞局出版事業登記證局版臺業字第0130號

本書如有缺頁，破損，倒裝請寄回台北聯經書房更換。　ISBN　978-957-08-4669-0 (精裝)
聯經網址：www.linkingbooks.com.tw
電子信箱：linking@udngroup.com

國家圖書館出版品預行編目資料

往年紀事：勞倫特編年史譯注/
聶斯特著．陳仁姮譯注．初版．臺北市．
聯經．2016年1月（民105年）．320面．
14.8×21公分．(聯經經典)
譯自：Povest' vremennykh let

ISBN　978-957-08-4669-0（平裝）

748.22　　　　　　　　　　104028136

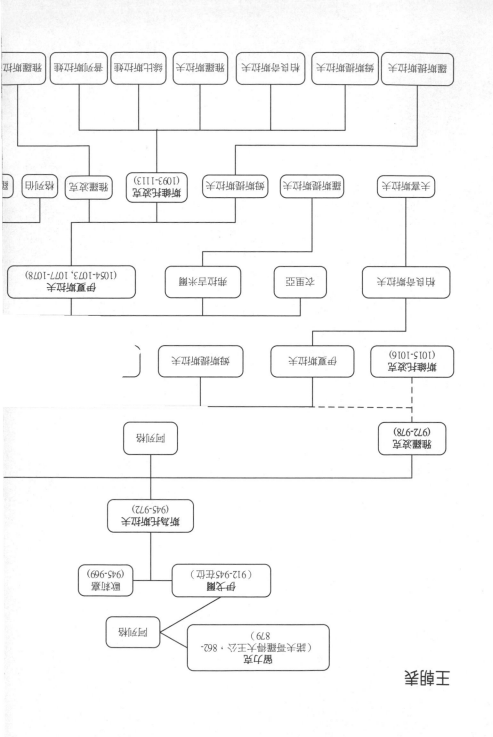

王瑯譜

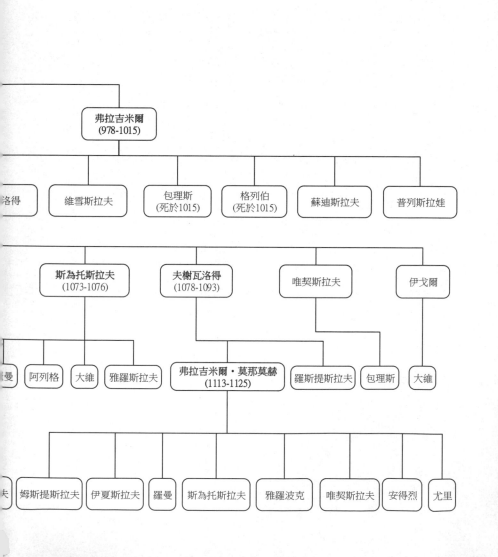